U0946128

爱得太多的女人

[美] 罗宾·诺伍德 著
庞湃 译

北京联合出版公司
Beijing United Publishing Co.,Ltd.

图书在版编目（CIP）数据
爱得太多的女人／（美）诺伍德著；庞湃译．—北京：北京联合出版公司，2011.9（2021.3 重印）
ISBN 978-7-5502-0316-7

Ⅰ.①爱…　Ⅱ.①诺…②庞…　Ⅲ.①女性—爱情—通俗读物　Ⅳ.①C913.1-49

中国版本图书馆 CIP 数据核字（2011）第 184235 号

爱得太多的女人
作　　者：［美］罗宾·诺伍德
译　　者：庞湃
出 品 人：赵红仕
选题策划：北京天略图书有限公司
责任编辑：王巍
特约编辑：杨娟 郝帅
责任校对：高雪鹏
美术编辑：朝圣设计

北京联合出版公司出版（北京市西城区德外大街83号楼9层　100088）
北京彩虹伟业印刷有限公司印刷　　新华书店经销
字数 211 千字　　787 毫米×1092 毫米　　1/16　　16.5 印张
2011 年 9 月第 1 版　　2021 年 3 月第 4 次印刷
ISBN 978-7-5502-0316-7
定价：40.00 元

最新版前言

早在大约25年前，女人们就已经开始向你手中的这本书求助，希望把自己从与男人和爱相关的痛苦中解脱出来。这本书首先在美国出版，随后被翻译成25种语言在全世界畅销。它帮助了巴西、法国、芬兰、爱尔兰、以色列、沙特阿拉伯、塞尔维亚以及中国台湾等国家和地区的数百万、上千万的女人，她们的文化背景、社会经济状况、教育水平和年龄各异，都因为爱得太多而需要帮助。

值得庆幸的是，自从本书首次问世以来，人们的态度已经发生了根本性变化。人们已经不再认为爱得太多是自然的正常状态，相反，爱得太多现在已经被广泛认为是一种危险、有害的状况。但是，这种认识还不足以让人停止这种痴迷的感情和行为。

你将在第2章和第11章遇到的特露迪，已经不会再是1980年代中期本书首次出版时的样子，甚至穿衣吃饭的方式也变了——而且，她肯定不会一整个夏天都待在家里守着电话机，等待永远打不来的电话。今天的特露迪或许甚至能够承认，自己反复查手机希望看到他发来的信息，然后绝望地发e-mail或短信给他，是因为自己爱得太多而出现的问题。与以前相比，女人们表面的行为细节可能会有某些改变，但本质上的痴迷仍和以前一样强烈。

如果我们能轻易地说出自己的问题所在，为什么无法克服它呢？就像我们不能提着靴带把自己拎起来一样，爱得太多的根源问题——受到损害的人格——没有能力自愈。我们必须得到帮助，才能改变我们品性中根深蒂固的问题。这正是本书的目的，为那些想要改变的人提供帮助。

本书已经让世界各地的女人改变了自己的生活。用它来帮助改变你的生活吧。

罗宾·诺伍德
于2008年

引　言

当爱意味着痛苦时，我们就爱得太多了。当我们和密友的大多数交谈都是关于他、他的问题、他的想法、他的感觉——而且几乎所有的句子都是以“他……”开头时，我们就爱得太多了。

当我们原谅他的喜怒无常、坏脾气、冷淡或奚落，将所有问题都归咎于他的不幸童年，并且试图成为他的心理治疗师时，我们就爱得太多了。

当我们读自助书籍时，为他划上我们认为所有对他有帮助的段落，我们就爱得太多了。

当我们不喜欢他的基本性格、价值观以及行为当中的很多方面，但却予以忍受，并认为只要我们足够有魅力、足够钟情，他就会为我们改变时，我们就爱得太多了。

当我们和他的关系危及到自身的情感健康甚至身体健康与安全时，我们毫无疑问是爱得太多了。

尽管“爱得太多”会带来各种痛苦和不满，但许多女人却普遍都有这种经历，以至于我们几乎认定亲密关系就应当如此。

我们当中的大多数人至少有过一次爱得太多的经历，而且对于我们中的许多人来说，这已经成了生活中反复出现的主题。我们中的一些人对于自己的情人和恋爱关系是如此痴迷，以至于几乎无法正常生活了。

在本书中，我们将直面现实，审视为何有那么多寻找爱人的女人似乎会不可避免地找上一个不可爱的病态男人。而且，我们将探究，为什么即便认识到一种恋爱关系并不符合自己的需要，但想结束却那么难。我们会看到，当交往对象不适合我们、不在意我们或不属于我们，而我们却放不下他时——事实上，我们想要他，甚至愈发需要他——爱就变成了爱得太多。我们会开始明白，我们对爱的需要、对爱的渴求以及对爱本身是如何上瘾的。

“上瘾”是个可怕的词。它会让我们想起海洛因吸食者在手臂上注射毒品，过着自我毁灭的生活的情景。我们不喜欢这个词，不愿意把这个概念用在自己和男人的关系上。

但是，我们当中的许多许多人已经有了“男人瘾”，像其他成瘾者一样，我们首先必须承认自身问题的严重性，然后才能从中恢复过来。

如果你曾发现自己痴迷于某个男人，你可能已经怀疑这种痴迷的根源其实不是爱，而是恐惧。爱得痴迷的女人是充满恐惧的——害怕孤独、害怕自己不可爱和不值得人爱，害怕被忽视、被抛弃或被毁掉。我们拼命地付出爱，希望我们痴迷的人能够消除我们的恐惧。然而，这种恐惧——以及我们的痴迷——会不断加深，直到为了得到爱而付出爱成为我们生活的动力。而且，因为这种做法并不奏效，我们便会更加努力、爱得更强烈。于是，我们就爱得太多了。

在为酗酒者以及吸毒者提供了多年心理咨询之后，我才意识到“爱得太多”这种现象是某些想法、感觉以及行为的一种综合征。在与这些成瘾者以及他们的家人进行过数百次面谈之后，我有了一个惊人发现：这些依赖化学品的病人有些成长于问题家庭，有些并不是；但是，他们的伴侣几乎都来自有严重问题的家庭，经历了远超于常人的压力和痛苦。通过艰辛地应付成瘾的伴侣，这些人（在戒酒治疗中被称为“酒瘾拖累症患者”）是在无意识中再造并重新体验自己童年的某些重要方面。

我几乎就是从成瘾男人的妻子或女朋友们的身上，开始了解了“爱得太多”的实质。她们的个人经历透露出，她们需要自己作为“拯救者”的角色所体验到的优越感和痛苦，这让我明白了她们对毒品成瘾男人的痴迷程度。很明显，这些伴侣的双方都同样需要帮助，都确实快要死于成瘾症了，他是由于化学品滥用，而她是由于极度的压力。

这些患“酒瘾拖累症”的女人，让我清楚地看到了她们的童年经历对她们成年后与异性相处模式所具有的令人难以置信的影响力。她们可以告诉所有爱得太多的女人，为什么我们形成了对那种问题不断的男女关系的偏爱，我们是怎样让问题持续存在的，以及最重要的是，我们怎样才能改变，才能好起来。

我并不是在暗示只有女人才会爱得太多。有些男人痴迷于这种关系的狂热程度丝毫不逊色于女人，而且他们的感觉和行为问题也出自于同样的童年经历和动因。不过，大多数在童年受过创伤的男人不会对与女人的情感关系上瘾。由于文化和生理因素的共同作用，男性往往会通过追求更外在而非内在、更客观而非个人情感的事物，来尽量保护自己，并避免痛苦。他们倾向于沉迷在工作、运动或各种嗜好中。相反，在文化和生理因素的共同作用下，女性往往沉迷于男女情感关系——而交往对象可能正是这种受过创伤的冷漠男人。

希望本书能对所有爱得太多的人有所帮助，但本书主要是写给女人的，因为爱得太多主要是一种女性现象。本书的目的很明确：帮助那些以毁灭性的方式与男人相处的女人认清事实，理解这种关系模式的根源，并且找到改变生活的方法。

但是，如果你是一位爱得太多的女人，我觉得应当提醒你，这本书读起来不会很轻松。确实，如果你符合爱得太多的女人的定义，却匆匆翻完此书，内心没有受到任何触动或影响，或者你感到无聊，或生气，或者看不进去，或者只能想到这本书对于其他人会有多大帮助，那么，我建议你过一段时间再试着读读这本书。我们都有否认那些接受起来太痛苦或太危险的事情的需要。“否认”是一种天生的自我保护方式，会自动地起作用。或许过一段时间再读这本时，你就能够面对自己的经历以及内心深处的感情了。

要慢慢地读，让自己在思维和情感上，与书中这些女人以及她们的故事相通。本书中介绍的个案经历可能在你看来有些极端。但我向你保证，事实恰恰相反。我在自己的个人生活和职业经历中遇到过数百名爱得太多的女人，本书对她们人格、品性以及经历的记述没有任何夸大之处。她们的真实故事远远比这更复杂，而且充满痛苦。如果她们的问题看起来比你的问题严重得多、悲伤得多，那我要告诉你，你的第一反应是我的大多数客户的典型反应。每个人都相信自己的问题“没有那么糟糕”，即便是对在她看来遇到“真正”麻烦的女人的困境感同身受的时候，也是如此。

生活中的一大讽刺是，我们女人可以同情并理解别人生活中的痛苦，但对自己的痛苦却往往视而不见。我实在太了解这一点了，我在自己人生中的大部分时间都是一个爱得太多的女人，直到身心健康受到严重损害，才不得不审视自己与男人交往的模式。过去几年，我一直在努力改变这种模式，这也成了我人生中收获最多的几年。

我希望，这本书不仅能够帮助你们所有爱得太多的女人认识到自己的实际状况，而且也能够鼓励你们开始改变。改变的方法是，把你的爱的注意力从痴迷的男人身上转移到自身的康复和自己的生活。

这里最好再警告你第二点。和很多“自助”类书籍一样，本书中列出了做出改变的一系列步骤。如果你决定要真正按照这些步骤去做，这将需要几年的努力和坚决付出，所有的治疗性改变都是如此。要把自己从爱得太多的模式中解救出来，没有捷径可以走。这是你很早就学会并且已经实践过多次的一种模式，放弃它会令你感到害怕，感到威胁，还要面临不断的挑战。这个警告并不是要让你泄气。毕竟，如果你不改变自己的模式，在以后的许多年里，你会一直面临痛苦的挣扎。但如果那样，你的挣扎将不会带来自己的成长，而仅仅是为了生存的挣扎。选择权在你手中。如果你选择开始康复的进程，你会由一个因爱他人太多而受伤的女人，变成一个爱自己足够多而不再痛苦的女人。

目 录

第 1 章

爱上一个不爱你的人

爱的牺牲品，
我看见一个破碎的心。
你有你的故事要倾诉。
爱的牺牲品，
这个角色如此轻松。
而你知道如何做好。
……我想你明白我的意思。
你正走在钢丝上，
在痛苦和欲望之间，
寻找爱情。

——*爱的牺牲品*

这是吉尔第一次来找我咨询，她看起来对我不太信任。她的外表得体而娇小，发型是“孤儿安妮”式的金色小卷，她僵硬地坐在我对面的椅子边沿上。她的一切看起来都有点圆：脸型，略显圆胖的身材，特别是她圆圆的蓝眼睛，看着我办公室的墙壁上镶着镜框的学位证和资格证书。她问了几个关于我毕业学校和咨询执照的问题，然后，带着明显的自豪提到她是在法学院读书。

然后是一阵短暂的沉默。她垂眼看着自己叠在一起的双手。

“我猜我最好先说一下我为什么到这里来。”她说得很快，借着说话的速度积聚勇气。

“我来看心理治疗师，我的意思是——因为我真的不开心。当然，是因为男人。我的意思是，我和男人。我总是做出把他们赶跑的事情。刚开始的时候一切都很好，确实是他们在追求我和我的一切，而在他们了解我以后”——因为即将提到的痛苦，她明显紧张了起来——“全都破碎了。”

这时，她抬起头来看着我，眼框里含着晶莹的泪水，以更慢的语速继续说道：

“我想知道我做错了什么，我有什么需要改变的地方——我会改，不管付出多少我也要改。我真的是一个很努力的人。”她又开始加快语速。

“并不是我不愿意，我只是不知道为什么这种事情总是发生在我身上。我都害怕恋爱了。我的意思是说，每次都全是痛苦。我真的开始害怕男人了。”

她摇了摇头，金发小卷随之舞动起来。她激动地解释说：“我不愿意这样，因为我很孤独。我在法学院有很多事情，而且还得工作挣钱养活自己。这些事情就够让我忙了。事实上，去年我基本就只是忙这些——工作、上学、学习、睡觉。但我想念有男人陪伴的日子。”

她很快接着说道：“然后，我遇到了兰迪，那是我两个月前去圣迭戈拜访朋友的时候。他是一名律师，我们是在一天晚上朋友们带我出去跳舞时遇到的。我们立刻就一见如故，有说不完的话——不过我猜大部分时间是我在说。但是，他似乎挺喜欢这样。而且，和一个对我觉得重要的事情也有兴趣的男人待在一起，简直太棒了。”

她的眉头聚在了一起：“他似乎真的被我吸引住了。你知道，他问我有没有结婚——我离婚两年了——问我是不是一个人住等等那类问题。”

我能想象出两人初次相遇的那个晚上，吉尔在响亮的音乐声中与兰迪愉快地聊天时，表现得会有多么热切。而且当一个星期之后，兰迪在出差途中特地驱车100多英里到洛杉矶看望她的时候，吉尔带着这种热切迎接了他。晚餐之后，吉尔挽留兰迪在她的公寓住下，这样他就不必当天开长途车回去，可以第二天再走。兰迪接受了她的邀请，两人当晚就做爱了。

“这太棒了，他让我给他做饭吃，而且他确实享受被人照顾的感觉。那天早上他穿衣服之前，我还帮他熨了衬衫。我喜欢照顾男人。我们相处得很美妙。”她留恋地微笑着。但是，她随后的叙述表明，吉尔几乎是立即就对兰迪完全地痴迷了起来。

当兰迪回到在圣迭戈的公寓时，电话铃在响。电话那边吉尔热情地对他说，一直在为他开这么远的路担心，现在知道他安全到家，终于松了一口气。当她认为自己听出兰迪对这个电话有点困惑时，她道歉说打扰了，便挂断了电话，但是，一种咬噬内心的苦恼开始在她心中滋长，尤其是她意识到自己对男人的关心又一次远远超过了男人对她的关心。

“兰迪对我说过一次，不要给他太大压力，不然他会消失。我很害怕。这完全取决于我，我应该既爱他，同时又给他独立的空间。我办不到，所以我越来越害怕。我越恐慌，对他追得就越紧。”

过了不久，吉尔就几乎每晚都打电话给他。他们约好了轮流打电话，但是轮到兰迪的时候，他的电话总是来得晚一些，吉尔等不到电话就变得很焦躁，无法忍受。反正她睡不着，所以就打电话给他。这些通话都没什么实质内容，而且时间很长。

“他会说他忘了，我会说，‘你怎么能忘呢？’毕竟，我自己从来都不忘。然后，我们开始谈论为什么，看来他好像害怕接近我，而我想帮助他克服这一点。他一直说他不知道自己在生活中想要的是什么，而我会努力帮助他认清这些事情对他来说是什么。”因此，吉尔在兰迪面前扮演起了“心理学家”的角色，试图帮助他在感情方面对她表露得更多一些。

吉尔不能接受兰迪不想要她。她已经认定他需要她。

有两次，吉尔飞到圣迭戈去和他共度周末；第二次去的时候，兰迪自顾自地过周日，当吉尔是空气一样，自己看电视、喝啤酒。这是吉尔能记起的最糟糕的几天之一。

“他是个酒鬼吗?”我问吉尔。她似乎被这个问题吓到了。

“哦，不是，不算是。实际上，我不知道。我从没真正想过这个问题。当然，我认识他的那个晚上他是在喝酒，但那种场合喝酒很自然，毕竟我们是在酒吧。我们在电话里聊天的时候，偶尔我能听到冰块在玻璃杯里叮当响的声音，我还会为此调侃他一下——你知道，一个人喝闷酒。其实，我和他在一起的时候，他总是在喝酒，但我只是觉得他喜欢喝酒。这很正常吧，不是吗?”

她停顿一下，想了想。“你知道，有时候在电话里听他说话挺好笑的，特别是他身为一名律师，说话却非常含糊不清、不准确、健忘，而且不连贯。但我从没想过这是因为他在喝酒。我不知道我是怎样对自己解释的。我可能就是不让自己考虑这一点吧。”

她伤心地看着我。

“可能他确实喝得太多，但一定是因为我惹他心烦的。我觉得我就是不够有趣，所以他才不真想跟我在一起。”她担忧地继续说道，“我原来的丈夫从来都不愿意待在我身边——那太明显了!”她眼含热泪，努力继续说着，“我父亲也从来不愿意……我有什么问题？为什么他们都对我感到厌烦？我做错了什么吗?”

当吉尔认识到自己和重要的人之间存在问题的时候，她不仅愿意努力解决问题，而且还把出现问题的责任都归咎到自己身上。如果兰迪、她的丈夫、她的父亲都不爱她，她感觉一定是因为她做错了什么，或者有什么地方做得不够。

吉尔的心态、感觉、行为和人生经历，属于典型的爱意味着痛苦的女人。她表现出了爱得太多的女人的许多共同点。不论她们的故事和挣扎过程有什么细节差别，不论她们是经历了与一个男人交往的漫长而艰难的情感关系，还是换了几个男人却一直处于不快乐的情感关系中，她们的基本性质是一致的。爱得太多，并不意味着爱上了太多男人，或频繁恋爱，或是对一个人真心爱得太深。爱得太多的真正含义是，痴迷于一个男人，并且把那种痴迷叫做爱，让这种痴迷控制你的情感和你的许多行为，虽然认识到了它对你的健康和幸福的负面影响，却仍然不能放手。这意味着，用你痛苦的深度来衡量你爱的程度。

在读这本书的过程中，你可能会发现自己与吉尔或其它故事中的女人有同感，你可能会好奇，自己是否也是一个爱得太多的女人。也许，尽管你和男人之间的问题与她们的问题相似，但你很难把自己与其中一些女人的背景“标签”联系起来。我们对于像“酗酒、乱伦、暴力、成瘾”这类词语有很强的抵触情绪，而且，由于我们太害怕把这些“标签”用在自己或自己爱的人身上，所以有时候我们无法现实地看待自己的生活。可悲的是，当这些词语确实适用于我们的时候，如果我们不能用这些词，通常会妨碍我们得到适当的帮助。另一方面，也许那些可怕的标签不适用于你的生活。你在童年时遇到的问题可能更微妙一些。或许，尽管你的父亲为家庭提供了财务上的安全感，却深深地厌恶和不信任女人，他不能爱你，令你不能爱自己。或者，你的母亲可能在私下里对你抱着嫉妒和竞争的心态，尽管她在公开场合炫耀你、吹捧你，以至于你为了获得她的赞同而需要努力把事情做好，但同时又害怕她因为你的成功而对你产生敌意。

我们无法在这一本书中涵盖不健康家庭的诸多类型——那需要很多本书，而且和这本书的性质迥异。但是，重要的是要理解所有不健康的家庭的共同点就是不能讨论根本问题。这些家庭也许会讨论其他问题——经常是令人反感的问题——但这些问题往往掩盖了使家庭功能失调的隐秘问题。正是其隐秘程度——这些问题在多大程度上无法谈论——而不是问题的严重性，决定了一个家庭功能失调的程度，以及家庭成员受到伤害的严重性。

在功能失调的家庭里，家庭成员的角色很僵化，家人之间的交流也严重受限于符合其角色的话语。他们不能自由地表达自己各方面的体验、愿望、需求和感受，而只能限制自己的角色来适应其他家庭成员的角色。虽然所有的家庭都按角色运作，但是随着情况的变化，家庭成员也必须改变并适应新的角色，这样家庭才能继续保持健康状态。因此，适合于一岁孩子的方法，就非常不适合于 13 岁的孩子，母亲的角色必须为适应现实而改变。在功能失调的家庭里，现实的主要方面被否认，角色始终很僵化。

如果没有人能讨论影响每个家庭成员个人和整个家庭的事情——实际上，是当这种讨论被含蓄地禁止（转换话题），或被明确地禁止（“我们不谈论那种事情!”）的时候——我们就学会了不相信自己的感知或感觉。因为我们的家庭否认了我们的现实，于是我们也开始否认自己的现实。这会严重损害我们必备生活技能的形成，以及与他人打交道和处理各种情形的必备技能的发展。正是这种必备能力的损害，在爱得太多的女人中起着作用。我们变得不能辨别对自己不好的人或事。其他人自然会避免的危险、令人不舒服或不健康的情形和人，却不会让我们远离，因为我们不能够从现实或自我保护的角度去评价他们。我们不相信自己的感觉，也不能用自己的感觉来指引自己。相反，背景更健康、更平衡的人会自然避开的危险、阴谋、欺骗、挑战，实际上却吸引着我们。而且，这种吸引会让我们进一步受到伤害，因为大部分对我们有吸引力的事物，都是过去成长环境的某种复制。于是，我们一次又一次地受到伤害。

没有人是偶然成为爱得太多的女人的。在这个社会中，作为一名女性，成长在这样的家庭里会形成一些可以预见的模式。以下这些典型特征属于爱得太多的女人，例如像吉尔一样的女人，也可能是像你一样的女人。

1. 通常，你来自一个功能失调的家庭，在这个家庭里你的情感需要得不到满足。

2. 由于你得到的来自父母的真正关爱非常少，你试图通过主动付出关爱来代偿自己这种未得到满足的需要，特别是关爱那些看起来在某些方面很贫乏的男人。

3. 因为你一直都无法把自己的父亲或母亲变成你所渴望的关爱你的人，所以，你会对自己很熟悉的那种不付出感情的男人在内心深处做出响应，他能让你再一次尝试通过自己的爱来改变他。

4. 由于惧怕被抛弃，你愿意做任何事情维持你们的关系。

5. 只要能够“帮助”和你交往的男人，几乎怎样付出你都不嫌麻烦，不嫌费时间，不嫌代价昂贵。

6. 习惯了缺少爱的个人关系，你愿意等待，愿意期盼，并且会更努力地取悦他。

7. 在跟任何一个男人的关系中，你都愿意承担远远超过50%的责任、负疚感和责难。

8. 你的自尊心非常低，而且在内心深处不认为自己配得到幸福，而是相信自己必须挣来享受生活的权利。

9. 因为童年时体验到的安全感比较少，所以你不顾一切地需要控制你的男人以及你们之间的关系。你将自己对他人和各种情形的竭力控制伪装成“乐于助人”。

10. 在情感关系中，你考虑更多的是自己对将来应该怎样的梦想，而不是你的现实状况。

11. 你对男人上瘾，对痛苦的情感也上瘾。

12. 你易于对药物、酒精或某种食物，特别是甜食上瘾。这种上瘾可能是由于情感方面的原因，也可能是由于生物化学方面的原因。

13. 你被那些有问题需要解决的人吸引，或者让自己陷入混乱、不确定的情感痛苦状况中，以此来回避对自己责任的关注。

14. 你可能易于产生间歇性抑郁，试图通过不稳定的情爱关系所产生的兴奋感来防止这种抑郁。

15. 你不会被那些善良、稳重、可靠并对你有兴趣的男人吸引。你觉得这种“好”男人很乏味。

吉尔或多或少地表现出了几乎所有这些特征。正是由于吉尔具有上述多个特征，以及吉尔告诉我的有关兰迪的其它事情，我才怀疑兰迪可能有酗酒问题。女人如果具有这种情感特征，就会总是被那些因为某种原因而不付出感情的男人吸引。成瘾是他不付出感情的一个主要原因。

从一开始，吉尔就情愿比兰迪承担更多的责任来开始并维持两人的关系。正如很多爱得太多的女人一样，她很明显是个相当负责任的人，在生活中的很多方面都取得了较高的成就，但自尊心却非常低。尽管在学业和工作方面实现了目标，但这不能抵消她在恋爱关系中遭受的个人失败。每当兰迪忘记打电话给她时，她脆弱的自我形象就会受到狠狠一击，于是她便试图通过从他那里设法得到一些关爱的迹象来拼命地支撑自己的自我形象。非常典型的是，她主动为失败的恋爱关系承担全部责任，而且她无法现实地评估状况，当对方明显不爱她的时候，她也无法通过从这段感情中脱身来照顾好自己。

爱得太多的女人很少考虑自己在恋爱关系中是否诚实。她们将大量精力倾注于拼命地操纵对方，以改变对方对自己的行为或感觉，例如吉尔拨打昂贵的长途电话，并且飞去圣迭戈看望兰迪（别忘了，她的经济状况相当拮据）。她拨打长途电话对他进行的“心理治疗”，与其说是为了帮助他发现他自己，不如说是为了把他变成她需要的那种男人。事实上，兰迪并不愿意帮吉尔发现他自己。如果他对这种自我发现之旅有兴趣的话，他早就自己发现得差不多了，而不是在吉尔逼迫他进行自我分析的时候被动地坐在一旁。她之所以付出这些努力，是因为如果不这样做的话，她就只能认可并接受真实的他——一个不关心她的感受、不在乎两人关系的男人。

让我们回到和吉尔的谈话中，以便更好地理解为什么那天她来找我。

她现在谈起了她的父亲。

“他这个人太倔强。我发誓有一天要在争论中赢他。”她想了一会。

“但我从来都没有赢过。可能这就是我学法律的原因。我就是喜欢辩论案子并获胜的感觉!”想到这一点的时候，她的脸上闪现出了开心的微笑，然后又抽泣了起来。

“你知道我有一次做了什么吗?我让他告诉我他爱我，而且还让他拥抱了我一下。”吉尔努力把这件事情轻描淡写成她成长过程中一件趣事，但没有成功。一个受到伤害的小女孩的阴影浮现了出来。

“如果我不逼着他，他永远都不会说爱我。但爸爸确实是爱我的，只不过无法表现出来。他后来再也没有说过爱我。所以，我很高兴自己逼了他一次。不然的话，我永远都不会听到他这样对我说。我等了很多年，直到 18 岁的时候，我对他说，‘你得告诉我你爱我，’然后我就站在他身边不肯走，直到他说出来。之后我让他拥抱我一下，其实是我先拥抱他的。他有点退缩，然后拍了拍我的肩膀，但这也挺好了。我真的很需要他这样做。”泪水又涌了出来，这次她的圆脸上全是眼泪。

“为什么要他这样做那么难呢?告诉你的女儿你爱她，似乎是件很基本的事情啊。”她又低下头仔细看自己叠在一起的双手。

“我曾经那么努力过，甚至这也是我和他吵得那么厉害的原因。我以为只要我赢了，他就会为我骄傲，他会不得不承认我优秀。和世上所有其他事物相比，我最想要他赞许我，我猜赞许就意味着他对我的爱。”

在进一步的交谈中，我了解到吉尔的家人把父亲对她的排斥归结于父亲原本想要一个男孩，但结果却是女孩的这个事实。相对于吉尔父亲的真实情况而言，这么表面化地解释他对孩子的冷漠态度，对于所有家人（包括吉尔）来说都更容易接受。但是，在进行过相当长时间的心理治疗以后，吉尔认识到，自己的父亲和任何人都没有亲密的感情联系，他实际上无法对自己身边的任何人表达温情、爱、赞许。他总是有各种“理由”解释自己为什么不表达感情，例如争吵、观点不同，或者不可更改的事实，例如吉尔是个女孩。家里的每个人都选择将这些理由当作合理的理由来接受，而不是审视事实——吉尔的父亲与家人的关系一直都很疏远。

实际上，吉尔发现，相对于继续自责而言，接受父亲没有爱别人的基本能力这个事实要更难。只要过错在自己身上，就还有希望——希望有一天她让自己有足够的改变，从而让父亲发生改变。

我们所有人都如此，当令人感情痛苦的事情发生的时候，我们会告诉自己都是我们自己的过错，这其实是说问题还在我们的控制之中：如果我们改变，就会不再痛苦。爱得太多的女人的大部分自责背后都有这种动因。通过责备自己，我们怀抱的希望是：我们有能力找出自己哪里做错了，并有能力纠正，因而能够控制状况并不再痛苦。

在不久后的一次面谈中，这种模式在吉尔讲述自己的婚姻时清楚地表现了出来。她无可避免地会受到那些能让她再次营造自己小时候缺少父爱的氛围的男人吸引，婚姻对于她来说是一个机会，可以让她再次尝试赢得无法得到的爱。

当吉尔讲述她是怎样认识自己丈夫的时候，我想起了自己的同行说过的一句格言：饥饿的人买不到好东西。由于吉尔对爱和赞许极度渴求，而且尽管她不认为父亲对她有排斥但却对这种排斥很熟悉，她注定会找上保罗这种人。

她告诉我："我们是在一个酒吧认识的。我刚在自助洗衣店洗完自己的衣服，然后去隔壁的便宜小酒吧待了几分钟。保罗当时在打桌球，问我想不想玩。我说当然。一切就这样开始了。他约我一起出去，我说不行，我不和在酒吧里认识的男人一起出去。然后，他跟着我回到自助洗衣店，一直跟我说话。我最后把电话号码给了他，第二天晚上我们一起出去了。

"你可能不相信，但是我们两周后就住到了一起。他没有地方住，而我必须从公寓搬出来，所以我们就一起找了个地方。而且，我们的交往中没有任何特别棒的地方，无论是性、情谊，还是别的方面。但是，过了一年后，我的母亲开始对这件事感到不安，所以我们就结婚了。"吉尔摇了摇头，她的金发小卷又都晃了起来。

尽管开始得很随意，但她很快就痴迷了起来。因为吉尔在成长过程中一直努力把任何错的地方都纠正过来，她自然而然地把这种思考和行为方式带进了婚姻中。

“我那么努力。我是说，我真的爱他，我有决心让他也爱我。我要成为完美妻子。我像疯了一样做饭、清洁卫生，而且还努力不耽误学业。他大部分时间都不工作，就是随处一躺或一连消失几天。那简直糟透了，我等着他，猜想他去哪儿了。但是，我学会了不让自己问他去了哪里……”她犹豫了一下，变了变自己的坐姿。“我很难承认这种事情。我太相信只要自己足够努力，事情就会变好，但有时他消失了一段时间回来之后，我会生气，然后他就打我。”

“我以前从来没有把这件事告诉过任何人，我一直不好意思说。我从来没有那样看待过自己，你知道吗？我居然让别人打我。”

吉尔的丈夫在一次长时间不回家的过程中找了别的女人，吉尔的婚姻结束了。尽管这次婚姻给吉尔带来巨大的痛苦，但保罗离开的时候她还是伤心欲绝。

“我知道，不管那个女人是谁，她肯定和我完全不一样。我其实明白保罗为什么离开我。我感觉自己没有什么能再给他或任何人了。我没有因为他离开我而责备他。我是说，毕竟，我也无法忍受我自己。”

我对吉尔的治疗，主要是帮助她理解自己沉浸于其中那么长时间的病态心理演变过程，以及对不向她付出感情的男人那种注定会失败的关系的上瘾。吉尔在感情关系中的行为所表现出的上瘾，和对药物的上瘾是相似的。在她每段恋爱关系的初期都有一种“飘飘欲仙”的感觉，一种狂喜和兴奋感，她相信自己心灵最深处对爱、关注和安全感的需要终于可能得到满足了。由于对此深信不疑，吉尔为了感觉良好，会越来越依赖这个男人和这种关系。然后，正如上瘾者随着药品效果的减弱而必须增加药量一样，随着这种关系带给她的满足感的减少，她便被驱使着更加努力地追求它。为了尽量维持那种曾经那么美妙、那么充满希望的感觉，吉尔奴隶般地缠着她的男人，随着她得到的越来越少，她要求更多的联系、更多的安慰、更多的爱。由于她的需求是深层的，所以情况越是糟糕，她就越难放手。她无法放弃。

吉尔第一次来见我的时候是29岁。她的父亲七年前去世了，但他仍旧是她生命中最重要的男人。在某种程度上，他是吉尔生命中唯一的男人，因为在每段与吸引她的男人的恋爱中，她实际上是在与父亲打交道，仍然在极其努力地要赢得这个男人的爱，而他却因为自身的问题不能给予爱。

如果我们的童年经历特别痛苦，在一生中我们都往往会无意识地再造类似的情形，希望能够掌控那种情形。

例如，如果我们像吉尔一样，爱父母并且需要父母，但父亲或母亲却不回应，我们在成年以后恋爱的对象通常也会是类似的一个人或一连串的几个人，我们试图“赢得”过去努力希望得到的爱。当吉尔发现自己一再受不适合的男人吸引时，她就成了受这种动因驱使的典型象征。

有这样一个老笑话，说夜里一个近视的人丢了钥匙，便在路灯下寻找。另一个人走过来想帮他找钥匙，问他：“你确定钥匙是掉在这了吗?”那人答道：“不确定，但灯在这里。”

吉尔就像这个故事中的人一样，在找寻她生命中丢失的东西，但她不在有希望找到的地方寻找，而是由于她是一个爱得太多的女人，所以就在她最容易看到的地方寻找。

在本书中，我们将探究什么是爱得太多，我们为什么会爱得太多，从哪里学到的，以及怎样把我们爱的方式改变成更健康的相处方式。现在，让我们逐条分析一下爱得太多的女人的特征吧。

1. 通常，你来自一个功能失调的家庭，在这个家庭里你的情感需要得不到满足。

也许，理解这个特点的最好方法是先看后半句：“……在这个家庭里你的情感需要得不到满足”。“情感需要”指的不只是你对爱和喜欢的需要。尽管那方面很重要，但更关键的是，你的感知和感受大部分都被忽视或否认，而不是被接受或认可。举个例子：父母在争吵，孩子感到害怕。孩子问妈妈：“为什么你对爸爸发那么大火?”妈妈回答：“我没发火。”但她看起来却很气愤、很烦恼。孩子这时会感到困惑，更加害怕，说：“我听见你大声吵架了。”妈妈生气地说：“我跟你说过了我没发火，但你要是再这样问，我就真的发火了!”孩子这时会感到恐惧、困惑、生气和内疚。妈妈在暗示她的感知是不对的，但如果是这样，这些恐惧的感觉又是从何而来呢?孩子这时必须做出选择，要么她是对的，妈妈在故意对她撒谎；要么她听到、看到、感觉到的都错了。孩子通常会按下这种困惑，不再去感知，这样她就不必因为自己的感知不被认可而苦恼了。这会损害孩子相信自己和自己的感知的能力，特别在亲密的关系中，不论是小时候还是长大以后。

孩子对爱的需要也可能被否认或得不到满足。当父母陷入争吵或其它类型的争斗时，家里留给孩子的时间或关注就会非常少。这会让孩子产生爱的饥渴，却不知道怎样相信爱或接受爱，而且会感觉自己不值得爱。

现在，来看一下这个特点的前半部分：来自一个功能失调的家庭。如果在一个家庭中存在以下一种或多种情况，就是个功能失调的家庭。

- 酗酒或药物滥用（处方药或非法药品）
- 强迫症，例如强迫性暴食、工作、清洁、赌博、消费、节食、锻炼等等。这些行为都是成瘾行为，并且病症会不断加重；强迫症的害处很多，其中之一是有效地破坏并阻止家庭内部的真诚交流和亲密关系
- 殴打配偶和（或）孩子
- 父亲或母亲对孩子有不适当的性行为，从诱惑到乱伦

- 持续的争吵和关系紧张
- 父亲和母亲长时间不和对方说话
- 父母双方的态度或价值观相互冲突，或者为了孩子更忠实于自己而竞争，表现出对立的行为
- 父母之间竞争，或者是父母和孩子竞争
- 父亲或母亲无法与家里的其他人相处，并因而主动回避家人，却指责是家人造成了这种回避
- 极端教条，包括对金钱、宗教、工作、时间的运用、爱的表现方式、性、电视、家务、运动、政治等方面；对这些事情中任何事情的痴迷都会妨碍家人之间的交流和亲密关系，因为其重点已经不是家人之间的关系，而成了遵守规则。

如果父亲或母亲表现出上述任何方面的行为或痴迷，都会给孩子造成伤害。如果父母双方都有这些不健康习性的任何一种，对孩子的伤害将会更加严重。通常，父母双方的病症是互补的。比如，一个酗酒者和一个强迫性暴食者经常会结为夫妻，然后各自都会努力控制对方的成瘾行为。父母还常常以不健康的方式平衡对方的影响；如果母亲对孩子过分溺爱、过度保护，而父亲好发脾气、排斥孩子，那么，父亲和母亲都会因为对方对孩子的行为和态度而采用破坏性的方式和孩子相处。

功能失调的家庭有很多类型和风格，但它们对孩子成长的影响有一个共同点：这些孩子的感受能力、与他人相处的能力，都受到某种程度的损伤。

2. **由于你得到的来自父母的真正关爱非常少，你试图通过主动付出关爱来代偿自己这种未得到满足的需要，特别是关爱那些看起来在某些方面很贫乏的男人。**

想一想孩子们，特别是小女孩，在缺乏她们想要而且需要得到

的爱和关注时会做出怎样的行为。小男孩可能会生气，并以破坏性的行为和打架表现出来，而小女孩往往把注意力转向自己最喜欢的一个布娃娃。通过摇晃、安慰这个布娃娃，并在某种程度上觉得自己就像这个布娃娃，这个小女孩是在用一种迂回的方式得到自己所需要的父母的关爱。作为成年人，爱得太多的女人是在做同样的事情，可能只是稍稍微妙一些。基本上，我们会在生活中的大多数方面——如果不是所有方面的话——成为付出关爱的人。从事帮助型职业和工作的人，例如护士、咨询师、治疗师、社工，许多都来自功能失调的家庭（我注意到，尤其是酗酒家庭）。我们被那些需要关爱的人吸引，对他们的痛苦感同身受，并且寻求缓解他们的痛苦，以此使我们自己的痛苦好转。如果我们明白自己之所以被吸引的根本原因是我们自己希望得到爱和帮助，也就不难理解为什么最吸引我们的男人是那些似乎需要关爱的人了。

吸引我们的男人并不一定是身无分文或健康状况很差的。也许他是不能很好地和他人相处，也许他冷漠而缺乏感情，也许倔强或自私，也许总是闷闷不乐或郁郁寡欢。他也许有点放纵不羁、不负责任，或者不能作出承诺，或不能保持忠诚，又或许他告诉我们他从来都没能爱过任何人。我们会对哪种男人做出反应，取决于我们自身的背景。但是，我们会认定这个男人需要我们的帮助、同情和智慧来改善他的人生。

3. 因为你一直都无法把自己的父亲或母亲变成你所渴望的关爱你的人，所以，你会对自己很熟悉的那种不付出感情的男人在内心深处做出响应，他能让你再一次尝试通过自己的爱来改变他。

你以前抗争的对象或许是父母中的一方，也可能是父母双方。但是，不论以前的问题、缺憾或痛苦是什么，你现在都会努力进行纠正。

这时，一些对你有害、于你不利的事情就开始出现了。如果我们把自己的全部同情、怜悯和理解用在和健康男人的交往上——那些有希望满足我们的情感需要的男人，那当然非常好。但是，我们不会被那些能够满足我们感情需要的健康男人所吸引。在我们看来，他们太乏味了。只有能让我们复制过去和父母的争斗的男人，才会对我们有吸引力，以前我们努力让自己变得足够好、足够可爱、足够有价值、足够有帮助、足够聪明，以赢得父母的爱、关注和赞许，而父母却由于自身的问题和专注于其他事情而不能满足我们的需要。这时，我们对待男人的方式，就好像除非我们能从一个男人——他由于其自身的问题和专注于其他事情而无法欣然付出爱、关注和赞许——那里索取到爱、关注和赞许，否则它们就没意义一样。

4. 由于惧怕被抛弃，你愿意做任何事情维持你们的关系。

“抛弃”是一个很严重的词。它暗示着被遗弃，可能面临死亡，因为我们可能没有能力独自生存。有的抛弃是字面意义上的真实抛弃，有的则是感情上的抛弃。每个爱得太多的女人都至少体验过深深的感情抛弃，包含着抛弃的所有恐惧和空虚。作为一个成年女人，被一个在很多方面代表了当初抛弃我们的那些人的男人遗弃，会让我们再次感受到那种恐惧。当然，我们会做出任何事情来避免再次有那种感觉。这就造成了下一个特点。

5. 只要能够“帮助”和你交往的男人，几乎怎样付出你都不嫌麻烦，不嫌费时间，不嫌代价昂贵。

所有这些“帮助”背后的想法是，如果有效的话，这个男人将会变成你希望并且需要他变成的样子，这意味着你将会获胜，得到长久以来一直想要得到的东西。

所以，尽管我们经常对自己非常节俭，甚至自我否定，却愿意不遗余力地帮助他。我们为他做出的一些努力包括：

- 给他买衣服，以改善他的自我形象。
- 为他找一个心理治疗师，并且恳求他去接受治疗。
- 资助他的昂贵嗜好，以帮助他更好地利用时间。
- 胡乱搬家，只是因为“他在这儿不开心”。
- 把一半或全部财物给他，认为这会让他不再觉得不如我们。
- 给他提供住的地方，让他有安全感。
- 允许他在感情方面虐待我们，因为“他以前一直都不被允许表达感情。”
- 给他找工作。

这只是我们试图帮助他的许多方式中的一部分。我们很少质疑自己为他做这些事情是否合适。事实上，我们会花费大量的时间和精力，试图想出比已经尝试过的方法更有效的办法。

6. 习惯了缺少爱的个人关系，你愿意等待，愿意期盼，并且会更努力地取悦他。

如果一个经历跟我们不一样的女人处于我们这种境况，她会说：“这感觉太糟糕了。我再也不要这样了。”但是，我们会认为，如果一个办法不管用而且我们不开心，那一定是我们什么地方做得还不够。我们会把对方行为的每一处细微变化，都看作他终于开始改变的迹象。我们靠着“明天会不同”的希望生活。等待他改变，实际上要比改变我们自己和自己的生活令我们感觉更舒服。

7. 在跟任何一个男人的关系中，你都愿意承担远远超过50%的责任、负疚感和责难。

通常，那些来自功能失调家庭的人都有不负责任、孩子气、软弱的父母。我们长大得很快，在远未准备好承受属于成年人的负担时，就已经变成了小大人。但是，我们对于家人和其他人给予我们的权利也感到高兴。现在，作为成年人的我们相信，自己与男人的关系是否顺利取决于我们自己，而且，我们会与不负责任、喜欢指责的伴侣合作，他会强化我们认为这取决于我们自己的感觉。我们是承受负担的专家。

8. 你的自尊心非常低，而且在内心深处不认为自己配得到幸福，而是相信自己必须挣来享受生活的权利。

如果我们的父母都不能发现我们值得他们的爱和关注，我们怎么能相信自己真的是优秀的人呢？在爱得太多的女人中，很少有人相信仅仅由于自己的存在就值得爱，值得被爱。相反，我们相信自己存在很严重的过错或缺陷，我们必须做得很好才能弥补。我们生活在对自己这些缺点的内疚中，生活在害怕这些缺点被人发现的恐惧中。我们非常非常努力地让自己看起来很优秀，因为我们不相信自己是优秀的人。

9. 因为童年时体验到的安全感比较少，所以你不顾一切地需要控制你的男人以及你们之间的关系。你将自己对他人和各种情形的竭力控制伪装成“乐于助人”。

如果一个孩子生活在功能失调更严重的家庭中，比如酗酒、暴力或乱伦的家庭，这个孩子会不可避免地因为家庭失去控制而感到恐慌。她没有可依赖的人，因为他们都太变态，无法保护她。事实上，这种家庭带来的往往不是她需要的安全和保护，而是威胁或伤害。由于这种经历太令人不知所措，太具有毁灭性，我们当中那些受过这种痛苦的人，可以说就会寻求转败为胜。通过变得强大并对他人有所帮助，我们是在保护自己免于任人摆布而感到的恐慌。我们需要和自己能够帮助的人在一起，这样才有安全感和对局面的控制感。

10. 在情感关系中，你考虑更多的是自己对将来应该怎样的梦想，而不是你的现实状况。

当我们爱得太多的时候，我们生活在幻想的世界中，那个和我们在一起的男人虽然让我们感觉那么不快乐，或那么不满意，但在我们的幻想中，他却变成了我们相信通过我们的帮助他将能成为的那种人，其实是我们希望他将会变成的那种人。因为我们几乎不知道相处的快乐，几乎没有体验过我们关爱的人满足我们的感情需要的那种感觉，所以，那个梦想的世界最接近我们敢于拥有的希望。

如果我们拥有了一个能满足我们所有需要的男人，那么这个男人还需要我们什么呢？我们帮助他人的天分（和冲动）将无处发挥，我们个性中的一个重要部分将无用武之地。于是，我们会选择一个自己不想要的男人——并继续我们的梦想。

11. 你对男人上瘾，对痛苦的情感也上瘾。

用《爱与上瘾》的作者斯坦同·皮利的话来说，“上瘾的体验会吸收一个人的意识，如同镇痛药一样缓解焦虑和痛苦。没有任何事情能像某种类型的情爱关系那样彻底地吸收我们的意识。上瘾关系的特点是渴望对方的安慰……第二个标准是，这种关系能够分散她关注并处理自己生活中其他方面事情的能力。”

我们用自己对所爱的那个男人的痴迷，来逃避我们的痛苦、空虚、恐惧和气愤。我们把情感关系当作毒品，来逃避自己体验独自一人时的痛苦。我们与自己男人的交往越痛苦，他就越能让我们分散注意力。对于我们来说，真正糟糕的交往起着跟烈性毒品一样的作用。如果没有一个男人作为我们专注的对象，我们就会出现戒断症状，往往很多症状和真正的药物戒断症状是一样的，包括生理症状和心理症状：恶心、出汗、打冷战、发抖、心动过速、强迫性思维、抑郁、失眠、惊慌、神经衰弱。为了缓解这些症状，我们会回到自己的旧情人身边，或者拼命找寻一个新情侣。

12. **你易于对药物、酒精或某种食物，特别是甜食上瘾。这种上瘾可能是由于情感方面的原因，也可能是由于生物化学方面的原因。**

上述情况尤其适用于那些父母是化学药物滥用者的爱得太多的女人。所有爱得太多的女人都经历过情感缺憾，这会导致她们滥用能够改变思维的化学物质，以逃避自己的感觉。但是，成瘾者的孩子还易于继承某种基因倾向而成瘾。

或许是因为精制糖的分子结构和乙醇酒精的分子结构几乎一模一样，所以许多酗酒者的女儿对精制糖上瘾，并且对此形成强制性进食症。精制糖不是食物，而是药物。它没有食物的营养价值，只是纯热量而已。它可以极大地改变大脑的化学物质，对许多人来说，精制糖是很容易成瘾的物质。

13. **你被那些有问题需要解决的人吸引，或者让自己陷入混乱、不确定的情感痛苦状况中，以此来回避对自己责任的关注。**

虽然我们非常善于凭直觉知道其他人的感受，或搞清楚其他人的需要或应该做什么，但对自己的感受却不了解，也不能对给自己生活造成烦恼的问题的重要方面做出明智决定。我们往往并不真正知道自己是谁，而如果被卷入急剧变化的问题中，就可以避免自己不得不静下心来思考这个问题。

这并不是说我们不表达感情。我们会哭泣、尖叫、抽泣、哀号。但是，我们无法用自己的情感来指引自己做出人生中必需的重要抉择。

14. 你可能易于产生间歇性抑郁，试图通过不稳定的情爱关系所产生的兴奋感来防止这种抑郁。

举个例子：我的一个有抑郁症史的客户，嫁给了一位酗酒者，和他一起生活就好像每天发生一起交通事故一样。那些可怕的情感起伏、意外、花招、两人关系的不可预测性和不稳定常常冲击着她。如果你出过交通事故，但伤得并不严重，在事故后大约第二天你可能会有一种明确的“快乐”感。这是因为你的身体经历了一次极度震惊，肾上腺素猛增到超常的高水平。这些肾上腺素就是你产生兴奋感的原因。如果你受着抑郁症的折磨，你会下意识地找寻可以让你情绪激动的情形，那些像交通事故（或嫁给一位酗酒者）一样的情形，这样你就可以保持兴奋，避免情绪低落。

抑郁、酗酒和饮食紊乱是密切相关的，而且似乎是遗传性的。例如，我在工作中接触过的大多数厌食症患者的双亲都酗酒，而我的许多有抑郁问题的女客户的父母中至少有一位酗酒。如果你来自一个酗酒家庭，你很可能因为两个原因而有抑郁问题，一是由于你幼时的经历，另一方面是由于基因遗传。具有讽刺意味的是，和有此类病症的人相处所带来的兴奋感对你有很强的吸引力。

15. 你不会被那些善良、稳定、可靠并对你有兴趣的男人吸引。你觉得这种“好”男人很乏味。

爱得太多的女人会发现，不稳定的男人令人兴奋，不可靠的男人有挑战性，不可预测的男人浪漫，不成熟的男人迷人，喜怒无常的男人有神秘感。爱生气的男人需要我们理解，不快乐的男人需要我们抚慰，能力差的男人需要我们鼓励，冷漠的男人需要我们温暖。但是，如果一个男人本身已经很好了，我们就没办法去“修正”他了，而且如果他善良并关爱我们，我们也就无法受折磨了。不幸的是，如果我们不能对一个男人爱得太多，我们通常就一点都不爱他。

在以下各章，你看到的每个女人都和吉尔一样，有爱得太多的故事要说。她们的故事也许会有助于你更清楚地理解自己的生活模式。然后，你还会有能力应用本书末尾介绍的方法，把那些模式转变成新的组合：自我实现、爱和快乐。这是我对你的祝愿。

第 2 章

糟糕的关系，美妙的性

> 噢，我的男人，我有多么爱他
> ——他从不知晓我的全部人生只是绝望而已
> ——但我并不在意
> 当他把我拥入怀中，世界就明亮了起来……
>
> ——*我的男人*

在我面前坐着的，是一位全身都包裹在绝望中的年轻女子。她俊俏的脸上还带着可怕的擦伤，青一块黄一块的，那是她一个月前故意开车朝悬崖下撞去时留下的。

“这件事报纸上登了，”她慢慢地、痛苦地跟我说，“这起事故的全部情况都登了，还配了汽车悬在那里的照片……但他甚至都没和我联系。”她的声音抬高了一些，但只是闪现了一点点正常的愤怒，就又马上陷入了孤寂凄凉中。

特露迪，这个差一点为爱死去的女人，接下来提出了自己的核心问题，那个令她被自己的情人莫名地、几乎无法忍受地抛弃的问题。“当我们的其他方面都不好时，我们之间的性怎么能那么棒，让我们两人都感觉那么美妙，而且让我们那么亲密地在一起？为什么其它都不行的时候，性却能行呢?”她开始哭了，像极了一个非常伤心的小孩子。“我以为把自己交给他，就能让他爱我。我把一切都给了他，能给的一切都给了他。”她弯下了身子，手捂肚子摇晃着说：“噢，但是当我知道自己的所有努力只能换来一场空的时候，太伤心了。”

特露迪弓着身子抽泣了很长时间，迷失在了爱情神话曾经栖息过的那片空虚中。

当她能再接下去说的时候，仍然是那种压低着嗓音的哭诉。“我只在乎能让吉姆开心，让他留在我身边。我什么都不要，只要他和我在一起。”

特露迪又哭了一会儿，我想起了她以前说过的家庭状况，于是，我轻声问她：“那不也是你母亲想从你父亲那里得到的吗？基本上只是想让你父亲和她在一起？”

她突然坐直了身体。“噢，我的天呐！你说得对。连我说的话都和我母亲的一模一样。我最不愿意像的人就是她，她为了达到目的，还自杀过。噢，我的天呐！”她反复说着，然后看着我，脸上带着泪水，低声说：“这简直太可怕了。”

她停顿了一下，我说：“我们经常会发现自己和同性别的父母做法一样，虽然我们发过誓绝对不会那样做。这是因为，我们是从他们的行为甚至感受中学到了身为一个男人或女人应该什么样。”

“但我自杀的原因并不是为了报复吉姆，”特露迪申辩道，“我只是无法忍受自己可怕的感觉，感觉自己没有价值，没有人要。”又停顿了一会儿，她接着说：“也许我的母亲也是同样感觉吧。我猜，当你努力把一个人留在身边，而那个人却有其它更重要的事情要做时，你最终就会产生那种感觉。”

特露迪曾努力过，不错，她用来诱惑对方的是性。

在后来的一次谈话中，当伤痛已经被时间抚平了一些的时候，我们又提到了性的话题。“我在性方面一直很敏感，”她既骄傲又内疚地说，“以至于我在高中的时候还担心自己是个色情狂。”

“我满脑子想的都是下次能和男友在一起做爱的事情。我总是努力把一切都安排好，以便我们能有地方可去，单独在一起。人们说应该是男孩子总想得到性。不过，我知道我比自己的男友更想要。起码，为了这种事，我费的力气可比他多得多。”

特露迪16岁的时候，和长期约会的高中男友有了第一次，用她的话说，“发生了关系”。他是学校的一名橄榄球员，而且对待训练很认真。他似乎认为，和特露迪性事太多会削弱他在球场上的威力。当他用赛前不能在外面待到太晚来推脱的时候，她就给自己找了一个在下午替人照看婴儿的活，这样，当婴儿在育婴室睡觉的时候，她就能在客厅的长沙发上诱惑他。尽管特露迪想出了这个极富创意的方法，但她试图把男友对于运动的激情转移到自己身上的努力，最终还是失败了。这个小伙子获得了橄榄球奖学金，去了很远的地方上大学。

特露迪每天夜里都以泪洗面，为没能成功地劝说他选择她而不是对体育运动的雄心而责备自己。这样过了一阵子以后，特露迪准备好了再试一次。

当时正是特露迪高中毕业而大学还没开学的那个夏天，她仍住在家里，一个开始分崩离析的家。几年来，特露迪的母亲一直威胁说要离婚，这时她终于启动了离婚的法律程序，并且雇了一个因愿意采用卑劣手段而出名的律师。她父母的婚姻一直充满了狂风暴雨一般的争斗，一方面是父亲对工作的强迫性狂热，另一方面是母亲为了逼迫父亲多陪伴她和两个孩子——特露迪和姐姐贝丝——而做出的时而热情、时而狂暴、偶尔甚至不惜自残的努力。父亲很少回家，而且在家里停留的时间很短，以至于母亲讥讽地把这种逗留称作“途中紧急加油停车”。

“就算是紧急加油吧，”特露迪回忆说，“父亲每次回家都会恶化成恐怖的长时间争吵，母亲尖叫着指责他不爱我们任何一个家人。而父亲则坚持说他长时间辛苦工作都是为了我们。父亲每次回来，最终都会变成他和母亲两个人扯着嗓子争吵。他常常摔门而去，大喊着，‘难怪我从来都不愿意回家!’但是，有的时候，如果母亲哭得比较厉害，或者又拿离婚威胁他，或者服了很多安眠药而被送进医院，父亲就会改变一阵子，早早回家陪我们。母亲就开始做丰盛的晚餐来报答他，我猜是报答他肯回家陪伴家人。”她皱起了眉头，“过大概三四天，他又会晚回家，又会往家打电话。‘哦，我明白。哦，真的吗？’母亲会冷冷地对着电话说。不一会儿，她就开始朝他大声骂脏话，然后把话筒一摔。这时候，我和贝丝为了父亲回来吃晚餐，都已经打扮整齐了。我们或许已经在餐桌上布置了鲜花和蜡烛，每当父亲要回家的时候，母亲总是让我们这样布置。而现在，母亲会在厨房里横冲直撞，把锅碗瓢盆摔得砰砰响，尖叫着咒骂父亲。然后，她会平静下来，又变得冷冰冰的，出来告诉我和贝丝，我们只能自己吃了，不用等他。这比尖叫怒骂还要糟糕。她会给我们端上饭菜，然后坐下来，一眼也不看我们。房间里寂静无声，我和贝丝会很紧张，不敢说话，又不敢不吃。我们待在餐桌旁，试图让母亲感觉好过一些，但我们真的什么也帮不了她。吃过这种晚餐后，我经常在半夜里感到不舒服，严重地恶心和呕吐。”特露迪坚忍地摇了摇头，“这对消化绝对没好处。”

“或许对学会健康的相处方式也没好处。”我补充道，因为特露迪就是在这种环境中学到了和自己所爱的人相处的一点知识。

“在出现这种情况时，你是怎么做的？”我问她。

特露迪想了一会儿，回答我的时候点了点头，以强调她的回答的正确性。“在发生这种事情时，我感到害怕，但大部分感觉是孤独。没有人从我的角度考虑，也没有人想知道我的感受，或我在做什么。我的姐姐太腼腆了，我和她之间从来没有好好谈过。她不上音乐课的时候，就躲在自己房间里，大部分时间都在吹笛子，我认为她是为了把争吵的声音挡在房门外，并给自己置身事外找一个借口。我也学会了不惹麻烦。我会保持安静，假装没有注意到父母之间在怎样相互对待，而事实上我把自己的所有想法都藏在了心里。我努力在学校表现得好。有时候，我感觉这是父亲唯一能注意到我的地方。‘让我看看你的成绩单。’他会说，然后我们就聊一小会儿。

他会赞赏任何成就，所以，我就努力为他而做得更好。”

特露迪揉了揉自己的眉毛，然后继续沉思着说道：“还有另外一种感觉，就是悲伤。我想我一直很悲伤，但我从来没告诉过任何人。如果有人问，‘你内心是什么感觉？’我会说我很好，非常好。即便我能说我悲伤，我也不可能解释为什么。我怎么能为那种感觉找到正当理由呢？我没有受苦。我的生命中不缺少重要的东西。我的意思是，我们从没缺过一顿饭，从没缺过需要的东西。”特露迪仍然不能完全承认自己在那个家庭中受到了多么严重的情感隔离。她遭受着缺乏关爱和关注的痛苦，因为她几乎见不到父亲，而母亲的精力又全部用在了对父亲的愤怒和沮丧上。这使得特露迪和她的姐姐陷入了情感饥渴的境地。

理想的状况是，随着特露迪慢慢长大，她能够学着让父母了解她自己，以换得父母对她的爱和关注，但是她的父母无法接受她的这个馈赠，因为他们陷入了双方的意志之战中而无法自拔。所以，当特露迪慢慢长大时，她把自己和她的爱的礼物（以性的形式）带到了别处。但是，她把自己献给的是那些同样不情愿或得不到的接受者。毕竟，她不知道除此之外还能怎么做。别的做法都不能让她感觉“正确”，或者符合她已经习惯了的爱和关注的缺乏。

同时，她父母之间的冲突已经在离婚法庭这个新的舞台上变得越来越激烈了。在此期间，特露迪的姐姐跟着自己的音乐老师私奔了。她的父母几乎就没有中断两人之间争斗，以注意一下他们的大女儿和一个年龄比她大一倍，而且几乎不能维持自己生计的男人一起离开了这个州。特露迪也在寻找爱，狂热地和男人们约会，并且跟他们差不多每个人都上床。她在内心认为，家里的问题是母亲的错，是母亲用唠叨和威胁把父亲赶跑的。特露迪发誓，自己永远都不要成为她眼里的母亲那样生气、苛求的女人。相反，她要用爱、理解以及完全把自己作为礼物奉献出来，赢得她的男人。她已经试过了一次，对那个橄榄球员那么全心全意地爱和付出，让他无法拒绝，但是，她的方法没有成功。她认为，不是自己的方法错了，或这种方法的对象选错了，而是她给予得还不够。所以，她要继续尝试，继续给予，然而，和她约会的年轻男人没有一个留在她身边。

秋季学期开始了，特露迪很快就在当地城市学院的一门课上认识了已婚男人吉姆。他是一名警察，正在那里学习执法理论，以便符合升职条件。他三十岁，有两个孩子和怀孕的妻子。一天下午喝咖啡的时候，他告诉特露迪自己结婚的时候是多么年轻，以及跟妻子在一起是多么不快乐。他用父亲般的语气警告她，不要太早结婚而束缚在家庭责任里，免得像他一样受困在围城中。特露迪受宠若惊，很高兴他把对婚姻生活的醒悟这么私人的事情向她倾诉。他看起来很善良、有点脆弱、有些孤独、不被人理解。吉姆告诉她，和她谈话对他来说多么有意义——真的，他以前从没跟像她这样的人交谈过——还问她愿不愿意再和他见面。特露迪很快就同意了，因为尽管那天的谈话几乎是单方面的，大部分是吉姆一个人在说，但比起特露迪在家里经历过的还是交流了不少。他们的聊天让她尝到了渴望已久的关注。两天后，他们又聊了一次，这次是在校园附近的山坡上边走边聊，散步结束时，他吻了她。不到一个星期，他们就开始在执勤警察的公寓里幽会，在每周五天的在校时间中，他们幽会三个下午，特露迪的生活开始以他们的偷情时间为中心。特露迪拒绝审视与吉姆的恋情对她的生活造成的影响。她逃课，并且开始第一次出现学习成绩不及格。她就自己的行踪向朋友们撒谎，后来，为了避免不断撒谎，她就完全躲开了她们。她削减了自己的几乎每一项社交活动，只关心和吉姆在一起的时间，而不能和吉姆在一起时，她就只想着他。她想把时间都留给吉姆，以备万一在什么地方能挤出一个小时相聚。

作为回报，当他们在一起的时候，吉姆给了她很多关注和奉承。她想听什么，他就说什么——说她有多么棒，多么特别，多么可爱，说她使他比从前开心得多。他的话撩拨着她更努力地激起他的兴奋和快乐。首先，她买了漂亮的内衣，只穿给他看，然后又买香水和精油，不过吉姆反对她用这些东西，因为他的妻子可能会注意到它们的气味，想知道发生了什么事情。特露迪不屈不挠，她又去读关于做爱的书籍，并且把学到的每一样都在吉姆的身上尝试，而他的狂喜之情又激励她继续努力。对她来说，没有什么比能够激起这个男人的性欲更好的催情药了。只要他受到她的吸引，她就做出全身心的回应。她表现出来的与其说是她自己的性欲，不如说是通过他的性回应而得到的被认可的感觉。因为，她实际上更在意的是他的性欲，而不是她自己的性欲，他的回应越强烈，她就感到越满足。在她眼里，他偷出来的和她在一起的时间，就是她一直渴望得到证明的自我价值。当她不在吉姆身边的时候，她就思考让他迷醉的新方法。她的朋友们最终都放弃了邀请她，她的生活狭隘到了只沉迷于一点：让吉姆感到从来没有过的快乐。每一次相聚，她都会感到一种胜利的狂喜，她战胜了他清醒的生活，战胜了他体验不到爱和性满足的过去。因为她能让他快乐，她也变得更快乐。她的爱终于在一个人的生命中施展了魔力。这正是她一直渴望的。她不像母亲，用苛求把别人赶跑。相反，她是完全用爱和无私织成了一个纽带。她很自豪于自己对他几乎没有要求。

“当他不在我身边的时候，我感觉很孤独，而大多数时候他都不在我身边。我每星期只能有三天见到他，每次两小时，除了见面时间之外，他从不和我联系。他每周一、三、五有课，我们在他下课后见面。我们在一起的时间基本上都用来做爱。当我们终于分开时，又会向对方扑去。那感觉太强烈、太兴奋，以至于有时我们两个人很难相信世界上其他任何人的性爱能有这么刺激。当然，之后我们总是不得不说再见。他不在身边的所有时间，我都感觉很空虚。我把和他分别后的大部分时间都用来准备再次和他相见。我用一种特殊的洗发水洗头发，做指甲，然后就懒散地混日子，满脑子都是他。我不让自己想太多关于他的妻子和家庭的事情。我相信，他是在因为太年轻而没有真正明白自己想要什么的时候，就落入了婚姻的陷阱，而且，他不打算离婚、不打算逃避自己的家庭责任，这让我更喜欢他了。”

“——而且，还让我和他在一起的时候感觉更舒服。”特露迪或许最好加上这句话。她不能承受一种长期的亲密关系，所以吉姆的婚姻和家庭带来的这种缓冲实际上是她所欢迎的，正如以前那个橄榄球员不情愿和她在一起一样。只有我们熟悉的相处方式，才能让我们感觉舒服，而吉姆对特露迪来说，既有距离感又不承诺结婚，这正是她从自己父母的关系中早就熟悉的。

学校的第二个学期快要结束了，夏天就要到来。特露迪问吉姆，在学校放假而他们不再有见面的便利借口时，该怎么办。他开始皱眉，含糊其辞地回答说：“我不确定，我会想个办法。”吉姆的皱眉已经足以让她打住。把他们两个人维系在一起的，就是她能够给予他的快乐。如果他不开心，两人的关系可能就要结束。她一定不能让他皱眉。

学校放假了，吉姆还没想出办法。“我会打电话给你。”他说。她就等着。一个朋友的父亲给她提供了一个夏天在度假酒店工作的机会。她的几个朋友也在那儿工作，并且催促她和她们一起去。朋友们向她保证，整个夏天都在湖边工作会很好玩。她拒绝了这个机会，因为害怕会错过吉姆的电话。整整三个星期，她几乎寸步不离地守在房间里，但是电话一直没有打来。

七月中旬的一个炎热下午，特露迪在市中心无精打采地购物。她从一个开着空调的商店里走出来，被明亮的阳光晃得直眨眼睛。这时，她看到了吉姆——他晒黑了，正微笑着，和一个女人手牵着手，这个女人除了是他的妻子不会是别人。他们身边有两个孩子，一个男孩一个女孩，吉姆胸前的蓝色吊兜里还有一个婴儿。特露迪的眼睛追寻到了吉姆的目光。有那么一瞬间，他也注视着她，然后就把目光移开了，和他的家人、他的妻子、他的人生一起从她身边走了过去。

特露迪不知道是怎样一步步挪到自己的汽车旁的，她胸中的痛苦使她几乎无法呼吸。她坐在炎热的停车场，抽泣着，喘息着，直到太阳落下去很久。然后，她慢慢地、朦朦懂懂地把车开到了学院，驶上学院后面的山坡，那是她和吉姆第一次散步、第一次接吻的地方。她一直开到急下坡处，在应该转弯的地方照直开了下去。

能从这起车祸中活下来，而且几乎没受重伤，真是个奇迹，在她眼里也是个极大的失望。躺在医院的病床上，她发誓，一旦被允许出院，就要再次自杀。她被转到精神病房，服用了令人精神麻木的药物，还被迫与精神病医生面谈。父母轮流来看她，在护理站精心照料她。父亲来的时候，总是给她讲一些严肃的长篇大论，告诉她有那么多活下去的理由，而特露迪会悄悄数父亲瞥手表的次数。他一般都是用一句毫无帮助的话结尾："现在你知道我和你妈妈都很爱你，宝贝。答应我以后再也不这样做了。"特露迪便乖乖地做个承诺，硬挤出一丝微笑，暗中独自为在这么重要的事情上对父亲撒谎而感到不寒而栗。父亲走了之后，母亲会来，在房间里来回踱步，坚持追问她："你怎么能这么对待自己？你怎么能这么对待我们？出了问题你为什么不告诉我？到底是怎么一回事？你是对你父亲和我生气吗？"然后，她的母亲会坐在为来访者准备的椅子上，详细讲述离婚的进展，她认为这会让特露迪感到安慰。父母来过之后的夜里，特露迪经常会感觉恶心。

在她住院的最后一天晚上，一位护士静静地坐在她身边，轻柔地试探着问了些问题。特露迪把整件事情都告诉了她。最后，护士对她说："我知道你正想着再次自杀。为什么不呢？现在的情况和一个星期前相比，没什么不同。但是，我希望你在这样做之前先去见一个人。"这个护士曾经是我的一个患者，她把特露迪介绍给了我。

所以，特露迪和我就开始了共同努力，一起治疗她那种需要付出爱远甚于得到爱，需要从自己心中一个已经空了的地方付出、再付出的倾向。在接下来的两年间，特露迪的生活中又出现了几个男人，使她能检验在情感关系中怎样运用性。其中有一位，是她正在读书的大学的教授。他跟她父亲是如出一辙的工作狂，起初，特露迪做出了极大的努力，哄诱他放下工作到她爱的怀抱中来。不过，这一次，特露迪强烈地感受到一种不管多么努力也无法改变他的挫败感，并且在五个月之后就放弃了。尽管这种挑战在最初挺刺激，而且每次在晚上“赢得”他的关注时，她都感到证明了自己，但是，特露迪觉得自己在情感上越来越依赖他，而反过来，他给予的却越来越少。在一次治疗中，她对我说：“昨晚我和戴维在一起，我哭着告诉他，他对于我来说有多么重要。他又开始讲他常讲的理由，说我必须要理解他在工作上有一些重要义务需要履行——好吧，我干脆就不听了，反正我以前都听过。我突然明白了，这种情景我以前也经历过，当时是和我的橄榄球员男友。我拼命讨好戴维的方式和我过去对待他的方式一模一样。”

她懊悔地笑了，“你不知道，为了赢得男人的关注我都做到什么份儿上了。我曾经边跑边脱自己的衣服，在他们的耳朵里吹气，尝试我知道的所有诱惑花招。我仍然试图从那些对我不太感兴趣的人身上得到关注。我觉得和戴维做爱最兴奋的事情，就是激起他足够的性欲，能把他从其它更愿意做的事情上吸引过来。我讨厌承认这一点，但这确实非常令我兴奋，只要能够让戴维或吉姆，或任何人对我关注就行。我猜，是因为我基本上对每一段关系都感觉很糟糕，而性能大大缓解这种感觉。似乎有那么一会儿，所有的障碍都被溶解，使我们融为一体了。我太想要那种融为一体的感觉了。但是，我真的不愿意再不断地讨好戴维了。太丢脸了。”

不过，戴维还绝对不会是特露迪的最后一个不可能的男人。她的下一位情郎是个年轻的股票经纪人，热衷于铁人三项赛。她为了赢得他的关注而付出的努力，不亚于他在赛场上的努力程度，她不断地用充满欲望的身体试图诱惑他离开刻板的训练日程。当他们真在一起做爱的时候，大部分情况下他都因为太累或太没兴趣而达不到或无法维持勃起。

一天，在我的办公室里，她正说着他们最近一次失败的做爱尝试，突然，她笑了起来：“当我考虑这件事的时候，我发现太过分了！没有人比我更努力地和一个不情愿的男人做爱。”她笑得更欢了。最后，她坚定地说：“我不能再这样了。我再也不要看他们。我似乎总是被那种男人吸引，他们什么都给不了我，甚至连我给他们的都不想要。”

这是特露迪的一个重要转折点。通过治疗，她已经变得更能爱自己了，而且她现在能够说一种情感关系是不值得的，而不是说自己不可爱，应该更加努力。那种运用自己的性跟不情愿或不可能的情人建立关系的强烈本能，已经极大地减弱了，而且，当她在两年以后结束治疗时，她正和几个年轻男人若无其事地约会，没有和他们中的任何人上床。

“现在约会的时候太不一样了，我开始真正关注自己是否喜欢他，我是否开心，我是否认为他是个好人。我以前从来都没想过这些事情。我总是那么努力地让对方喜欢我，确保他和我在一起时开心，让他认为我好。你知道，在约会之后，我从来没想过自己是否愿意再见到对方，而只想知道对方是否足够喜欢我，愿不愿意再打电话约我。以前我全都弄反啦！”

当特露迪决定结束治疗的时候，她已经再也不会弄反了。她能够轻易看出一种不可能的关系，而且，即便她和一个她不大喜欢的追求者之间产生了一点相互吸引的火花，她也能够通过冷静地评判这个男人、情形和可能性，让它迅速熄灭。她寻求的再也不是痛苦和拒绝。她想要的是一个能真正成为她的伴侣的男人，否则就什么都不要，没有中间状况。但是，事实是特露迪对于如何适应“痛苦和拒绝”的反面——“舒适和承诺”——还一无所知。她不了解自己现在想要的情感关系会产生何种程度的亲密。尽管她一直渴望和伴侣之间的亲密，但她从来不了解在真正亲密的氛围中应该怎么做。她被拒绝她的男人吸引，并非偶然；对于真正的亲密，特露迪的耐受度很低。在成长的过程中，她的家里根本就没有亲密可言，只有战斗和停战协定，而每个协定都或多或少标志着下一次战斗的开始。她的家庭中有痛苦和紧张，偶尔也有缓和，但从来没有真正的分享、真正的亲密或真正的爱。在对母亲操纵行为的反应中，特露迪的爱的准则变成了把自己献出去，而不求任何回报。当心理治疗把她从自我牺牲的殉道者陷阱中解脱出来的时候，她搞清楚了什么事情不该做，这是很大的进步。但是，她的路还只是走了一半。

特露迪的下一项任务，是要学会与她认为好的男人为伴，即便她会觉得他们有点乏味。乏味，是爱得太多的女人和“好”男人相处时常有的感觉：没有钟声鸣响，没有火箭爆炸，没有星星从天堂落下。缺少兴奋的时候，她们感到烦躁、易怒和不自在，这是一种用“乏味”掩盖起来的总体不舒服的状态。在一个善良、体贴并对她真正感兴趣的男人面前，特露迪不知道该怎样行为举止；像所有爱得太多的女人一样，她的相处技巧已经被磨练得只适合迎接挑战，而不是简单地享受男人的陪伴。如果她不必通过操纵和使用花招来保持和一个男人关系的发展，她就会觉得难以和这个男人相处，难以感到舒服，难以放松。因为她已经习惯了兴奋和痛苦、挣扎和取胜或失败，一个缺少这些强烈因素的交往过程会使她感觉太平淡，从而感觉它不重要，还会使她感觉不安。具有讽刺意味的是，当她和稳定、可靠、开朗、坚定的男人相处时，要比和冷淡、感情疏远、不付出感情或对她不感兴趣的男人相处时更加不舒服。

爱得太多的女人习惯了负面的品质和行为，当她和具有这种特点的人在一起时，会觉得比和具有积极特点的人在一起更舒服，除非她付出极大的努力来改变自己的这一点。除非特露迪能学会怎样跟那种把她的利益看得和自身利益一样重要的男人舒适地相处，否则，她就无望获得有益的情感关系。

在康复以前，爱得太多的女人在自己的感觉以及和男人的性关系方面，通常会表现出以下特点：

- 她问“他有多么爱（或需要）我?”而不是“我有多么在意他?”
- 她与他的大部分性交往的动机，都是“我怎么才能让他更爱（或需要）我?”
- 驱使她在性方面把自己交给她认为有需要的男人的动力，可能会造成她自己称为“滥交”的行为，但是，她的行为主要是为了对方的满足，而不是满足自己。

- 性是她用来操控或改变对方的手段之一。
- 她常常发现双方相互操纵的权力之争令人非常兴奋。她用诱惑对方来达到自己的目的，如果奏效，她就感觉很好，如果不奏效的话，她就感觉很糟糕。如果得不到自己想要的，她往往会更加努力地进行尝试。
- 她把焦虑、恐惧、痛苦混同于爱和性兴奋。她把自己心中纠结的感觉叫做“爱”。
- 她从他的兴奋中得到自己的兴奋。她不知道自己怎样感觉良好；事实上，她是被自己的感受吓住了。
- 如果没有令她不满足的关系给她造成挑战，她就会变得焦躁不安。不用她奋争的男人，对她没有性吸引力。相反，她会认为他“乏味”。
- 她喜欢和性经验比自己少的男人组成一对，这样她才能感觉情况在自己的控制中。
- 她渴望身体的亲密，但是因为她害怕被对方完全拥有，或害怕自己对于关爱的需要太强烈，所以，只有在两人的关系由于存在压力而造成并保持情感距离时，她才能感到舒适。当一个男人愿意在情感和性方面都忠实于她时，她就会害怕。她要么逃跑，要么把他赶走。

第一次到我这里来的时候，特露迪提出过一个深刻的问题——“当我们的其他方面都不好时，我们之间的性怎么能那么棒，让我们两人都感觉那么美妙，而且让我们如此亲密地在一起？”这是一个值得研究的问题，因为爱得太多的女人经常面对一个两难处境：在一个不快乐或没有希望的恋情中，性却很棒。我们中的许多人得到的教导是——“很棒的”性意味着“真”爱，而且反之亦然，如果整个关系不适合我们，性就不可能真正令人满意和满足。对于爱得太多的女人来说，没有比这更远离真相的了。由于心理动力会在我们和男人交往的各个层面——包括性层面——发挥作用，所以，糟糕的关系可能确实会使性更兴奋、更激情、更强烈。

我们可能很难向家人和朋友解释，自己不太爱慕或者甚至不太喜欢的一个人，会唤起我们一种期待的兴奋感和强烈的渴望，并且远远强过我们对更好、更像样的男人的感觉。很难明确地说我们是被自己的梦想迷惑了，这个梦想就是唤起恋人的所有积极品性——爱、关心、关注、正直和崇高，我们确信这些积极品性正在恋人的内心沉睡，等待着在我们爱的温暖中绽放。爱得太多的女人时常告诉自己说，她们交往的男人从来都没有被真正爱过，无论是被他的父母，还是前妻或女友们。我们把他看做受过伤的人，并且乐于承担起责任，来弥补他在认识我们很久以前就缺失的东西。在某种程度上，这种情景是白雪公主童话的一个性别角色转换的版本。白雪公主在魔咒中沉睡，等待着真正爱人的初吻来解救。我们想成为那个破除魔咒的人，把男人从我们眼里的禁锢中解救出来。我们把他在感情上的不付出，以及他的愤怒、沮丧、残忍、冷漠、暴力、不诚实或成瘾，看作是他没有得到足够的爱的表现。我们用自己的爱来抗争他的过错、他的失败，甚至他的病态。我们决心用我们爱的力量来拯救他。

性，是我们努力用爱来让他变健康的主要方式之一。每一次性接触都带有我们试图改变他的全部努力。每一个吻、每一次抚摸都是我们在努力告诉他，他有多么特别、多么有价值，他有多么受爱慕、受珍惜。我们确信，一旦他相信了我们的爱，他就会变回真实的自己，就会被唤醒，化身为我们想要并需要他成为的一切。

从某种程度上来说，这种情况下的性是好的，因为我们需要如此；我们花费大量精力让性起作用，让性美妙。不论我们得到的是什么回应，都会鼓励我们更加努力，更加深情，更加令他信服。而且，还有其它一些因素在起作用。例如，尽管在一个不幸福的关系中似乎不大可能有令人满足的性爱，但重要的是我们要记住，性高潮是身体和感情两方面紧张状态的一种释放。当两人之间存在冲突和紧张气氛的时候，有的女人可能会避免和男友或丈夫发生性行为，而处于类似情况下的另一些女人，可能会发现性是大量释放这种压力的一个非常有效的方法，至少能够暂时释放。对于一个处于不幸福关系中的女人，或者男友或丈夫不般配的女人来说，性交有可能是两人关系中令人满意的一个方面，而且是和他相处的一个有效方法。

事实上，她体验到的性释放程度，可能与她感受到的对他的不适程度直接相关。这很容易理解。许多情侣或夫妻，不论他们的关系是否健康，在吵架之后都有特别好的性体验。在发生冲突以后，两个因素有助于特别强烈和狂热地做爱：其一是前面提到的紧张状态的释放；另一个涉及到吵架之后为了巩固因争吵而受到威胁的情感纽带，双方会付出巨大投入让性“起作用”。在这种情况下享受到的令人特别愉快和满足的性体验，似乎能够证明两人的关系完好如初。“看看我们有多么亲密，我们彼此多么深情，我们能让对方感觉多么好。我们确实是属于一体的”——可能就是他们由此产生的看法。

当性交能带来身体的极大满足时，就具有在两人之间建立牢固的情感纽带的力量。尤其对于爱得太多的女人来说，我们和一个男人争斗的激烈程度可能有助于提高我们和他的性体验强度，并因而增强我们对他的情感。反之亦然，如果我们交往的男人没有太强的挑战性，我们和他的性也会缺少热情和激情。因为我们对他没有一种几乎持续不断的兴奋状态，而且因为性不被用来证明什么，我们会觉得这种简单、轻松的关系有点平淡。相对于我们熟知的急风骤雨式的相处方式，这种更平淡的体验似乎只能向我们证实，唯有紧张、争斗、心痛和戏剧化才真正等于“真爱”。

这将我们带入了“什么是真爱”的讨论中来。尽管爱似乎很难定义，但我认为，这是因为我们试图把截然相反甚至明显相互排斥的爱的两个方面结合在一个定义里。因此，我们对爱说的越多，就越自相矛盾，而且，当我们发现爱的一个方面和另一个方面相冲突的时候，我们就在困惑和沮丧中放弃了，认定爱太个人化、太神秘、太难理解，而不能被准确地定义。

希腊人就聪明多了。他们用不同的词，eros 和 agape，来区分我们所说“爱”的体验中两种极其不同的方式。当然，前者指的是激情的爱，而后者指的是存在于两个互相深深关爱的人之间的稳定、彼此相许的关系（相许之爱），其中不含激情。

通过对比激情的爱和相许之爱，我们就能理解在和一个人的关系中同时寻找这两种爱的时候，我们所处的两难困境。这还有助于我们理解为什么激情之爱和相许之爱各自都有自己的拥护者，他们声称这种或另一种爱才是唯一真正体验爱的方式，因为这两种爱确实都有其非常特别的美丽、真实和宝贵之处。而且，每一种爱都缺少一些宝贵的东西，只有另一种爱能够提供。让我们来看看，这两种爱各自的拥护者是怎样描述恋爱感觉的。

激情之爱：真正的爱是对心爱之人的销魂蚀骨、不顾一切的渴望，认为对方与众不同、充满神秘、难以捉摸。爱的深度是由对恋人的痴迷程度来衡量的。很少有时间或心思用在其他兴趣或追求上，因为太多的精力集中在了追忆过去的相聚或想象未来的相见。通常，这种爱需要克服巨大的障碍，因此在真爱中有受苦的成分。另外一个能表明爱的深度的象征是，愿意为了两人的关系而忍受痛苦和艰难。和真爱相关的感觉是兴奋、狂喜、激情、焦虑、紧张、神秘、渴望。

相许之爱：真正的爱是一种伴侣关系，是两个相互关心的人深深地相许。两个人有很多共同的基本价值观、兴趣和目标，并能够友善地容忍各自的差异。爱的深度是由相互之间的信任和尊敬程度来衡量的。他们之间的关系使得双方都能够在这个世界上更充分地表达、创造、卓有成效。在过去和现在的共同经历中，都有很多欢乐，而且将来也会如此。双方都把对方看做自己最亲爱、最珍贵的朋友。爱的深度的另一个衡量标准是，是否愿意诚实地看待自己，以促进两人的关系发展，加深亲密程度。和真爱相关的感觉是恬静、安全、奉献、理解、陪伴、相互支持和安慰。

激情的爱，是爱得太多的女人对不可能的男人经常有的感觉。事实上，正是因为他不可能，才会有如此多的激情。为了让激情存在，就需要持续地进行奋争，需要有困难要克服，需要有得到更多的渴望。激情实际上意味着受苦，而且事实往往是受的苦越多，激情越深。激情之爱令人兴奋的程度要远远超过稳定、相许关系中的那种温和的舒适感，她从自己狂热地爱着的人那里强烈渴望得到的最终也会如此，受苦会停止，激情会很快燃尽。然后，她也许会告诉自己，她已经不再爱了，因为苦乐交织的痛苦消失了。

我们生活的社会，以及无处不在地包围并渗透我们的意识的媒体，经常混淆这两种爱。有成千上万种方式向我们许诺，一种激情的情爱关系（激情之爱）会带给我们满足和完满（相许之爱）。实际上，其暗含的意思是，足够强烈的激情可以铸就持久的情感纽带。然而，所有最初建立在强烈激情的基础上而以失败告终的情爱关系，都可以证明这个假设是错误的。挫折、苦难和渴望对于形成稳定、持续、相互关爱的关系并没有帮助，尽管它们肯定是促成激情之爱的重要因素。

如果一对情侣相互之间最初的性吸引要最终演变成一种持久相许、相互关心的挚爱，就需要有共同的兴趣、共同的价值观和目标。然而，常见的情况却是：在激情的情爱关系中，必然充满着对新的爱情的兴奋、痛苦和沮丧，有一种缺少了某种非常重要的东西的感觉。他们想要的是承诺——一种稳定这种混乱的情感体验并带来安全保障感的手段。假如克服了阻止他们在一起的障碍，并且形成了真正的承诺，两个人最终可能会相互看着对方，纳闷曾经的激情到哪里去了。他们对彼此会感到安全、温暖、亲切，但有一点受骗的感觉，因为他们相互之间的欲望之火已经不再燃烧。

我们为激情付出的代价是恐惧，而且，能燃起激情之爱的痛苦和恐惧也会摧毁激情之爱。我们为稳定的相许付出的代价是无聊，而且，能巩固这种相许之爱的安全感同样也能让相许之爱变得呆板、无趣。

如果要在得到承诺的情爱关系中继续保持兴奋和挑战，那么它就一定不能以挫折或渴望为基础，而只能建立在做出承诺的那个男人和那个女人更深地探索如 D. H. 劳伦斯[①]所说的“喜悦的神秘”基础之上。正如劳伦斯暗示的，最好只跟一个伴侣这么做，因为相许之爱中的信赖和诚实必须要与激情之爱中的勇敢和脆弱相结合，才能创造真正的亲密。我曾经听一个正在康复的酗酒者将这一点说得非常简朴和漂亮：“当我酗酒的时候，我和很多女人上床，但基本上很多次的感觉都一样。自从我清醒以来，我只和我的妻子上床，但我们每次都有新的体验。”

这种激动和兴奋不是来自于性欲的激起和被激起，而是来自于了解和被了解的极其罕见。大多数拥有稳定关系的人都满足于其可预测性、舒适和陪伴，因为我们害怕探索作为男人和女人具有的神秘性，害怕暴露我们最深处的自我。但是，在我们对自己和伴侣之间的未知性的恐惧中，我们就忽视并逃避了这种忠诚关系带给我们的触手可及的礼物——真正的亲密。

对于爱得太多的女人来说，只有在真正康复以后，才能和一个伴侣形成真正的亲密。在本书第 11 章，我们会再次见到特露迪，看她是怎样面对我们所有人都将面对的康复带来的挑战的。

---

① David Herbert Lawrence，1885—1930，英国文学家，诗人，二十世纪英国最独特、最有争议的作家之一。著有《查泰莱夫人的情人》、《儿子与情人》、《虹》、《恋爱中的女人》、《误入歧途的女人》等名篇。

第 3 章

如果我为你受苦，你会爱我吗

宝贝，宝贝，请不要走。
我想我心情低落却沉醉其中
——*最后的蓝调*

在这个杂乱不堪的公寓起居室里，我必须探着身子，隔着几堆油画布，才能读到悬挂在墙上一个镜框里的诗，它印在一张因年代久远而磨损褪色的旧式风景图片上：

我亲爱的母亲

母亲，亲爱的母亲，
每当我想起您，
我就想一切都好，
这是真的。
所有价值，
高贵或宏大，
都来自于您，母亲，
来自于您的指引。

这间公寓的主人丽莎，是个收入非常微薄的艺术家，住所也兼做画室。她朝这首诗摆了摆手，轻轻地笑着说：

“这太夸张了，不是吗？这么老套！”但是，她接下来的话显露了一种更深的感伤。

“我的一个朋友搬家的时候想把它扔掉，我把它抢救了下来。这是她觉得好玩从旧货店买来的。不过，我认为这首诗多少有些道理，你不这样认为吗？”然后，她又笑了，悔恨地说：“我对于母亲的爱，让我和男人相处时遇到很多麻烦。”

说完，丽莎陷入了沉思。她是个美女，身材高挑，有绿色的大眼睛和长长的深色直发。她示意我坐在地板角落的棉垫上，那里相对宽敞一些。在去给我沏茶、泡茶的时候，她沉默了一会儿。

我和丽莎有一个共同的朋友，丽莎之所以引起我的注意，是因为我从这位朋友那里听说了她的一些经历。她成长于酗酒家庭，是个酒瘾拖累症患者。“酒瘾拖累症患者”这个词，是指那些因为和酗酒者关系很亲密，从而形成了与他人相处的不健康关系模式的人。不论酗酒者是父亲、母亲、配偶、孩子还是朋友，和他们相处通常会引起酒瘾拖累症患者产生某种感觉和行为：自尊低，需要自己被人需要，有改变并控制他人的强烈冲动，愿意忍受痛苦。事实上，爱得太多的女人的所有特点通常在酗酒者或其他成瘾者的女儿、妻子身上都有体现。

我已经了解到，丽莎小时候一直努力照顾和保护她酗酒的母亲，结果深刻影响了她后来和男人相处的方式。我耐心等待着，她很快就开始说一些细节。

她在家里三个孩子里排行中间，她的姐姐是造成她父母匆忙结婚的原因，弟弟比丽莎小八岁，他的出生也在父母的计划之外。弟弟出生的时候，母亲仍在酗酒。丽莎是唯一一个按照父母的怀孕计划出生的孩子。

“我一直认为自己的母亲很完美，可能是因为我太需要她是个完美妈妈吧。我把她想象成了我想要的母亲，然后告诉自己说我要像她一样。我生活在怎样的幻想里啊!”丽莎摇了摇头，继续说：“我是在她和父亲最相爱的时候出生的，所以我是她最宠爱的孩子。即便她说她对我们三个孩子的爱是一样的，但我知道自己对她来说很特别。我们总是尽量多待在一起。在我年龄很小的时候，我猜她确实是在照顾我，但过了一段时间，我们就转换了角色，我就开始照顾她了。

“我的父亲大部分时间都很可怕。他对她很粗鲁，而且把我们所有的钱都赌光了。他是个工程师，薪水挺高的。但我们却一贫如洗，而且总是搬家。

“你知道，那首小诗更多是描写了我的理想，而不是现实。我现在终于开始明白了。在我的一生中，我一直想要我的母亲像那首诗里描写的那样，但大部分时间，她都烂醉如泥，和我理想中的母亲相比，根本连边儿都不沾。从很小的时候起，我就开始把我所有的爱、奉献、精力都倾注在她的身上，希望能从她那里得到我需要的东西，希望我的付出能得到回报。”丽莎停了一下，眼中飘过一丝阴影。“我是在心理治疗中认识到这些的，看清现实而不是总想着自己能把事情变成什么样，有时是令人非常痛苦的。

“我的母亲和我曾经那么亲密，但从非常早的时候——早得我都记不起是什么时候的事情了——我就开始像个母亲，而她像个孩子。我为她担心，努力保护她不受父亲伤害。我做一些小事让她开心。我努力让她幸福，因为她是我的一切。我知道她喜欢我，因为她常常叫我坐在她身边，然后我们就那样长时间地待着，依偎在一起，并不真正聊什么，只是紧紧搂着对方。现在，当我回过头来看时，我意识到自己总是为她提心吊胆，总是等着什么可怕的事情发生——那是一些只要我足够小心就能预防的可怕事情。在成长过程中，这样的生活很艰难，但我不知道还有什么别的方式。这是有代价的。到十几岁的时候，我就患了非常严重的间歇性抑郁症。”

丽莎轻轻地笑了，“抑郁症最让我害怕的是，在发作期间，我就不能很好地照顾母亲了。你知道，我是很有责任心的……而且太害怕对她放手，即便是一小会儿。唯一能让我放下她的，就是我又抓紧了其他人。”

她用红黑相间的漆盘端来茶，放在我们面前的地板上。

“当我 19 岁的时候，我有个机会和两个女朋友一起去了趟墨西哥。这绝对是我第一次离开母亲。我们打算待三周，在那里的第二个星期，我遇到了那个帅得不得了的墨西哥男人，他说着一口非常棒的英语，而且对我很殷勤、很体贴。到了假期的第三周，他每天都向我求婚。他说，他爱上了我，既然已经发现了我，一想到没有我，他就不能忍受。好吧，这很可能是说服我的最好方式了。我的意思是，他说他需要我，而我的整个身心都对‘被需要’反应灵敏。此外，我认为，我或多或少明白自己必须离开母亲。家里太阴暗、恐怖、冷酷。而这个男人向我承诺美好的生活。他家境富有，受过良好教育。我看不出他在做什么事情，但我以为那是因为他们家太有钱，所以他不必工作。他有那么多钱可以花，但仍然认为有我他才快乐，这让我感觉自己极其重要、极其有价值。

“我给母亲打了电话，用极尽赞美的语言向母亲描述了他。她说，‘我相信你会做出正确的决定。’她不那样说就好了。我决定嫁给他，而这个决定毫无疑问是个错误。

“你看，我不知道自己对于任何事情的感觉。我不知道我爱不爱他，也不知道他是不是我想要的。我只知道这里终于有一个人说爱我。我很少约会，对于男人几乎一无所知。我一直都忙于照顾家里的事情。我内心非常空虚，而这个人好像给了我那么多。而且，他说他爱我。太长时间以来，都是我在爱别人，现在似乎终于轮到我作为爱的接受者了。而且，这一切来得很及时。我知道自己已经快要被耗干了，我已经没什么能付出的了。

“我们很快就结了婚，没有让他父母知道。现在听起来很疯狂，但在当时看来，却好像说明了他有多么爱我——为了和我在一起他愿意违背父母。我当时以为他是通过和我结婚来反叛父母，这种反叛能让他的父母生气，但又不足以将他逐出家门。我现在不这样认为了。毕竟，他在性别认同和性行为方面有不可告人的一面需要掩饰，有妻子会让他看起来比没妻子更‘正常’。我猜，这才是他说他需要我的真正含义。而且，我当然是个完美的选择，因为在他所处的墨西哥文化中，作为美国人的我总是不对的，总是不可信的。任何其他女人，尤其是来自他所处社会阶层的女人，如果看到了我看到的事情，迟早都会告诉别人，并且闹得满城风雨。但是，我能告诉谁呢？有谁会和我说话呢？又有谁愿意相信我呢？

“可是，我不认为这一切都是他深思熟虑或精心算计好的，就像我之所以嫁给他也不是经过深思熟虑的一样。我们只是恰好相互符合对方的需要，而当初我们以为这就是爱情。

“不管怎样，猜猜婚礼之后怎样了？我们不得不回到他的家里跟他的家人住在一起，而他们连结婚通知都没收到过！噢，这太可怕了。他们恨我，而且我有种感觉，他们已经生了他很长时间的气了。我一点西班牙语都不会说。他全家人都会说英语，但就是不肯说。从一开始，我就完全被排斥在外，而且被孤立了，我非常害怕。他晚上常常不在家，所以我只能待在我们的房间里，终于学会了不论他回不回家，我都能睡着。我从小就在家里学会了怎样忍受痛苦。不知怎么，我认为这是和爱自己的人相处所需要付出的代价，是正常的。

“他经常是喝醉了回家，而且色迷迷的，真的很糟糕。我能闻到他身上其他女人的香水味。

“有天晚上，我已经睡了很长时间，被一些响动吵醒了。那是我的丈夫，喝得醉醺醺的，正穿着我的睡袍在镜子前面臭美。我问他在干什么，他说，‘难道你不认为我漂亮吗？’他扮了个鬼脸，我看到他正在涂口红。

“终于，我受不了啦。我知道自己必须离开这里。在那以前，虽然我一直很悲惨，但我确信是自己的过错，确信能让自己更爱他，让他愿意留在我身边，使他能让他的父母认可我，甚至喜欢我。我愿意更努力，就像对待我的母亲一样。但是，这次不一样。这简直是变态。

“我身无分文，也没有办法得到钱，所以，第二天我告诉他，如果他不带我去圣迭戈，我就把他的所作所为告诉他父母。我骗他说，我已经给我母亲打过电话了，她正等着接我呢，只要他肯送我到圣迭戈，我就再也不会打扰他。我不知道自己哪来的勇气，因为我真以为他可能会杀了我或做出其它事情。但是，我的话奏效了。你明白，他怕他的父母知道真相，他一句话也没说，就开车送我到了边境，给了我去圣迭戈的公共汽车票钱，还有大约 15 美元。于是，我最后去了圣迭戈的一个朋友家。我在那里一直住到找到工作，然后，和三个室友合租了个地方，开始了一种放荡的生活。

“到这时为止，我都没有一点自己的感觉。我完全是麻木的。但是，我仍有那种强烈的同情心，这让我惹了很多麻烦。在接下来的三四年里，我带了很多男人回家，因为我觉得他们可怜。幸运的是，情况没有真正失控过。我交往的大多数男人都有毒品或酗酒问题。他们是我在派对上认识的，偶尔也有在酒吧认识的，而且他们似乎又是一些需要我理解、需要我帮助的人，这像磁铁一样吸引着我。”

丽莎之所以受这种类型男人的吸引，从她与母亲相处的经历来看是完全合乎情理的。在丽莎的经历中，和被爱最接近的就是被需要，所以，当一个男人显得需要她的时候，实际上无异于在给她爱。他不必是个善良的人，或给予她、关心她的人。只要他有所需要，就足以在她内心唤起过去那种熟悉的感觉，并激起她用付出关爱来回应。

她继续说着自己的故事，“我的生活一团糟，我母亲的生活也一样。很难说我们两个人谁病得更重。我 24 岁的时候，母亲戒了酒瘾。她付出了很大的努力。她一个人待在起居室里，自己打电话给嗜酒者互戒会请求帮助。当天下午，他们派了两个人过来和她谈话，还带她去参加了个聚会。从那以后，她就再也没有喝过酒。”

想到母亲的勇气，丽莎露出了微笑。

“她肯定是真的受不了啦，因为她是个自尊心很强的女人，如果不是太绝望，她是不会打电话求助他们的。感谢上帝，我当时不在场，没见到这个过程。如果我在的话，很可能会努力让她感觉好一些，这反而会让她永远得不到真正的帮助。

“从我大概九岁起，母亲就开始酗酒。我放学回家，经常见她毫无知觉地倒在长沙发上，身旁有一个酒瓶子。我的姐姐经常对我发火，说我从来不肯承认情况有多么糟糕，因而从来都不肯正视现实，但是，我太爱母亲了，甚至不让自己注意到她有任何做错的地方。

“母亲和我那么亲密，所以，当她和父亲的关系开始破裂的时候，我想为她作出补偿。在这个世界上，她的幸福成了我最重要的事情。我觉得，我必须为父亲对她造成的伤害而补偿她的一切，而我唯一知道的补偿办法就是做个好女儿。所以，任何方面我都尽力做好。我会问她有什么事情需要帮忙，我主动做饭，打扫卫生。我自己尽量不提任何要求。

“但是，这一切都不管用。我现在意识到，自己承受了两种非常大的压力：一是我父母不断恶化的婚姻，二是我母亲不断加重的酒瘾。我根本不可能把问题纠正过来，但这并没有阻止我继续努力——而且，也没有阻止我在办不到的时候责备自己。

“你知道，她的不幸让我很伤心。而且，我知道自己仍然有可以改进的地方。比如，我在学校的功课。当然，我做得不太好，因为我在家里压力太大，要照顾弟弟，又要准备饭菜，而且最后还找了个工作来帮助家里。在学校里，我的精力只允许自己一年取得一次优异成绩。我会仔细地计划好，并成功地考好一次，以向老师证明我不笨。但是，其它时间我就只能勉强通过。他们说我没有真正努力。哈！他们不知道我有多么努力——努力维系着一个完整的家。但是，我的成绩单并不好，父亲就冲我大喊大叫，母亲则会哭。我责怪自己不完美。于是，我就比以前更努力。”

在像这样一个存在明显无法克服的困难的功能严重失调家庭里，

家人会把注意力集中在其它更简单、更可能得到解决的问题上。丽莎在学校的功课和学习成绩，因而就成了每个人关注的焦点，包括丽莎自己。全家人需要相信，如果这个问题得到了纠正，就会带来家庭和睦。

丽莎承担的压力太大。她不仅要努力解决父母的问题，还要被迫承担起她母亲的责任，同时还被认为是造成家里不幸的一个原因。因为她承担的任务份量太大，所以，尽管她付出了英雄一般的努力，却从来都体验不到成功。她的自我价值感自然会受到严重损害。

“有一次，我打电话给我最好的朋友，对她说，‘请让我跟你说说话。如果你愿意看书的话，你就看书吧，不必听我说。我只是需要电话那边有个人。’我不相信我有资格让别人倾听我的问题！但是，她当然真的听了。她的父亲正在参加嗜酒者互诫会，正从酗酒中康复起来。她参加了嗜酒家庭青少年项目，我认为，她正是通过对我的倾听而把参加这个项目的好处传递给我了。我很难承认有什么事情出了问题，除非那是我父亲的过错。我真恨他。”

丽莎和我静静地喝了一会儿茶，她默默地在痛苦的回忆中挣扎着。当她能够继续的时候，只是简单地说：“我 16 岁的时候，我的父亲离开了我们。我的姐姐当时已经走了。她比我大 3 岁，一满 18 岁，她就马上找了份全职工作，离开了家。家里只剩下母亲、弟弟和我。我想，我就是从那个时候开始，被自己主动承担起的要让母亲安全、快乐并要照顾弟弟的压力压垮的。所以，我去了墨西哥，结婚，又回家并离婚，然后又跟很多男人混了好几年。”

“大约在母亲加入嗜酒者互诫会五个月之后，我认识了盖瑞。我第一天和他一起出去的时候，他就因吸毒而神智恍惚。我的女朋友认识他，我们三个人一起开车出去兜风。他抽着大麻烟。他喜欢我，我也喜欢他，而且我们两个人都通过我的女朋友传递了这个意思，所以，他很快就打电话给我，并且来看我。我让他坐下来，给他画素描，纯粹是为了好玩，我记得我被自己对他的感觉完全征服了。

我对于男人从来没有过那么强烈的感觉。

“他又开始有点神智恍惚了，坐在那里慢慢地说着话——你知道，就是吸过大麻后的那种样子——而我的手开始剧烈颤抖，根本就画不下去了，我不得不停下画笔。我把画板抬高了一个角度，靠在自己的膝盖上，以免它晃动，这样他就看不到我的手抖得那么厉害了。

“现在我知道了，我当时之所以有那么大的反应，是因为他说话的方式和我母亲喝了一整天酒之后一模一样，都是要停顿很长时间，仔细挑选用词，听起来好像是在过分强调一样。我对母亲的关心和爱，与他的英俊外表对我的吸引混合在了一起。但是，我当时不知道自己为什么对他有那种反应，所以，我理所当然地把它称为爱。”

母亲戒酒之后，丽莎这么快就被盖瑞吸引并跟他走到了一起，并不是偶然的。丽莎和她母亲之间的纽带从来没有断过。尽管她们之间的空间距离相当远，但母亲始终是丽莎的第一责任和最深的依恋。当丽莎意识到母亲在没有她帮助的情况下正在发生改变，正从酗酒中康复起来的时候，她就因害怕自己不再被人需要而做出了反应：她很快就和另一位成瘾者建立了新的深层关系。在她离婚之后，她和男人的交往都是随意的，直到母亲戒酒。当母亲转向嗜酒者互戒会成员寻求康复的帮助和支持时，丽莎就和一个瘾君子“恋爱了”。丽莎需要和一个处于成瘾状态中的人保持关系，才能感觉到“正常”。

丽莎继续讲着她和盖瑞在接下来六年中的关系。盖瑞几乎马上就搬过来和她住到了一起，而且在头几个星期就明确地告诉丽莎，如果要在买毒品和付房租之间选择的话，毒品将永远是他的第一选择。尽管如此，丽莎仍确信他会改变，确信他会珍惜并想要留住两人共同拥有的一切。她确信自己会让他爱她，就像她爱他一样。

盖瑞极少出去工作，即便偶尔上两天班，也如他所说那样，会把他的收入都拿去买最贵的大麻或大麻制品。起初，丽莎和他一起吸毒，但是，当她发现这会影响她的谋生能力时，她就不吸了。毕竟，她要承担起供养两个人的责任，而且她对这份责任很认真。每当她考虑让他离开的时候——当他又偷了她钱包里的钱，或当她筋疲力尽地下班回来却发现他在公寓里开派对的时候，或他整夜不回家的时候——他就会买一袋食品回来，或做好晚餐等她回来，或说他有一些可卡因是特地留给两人一起享用的，她的决心就会烟消云散，她会对自己说，他毕竟是真的爱她。

他的童年经历会令丽莎为他留下同情的眼泪，丽莎确信，只要自己足够爱他，就能弥补他过去遭受的所有痛苦。她觉得，既然他在童年时受过那么多伤害，自己一定不能为他现在的行为而责备他或让他负责，而且，当丽莎全神贯注于补偿他过去的痛苦时，她全然忘了自己的过去有多么痛苦。

有一次，丽莎的父亲送了张支票给她作为生日礼物。盖瑞想要支票，但丽莎不给，两个人吵了起来。他就把公寓里的每一幅油画都捅了一刀。

丽莎继续说着自己的故事，“我那时真是病得不轻，我居然想，这是我的错，我不应该让他这么生气。我仍然把所有事情的过错都揽到自己身上，试图纠正无法纠正的问题。

“第二天是星期六。盖瑞出去了一会儿，我在家收拾那个烂摊子，一边哭，一边把我用三年心血画的画丢出去。我开着电视机来分散自己的注意力，电视里正在采访一个遭到丈夫殴打的女人。虽然看不到她的脸，但她在讲述自己过的是怎样的生活，并描述了一些非常可怕的情景，然后她说，‘我不认为情况有那么糟，我还能忍受得了。’”

丽莎慢慢地摇了摇头：“那正是我当时的状况，维持着这么恶劣的关系，因为我还能忍受得了。当我听到那个女人那么说时，我大声说，‘但是你值得过更好的生活，而不是忍受最坏的事情！’突然，我听到了自己的话，开始痛哭起来，因为我意识到自己也是如此。我值得过更好的生活，而不是忍受这种痛苦、沮丧、代价和混乱。看着每一幅被毁坏的油画，我对自己说，我再也不要这样生活了。”

当盖瑞回到家时，他的东西已经打好包了，放在门外等他取走。丽莎已经给自己最要好的朋友打了电话，朋友带了自己的丈夫一起过来，夫妇两人帮助丽莎鼓起了勇气，让盖瑞离开。

“盖瑞没有吵闹，因为我的朋友们在场，所以他就离开了。后来，他就开始给我打电话，还威胁我，但是我没理他，所以，不久他就放弃了。

“不过，我希望你明白，我不是独自一个人做到的——我的意思是，做到不理他。那天下午，尘埃落定以后，我给母亲打了电话，把全部情况都告诉了她。她让我去参加嗜酒家庭互助会的嗜酒者成年子女会。我是因为当时太痛苦，所以听从了她。”

嗜酒家庭互助会，像嗜酒家庭青少年项目一样，是酗酒者的亲友聚到一起互相帮助，并帮助自己从对酗酒者的痴迷中康复过来的团体。成年子女会是针对酗酒者的成年子女设立的，以帮助他们从成长于酗酒家庭的影响中康复过来。这些影响包括爱得太多的大部分特征。

“我是从那时才开始理解自己的。盖瑞对于我，就像酒精对于母亲一样：他像毒品一样，没有他我就不行。直到我让他离开的那一天之前，我始终非常害怕他会离开，所以我竭尽所能取悦他。我做的事情和我小时候做过的事情一样——努力工作，好好对他，不为自己要求任何东西，承担本该由别人承担的责任。

“因为自我牺牲一直是我的行为方式，所以，如果没有人让我帮助，或没有痛苦要我忍受的话，我就会不知道我是谁。”

丽莎对于母亲的深深依恋，以及这种依恋所要求的她对自己的需要和欲望的巨大牺牲，使得她在后来随时准备投身于使自己受折磨的恋爱关系，而不是任何能使自己得到个人满足感的恋爱关系。她在还是个孩子的时候，就做了一个影响深远的决定，要通过自己爱和无私的力量来纠正母亲生命中的所有困难。这个决定很快就变成了无意识的，但却继续驱使着她。丽莎完全不习惯于判断如何保障自身的幸福，却是促进他人幸福的专家，她会投身于那些能有机会通过自己爱的力量把另一个人的一切矫正过来的恋爱关系中。和过去的经历一样，如果她的努力未能赢得爱，这种失败只会让她更加努力。

盖瑞的毒瘾、对她的情感依赖以及残忍，结合了丽莎的母亲和父亲两人最恶劣的特点。具有讽刺意味的是，这正是她被他吸引的原因。如果父母对我们充满关爱，并且能适当地表达对我们的喜爱、兴趣和赞同，那么，当我们成年以后，在和那些能够引起类似的安全感、温情和正面的自我认知的人相处时，我们一般会感觉很舒适。进而，我们往往会避开那些通过对我们进行批评或操控，而让我们的自我感觉不那么积极的人。他们的行为会让我们厌恶。

然而，如果父母以敌意、苛刻、残忍、操纵、专横、过度依赖或其它不适当的方式对待我们，那么，当我们遇到一个表现出（或许是以非常微妙的方式）同样基调的态度和行为的人时，我们就会感觉这是“那个理想中的人”。在与那些能让我们重现自己小时候不健康的相处模式的人交往时，我们会感觉很舒服；而在和更温柔、更善良或更健康的人相处时，我们也许会感觉尴尬或手足无措。或者，因为缺少了为让对方幸福而努力改变对方所遇到的挑战，缺少了为得到他的喜爱和赞同而遇到的挑战，我们和更健康的人相处时只会觉得无聊。这种无聊往往包括各种程度的尴尬感觉，这是爱得太多的女人在脱离了自己熟悉的角色——帮助他人、期待他人变好、对他人幸福的关注超过对自身幸福的关注时，通常会有的感觉。在酗酒家庭或其它类型功能失调家庭里长大的孩子，在成年以后，大多数都对麻烦制造者着迷，而且对刺激、兴奋的事情成瘾，特别是负面刺激。如果在我们成长的过程中，生活中不断出现刺激和混乱，而且，如果我们被迫否认自己的很多感受（事实往往如此），我们就常常需要刺激性事件才能让自己有感觉。因而，我们需要不确定性、痛苦、失望和挣扎所产生的兴奋感，才能感到自己还活着。

丽莎结束了自己的故事："盖瑞离开以后，我的平静生活简直让我发狂。我想尽一切办法让自己不给他打电话，免得一切重新开始。但是，我慢慢习惯了更正常的生活。

"我现在没和任何人约会。我知道自己病得还比较重，不可能和男人有健康的关系。我很可能一出去就会找一个和盖瑞一样的男人。所以，我第一次把自己作为改变对象，而不是试图改变别人。"

丽莎和盖瑞的关系，就像她母亲和酒精的关系一样，她们遭受着疾病过程的折磨，这是一种自己无法控制的自我毁灭的冲动。正如丽莎的母亲形成了对酒精的成瘾，并且无法自己停止酗酒一样，丽莎对盖瑞也形成了成瘾关系。在比较两个女人的状况时，我并不是轻率地做出这个类比或采用"成瘾"这个词的。丽莎的母亲依赖于一种麻醉品——酒精，来避免体验自己生活中的强烈痛苦和绝望。她越是用酒精来避免感受痛苦，这种麻醉品对她的神经系统的作用就越大，而产生的正是她试图逃避的那种感觉。这最终会增加她的痛苦，而不是减少痛苦。所以，她当然会越喝越多，并且由此逐渐成瘾。

丽莎也是在试图逃避痛苦和绝望。她患有潜在的深度抑郁症，可以追溯到她痛苦的童年。这种潜在的抑郁症，是所有类型功能严重失调家庭的孩子们所共有的一个因素，而他们对待这种抑郁的方式，或者更典型地说是逃避这种抑郁的方式，取决于他们的性别、性格以及童年时在家里的角色。到十几岁时，许多女孩子会像丽莎一样，通过形成爱得太多的行为方式，使抑郁得到一定程度的阻止。当她们全力投身于和不健康的男人之间混乱但却刺激、令人烦乱的交往中时，她们因为太兴奋而不会陷入抑郁，其实抑郁就在那里徘徊，只是意识不到罢了。

这样，一个残忍、冷漠、不诚实或由于其它原因而很难相处的伴侣，对于这些女人来说就相当于一种毒品，创造了一种逃避她们自己的感受的手段——正如酒精和其它改变情绪的药物能为瘾君子提供暂时逃避现实的途径一样——而且，这是一种她们不敢离开的逃避方式。而且，与酒精、毒品一样，这些难以控制的关系既能提供所需的分散注意力的作用，又能造成大量痛苦。与酗酒者不断加重的症状类似，对这种情感关系的依赖也会不断加深，直到成瘾。没有这种情感关系——也就是说独自一人——的时候所体验到的感觉，要比这种关系造成的最大痛苦还要糟糕，因为独自一人意味着会感受到过去和当前的巨大痛苦的共同折磨。

这两种成瘾不仅在这方面相似，而且同样难以克服。一个女人对其伴侣的成瘾，或者对一系列不适合的伴侣的成瘾，都可能源自于童年时期的各种家庭问题。具有讽刺意味的是，相对于其它功能失调家庭背景的成年孩子们来说，酗酒家庭的成年孩子要更幸运一些，因为至少在较大的城市里，往往有嗜酒家庭互助会的支持，帮助他们克服自己在自尊和情感关系方面的问题。

要从情感关系成瘾中康复过来，需要从一个适合的支持团体得到帮助，才能打破成瘾的恶性循环，并学会从别的地方找到自我价值感和幸福感，而不是从无法培养这种感觉的一个男人那里寻找。其关键在于，要学会怎样过一种健康、满足、平静的生活，而不是依赖另一个人得到幸福。

可悲的是，那些陷入情感关系成瘾中的人或受困于化学品成瘾的人，过于相信自己可以独自解决问题，这常常阻碍他们寻求帮助，从而无法康复。

对于许多挣扎在任何一种成瘾病症中的人来说，正是因为相信“我自己办不到”而去寻求帮助，不断恶化的状况才开始好转起来。在丽莎能够承认自己需要帮助才能克服对痛苦成瘾之前，她的生活已经变得毫无掌控的希望了。

而且，尽管为爱受苦以及对情感关系成瘾被我们的文化浪漫化了，但这对丽莎的状况没有任何帮助。从流行歌曲到歌剧，从经典文学到哈利昆爱情喜剧，从每天上演的肥皂剧到备受赞誉的电影和戏剧，我们被不计其数的美化、颂扬那种没有回报、不成熟的情感关系的例子包围着。我们一次又一次被这些文化榜样教导着：爱的深度，可以用爱带来的痛苦程度来衡量，而且，那些真正受苦的人，才是真正的爱。当一位歌手哀怨地低声吟唱着尽管受伤很深也不能停止爱某个人的时候，可能因为我们接触这种观点的次数太多，纯粹重复的力量就让我们内心的某个地方接受了歌手的表达，认为爱本该如此。我们接受了这样一种观点，认为受苦是爱的自然组成部分，愿意为爱受苦是一种积极品性，而不是消极品性。

我们的文化中之所以很少有双方以健康、成熟、真诚、不操纵、不利用的方式平等相处的榜样，很可能有两方面原因：第一，说实话，这种关系在现实生活中非常罕见。第二，在健康的情感关系中，情感的互动往往没那么激烈，而不健康的情感关系通常有更明显的戏剧性。所以，在文学、戏剧和歌曲中，健康情感关系的戏剧潜质常常被忽视。如果说不健康的相处方式折磨着我们，那很可能是因为我们的所见所知几乎都是这种不健康的情感关系。

由于媒体中很少出现成熟的爱和健康沟通的例子，我多年来一直自娱自乐地幻想接手每个大型肥皂剧的编剧工作，改写一天剧集的情节。在我的剧情里，所有人物都用诚实、不冒犯对方、充满关爱的方式相互交流。没有谎言，没有秘密，没有操控，没有人自愿去做他人的牺牲品，也没有人把他人当成牺牲品。相反，观众们将会在这一天看到人们致力于在真诚交流的基础上建立健康的相互关系。

这种相处方式不仅会和这些电视节目的常见套路形成尖锐冲突，而且还会通过强烈对比，说明那些对于利用、操纵、讥讽、报复、圈套、嫉妒、说谎、威胁、逼迫等等的描绘多么严重地浸染着我们，所有这些都无益于我们以健康的方式相互影响。试想一下，在这些不断播放的大型连续剧里，如果有一段描述真诚的交流和成熟的爱，会对于这些连续剧的品质有什么影响；再试想一下，在现实生活中也同样改变沟通方式，会对我们每个人的生活起到什么作用。

所有事情的发生都有背景，我们爱的方式也一样。我们需要知道社会对爱的观念存在着有害的缺陷，我们需要抵制那些被社会美化的个人关系中肤浅的、自取其败的不成熟。我们需要有意识地培养一种更加坦率、更加成熟的相处方式，而不是采用那些似乎被文化媒体认可的相处方式，让混乱和刺激取代深深的亲密感。

第 4 章
需要被人需要

她是个好心的女人
爱上一个趁机而入的男人
她爱他，尽管他不好
而她不知道。

——*好心的女人*

“我不知道她是怎么做到的。如果我不得不应对她应对的那些事情，我早就疯掉了。”

“你知道吗，我从来都没听她抱怨过一句！”

“为什么她要忍受呢?”

“她究竟是看上他哪一点了呢？她可以做得更好啊。”

当人们看到爱得太多的女人付出着崇高的努力，在似乎无法改善的情形中竭尽全力的时候，往往会这么说。但是，解释她这种令人费解的献身精神的线索，往往隐藏在她的童年经历中。我们大多数人在成年以后会继续自己童年时在家庭里的角色。对于许多爱得太多的女人来说，那些角色往往意味着我们在试图满足家里其他人的需要的同时，否认自己的需要。也许我们是受家庭环境所迫而成长得太快，过早地承担起了大人的责任，因为我们的母亲或父亲在身体或情感上病得太重，不能适当地履行父母的职责。也许是因为父母中的一方因离世或离婚而不在家，我们试图填补其空缺，帮助照料兄弟姐妹和身边的父亲或母亲。也许是因为母亲为挣钱养家要出去工作，我们在家里承担起了妈妈的职责。或者，尽管我们和父母一起生活，但因为父母中的一方沮丧、愤怒或不快乐，而另一方却没有同情地回应，于是我们发现自己成了父亲或母亲的知己，听到了父母关系中太多让我们情感上难以承受的细节。我们之所以倾听，是因为害怕如果不听就会给痛苦中的父亲或母亲带来不好的后果，害怕如果自己不能填补他或她需要的那种角色，就会失去爱。所以，我们不保护自己，而我们的父母也不保护我们，因为他们需要把我们看得比现实的我们更坚强。尽管我们还太不成熟，承担不了这种责任，结果却是由我们来保护他们。在这种情况下，我们在年龄太小的时候，就非常清楚了怎样照顾他人而不是自己。我们在假装比真实的自己更强大、更勇敢、更成熟、需求更少的同时，我们自己对于爱、关注、养育和安全的需要却得不到满足。而且，由于我们学会了否认自己想要被人照顾的渴望，我们长大后会寻找更多的机会，去做我们已经非常擅长的事情：专注于其他人的愿望和需求，而不承认自己的恐惧、痛苦和没有得到满足的需要。我们装作大人的时间已经太久了，要求很少，付出很多，以至于很难调整自己的角色。所以，我们对别人帮助再帮助，希望自己的恐惧会消失，希望能得到爱的回报。

梅勒妮的故事就是一个恰当的例子，说明了因为承担太多责任而成长太快的孩子——在这个例子里，是填补母亲的角色——怎样形成了一种照料别人的强迫症。

我们相遇的那一天，我刚刚给一群护理专业学生上完讲座，我不由得注意到她脸上的鲜明对比：长着雀斑的小小的翘鼻子、酪乳色脸颊上深深的酒窝，使她散发着一种很有魅力的顽皮气息。但是，她活泼的容貌似乎和她清澈的灰色眼睛下面深深的黑眼圈很不相称。在深赤褐色的波浪形秀发掩映下，她的脸看起来像苍白、疲惫的精灵。

我的讲座一结束，就有六个学生围上来和我交谈，我和她们每个人都聊了一会儿，梅勒妮一直在旁边等着。像往常一样，只要我讲到酗酒家庭的病态，总会有一些学生想要和我讨论一些私人问题，这些问题由于太私密，在我演讲后的课上问答讨论中不适合提出来。

在她的最后一个同学离开后，梅勒妮给我留了一点空闲时间，然后，她作了自我介绍并和我握了手，对于她这么纤弱娇小的人而言，她的握手显得既热情又坚定。

由于她为了和我说话而耐心地等了那么久，所以，尽管她显得很自信，我却怀疑我上午的讲座触动了她内心深处的情感。为了给她一次长谈的机会，我邀请她同我一起步行穿过校园。在我收拾自己的东西并和她一起离开讲堂的时候，她只是像个朋友一样和我聊着，但是，一旦我们走进十一月中午的灰色校园，她就沉思了起来。

我们沿着一条很少有人经过的小路走着，只能听到梧桐落叶在我们脚下发出轻轻爆裂的噼啪声。

梅勒妮走下了小路，用脚拖着几片粗糙的星形树叶，树叶的叶尖像晒干了的海星那样卷了起来，露出下面苍白的颜色。过了一会儿，她轻声说："我母亲不酗酒，但是从你今天上午描述的酗酒对于家庭的影响来看，她也跟酗酒差不多。她有精神疾病——真的很疯——而且这最终夺去了她的生命。她有严重的抑郁症，经常去医院，而且有时还要长时间住院。他们用来'治疗'她的药物，似乎只是让她变得更糟，把她从一个清醒的疯女人变成了一个昏昏沉沉的疯女人。虽然那些药物让她神智恍惚，但她还是在多次企图自杀之后终于成功了。虽然我们尽量从来不让她一个人待着，但那天我们都离开了一小会儿。她在车库里上吊自杀了，是我父亲发现的她。"

她很快地摇了一下头，好像要摆脱聚集在大脑里的阴暗记忆，接着说道："听你今天上午讲的内容，有很多我都能和自己对上号，但是，你在讲座中说，来自酗酒家庭的孩子，或来自其他像我们家这种功能失调家庭的孩子，经常选择酗酒者或对其他药物成瘾的伴侣，这跟肖恩的情况不符。感谢上帝，他对于喝酒或吸毒没什么心思。但我们确实存在其他问题。”她把目光从我身上移开，昂起了头。

“我总是什么事情都能处理……”——她低下头——“……但现在开始有点让我应付不了啦。”然后她直视着我，微笑着耸了耸肩。“我的食物、金钱、时间都快用光了，就是这样。”她说这句话时，就好像在抖一个笑话里的包袱，期待人们听完以后被逗笑，而不是严肃对待。我不得不刺激她说出细节，她是用一种就事论事的语气向我叙述的。

“肖恩又走了。我们有三个孩子：苏西，六岁；吉米，四岁；还有彼得，两岁半。我一边在护理学校学习注册护士课程，一边在病房做兼职，还要努力维持一个家。肖恩在艺术学校不上课的时候或他不离开家的时候，通常由他照看孩子。”她说这些话时，没流露出丝毫痛苦。

“我们是七年前结的婚。我当时 17 岁，刚刚高中毕业。他当时 24 岁，做一些表演，业余时间去上学。他和三个朋友一起住在公寓里。我周日经常去那儿，并给他们做大餐。我是他周日晚上的约会对象。周五或周六，他不是做舞台表演，就是和其他女人见面。不管怎样，那间公寓里的人都喜欢我。对于他们来说，吃我做的饭菜是一星期里最棒的事情。他们逗肖恩，说他应该娶我，让我来照顾他。我猜他喜欢这个主意，因为他正是这样做的。他向我求婚，我当然同意了。我兴奋极了，他那么帅。看！”她打开钱包，拿出了一小叠塑封的照片。第一张就是肖恩：深色的眼睛，棱角分明的颧骨，深深凹陷的下巴，再加上一张沉思的帅气面庞。这照片看上去就像是从一个演员或模特的作品集里抽出来的一张钱包照。我问她是不是这样，梅勒妮确认这是真的，还说了拍摄这张照片的一位著名摄影师的名字。

“他看起来像个完美的希斯克利夫[①]。”我说，她骄傲地点点头。我们一起看了其他照片，展现的是三个孩子的各个成长阶段：有正在爬的，有蹒跚学步的，有吹生日蜡烛的。由于希望看到肖恩比较生活化的照片，于是我说这些孩子的照片里都没看到肖恩。

“不，他通常是在拍照片。他不单有表演和艺术背景，对摄影也有研究。”

“他现在在这些领域工作吗？”我问道。

“噢，不。他的母亲给他寄了一笔钱，所以他又去纽约了，想看看那里有什么适合他的机会。”她的声音几乎令人难以察觉地微微降低了一点。

考虑到她明显对肖恩很忠诚，我本以为她会用满怀希望的语气提及肖恩的纽约之行，但她的语气并不是那样，于是我问，“梅勒妮，是怎么一回事？”

谈了这么久，她第一次表现出了一点抱怨，她说：“我们的婚姻没有问题。问题是他的母亲。她总是寄钱给他。每次他要和我们安顿下来的时候，或是想改换生活方式坚持做一份工作的时候，她就会给他寄一张支票，他就会离开我们。她无法对他说不。如果她不再给他钱，我们就会过得很好。”

“如果她永远都给他钱呢？”我问。

“那样的话，肖恩就必须改变。我要让他明白他让我们多么伤心。”她的黑色睫毛挂上了泪珠。“当她再给他钱的时候，他必须拒绝。”

“梅勒妮，根据你跟我讲的情况，那不太可能。”

她提高声音，并且更坚决地说：“她不会破坏这件事。他会改变的。”

---

① Heathcliff 是英国著名女小说家和诗人艾米莉·勃朗特的代表作《呼啸山庄》中的男主人公，本为厄恩肖先生拾来抚养的孤儿，因未与心爱的凯瑟琳成亲而开始报复行动，并成为呼啸山庄与画眉田庄的主人，最后绝食而死。——译者注

梅勒妮找了片特别大的叶子，一直踢着它往前走了几步，看着它被踢碎。

我等了一会儿，然后问："还有吗?"

梅勒妮仍然踢着叶子，回答说："他去过纽约很多次了，在纽约的时候他就去见别人。"她轻声说，又是那种就事论事的语气。

"另一个女人吗?"我问，梅勒妮点着头，向旁边望去。"他这种婚外情持续多久了?"

"哦，几年了，真的。"说这句话时，梅勒妮实际上还耸了耸肩膀。"是从我第一次怀孕的时候开始的。我几乎没有责备他。我孕吐那么厉害、那么悲惨，而他在那么远的地方。"

令人惊讶的是，梅勒妮不仅在肖恩频繁变动职业的时候承担了养活他和他们的孩子的责任，还把肖恩对婚姻不忠的过错也揽到了自己身上。我问她，有没有想过离婚。

"实际上，我们确实分居过一次。这样说很愚蠢，因为他经常离开家，我们一直是分居的。但是，有一次，我说我想分居，主要是为了给他一个教训，因而我们就真的分居了差不多半年时间。在分居期间，如果他的某个机会即将破灭，而他需要钱渡过难关的时候，他仍然会打电话给我，我就给他寄钱。但在大部分时间，我们各过各的。我甚至还见了两个别的男人!"听起来梅勒妮很惊讶其他男人会对她有兴趣。她困惑地说："他们两个人都对孩子非常好，而且都想帮我做家事，修理屋子里损坏的地方，甚至还给我买一些我需要的小物品。他们这样对待我真是很好，但我就是从来没真正对他们有过感觉。我从来没有感觉到他们有肖恩对我那样的吸引力。所以，我最终还是回到了他身边。"她咧嘴笑了一下。"然后，我还得向他解释家里的一切为什么都很好。"

我们走过了校园里的一半路程，我想知道梅勒妮童年的更多情况，以便了解那些让她习惯于目前这种困苦状况的经历。

"当你想起小时候的自己时，你会看到什么?"我问道，看着她皱着眉头回想童年。

“哦，很好玩！我看到自己穿着围裙，站在炉子前面的凳子上，正在搅拌锅里的食物。我在五个孩子里排行中间，母亲在我 14 岁的时候去世了。但是，在母亲去世很长时间以前，我就开始做饭，打扫卫生，因为母亲病得太重。她总是在后面的房间里待很长时间才出来一会儿。为了帮助家里，我的两个哥哥放学后还要工作，我可以说是接替了母亲，照顾大家。我的两个妹妹分别比我小三岁和五岁，所以由我来操持几乎所有家务。但是，我们过得还可以。爸爸工作、购物，我做饭、清洁。我们都竭尽所能。钱总是很少，但我们够用。爸爸工作得特别辛苦，经常同时做两份工作，所以他大部分时间都不在家。我想，他不在家的一部分原因是必须出去工作，还有一部分原因是为了避开我的母亲。我们都尽量避开她。她太难相处。

“在我上高中三年级的时候，父亲再婚了。情况一下子好转起来，因为他的新妻子也有工作，而且有个和我最小的妹妹同岁的 12 岁女儿。一切都很融洽。钱不再是个问题，爸爸也开心多了。我们第一次真正有了足够的钱分配开支。”

我问：“你对母亲的死有什么感觉？”

梅勒妮咬紧牙关说：“那个人在死去很多年以前就已经不是我的母亲了。她是别人——一个要么睡觉、要么尖叫并惹麻烦的人。我还记得她是我母亲时的样子，但印象很模糊。我不得不回想很久以前的事情，才能想起那个温柔、亲切，在干活或者跟我们一起玩的时候总是唱着歌的母亲。你知道，她是爱尔兰人，会唱那种非常忧郁的歌……不管怎样，她最后去世的时候，我想我们都解脱了。但是，我还感到内疚，也许如果我更理解或关心她一些，她就不会病得那么重。如果我能帮助她，我就不会这样想了。”

我们快要走到我的目的地了，在剩下的最后一点时间里，我希望能帮助梅勒妮至少略微明白一点她目前困境的根源所在。

“你知道自己小时候的生活和现在的生活之间有什么相似之处吗？”我问。

她尴尬地笑了一下。“比以前明白多了，现在就来聊聊吧。我明白自己仍然在等待——等待肖恩回家，就像以前等着我父亲回家一样——而且，我意识到了自己为什么从来都不为肖恩的所作所为责备他，那是因为在我的头脑里，把他离家不归和我父亲为了照顾家人而离家工作混淆了起来。我现在明白了这不是一回事，但我仍然有同样的感觉，好像就应该尽力而为。”

她停了一下，眯起眼睛更努力地审视着展现在面前的相处模式。“哦，我仍然是那个勇敢的小梅勒妮，维持着一个完整的家，搅拌着炉子上的锅，照顾着孩子们。”她为这种认识而感到震惊，奶油色的脸颊泛起了红晕。“所以，你在讲座中提到的像我这种孩子的说法是对的。我们找的确实是能让我们扮演自己小时候的同样角色的人！”

我们分开的时候，梅勒妮紧紧地拥抱了我一下，说，“谢谢你的倾听。我猜，我只是需要稍微谈一下这件事情。我确实明白多了，但我还不准备放弃——还没打算放弃！”她在这样说的时候，情绪明显轻松多了，她又昂起了头：“而且，肖恩只是需要长大。他会长大的。他一定得长大，你不这样认为吗？”

没等我回答，她就转过身，踩着满地的落叶大步离去了。

梅勒妮确实有了更多的领悟，但是，她的童年和她目前的生活还有许多相似之处，是她尚未意识到的。

为什么像梅勒妮这样一个聪明、迷人、有活力、有能力的年轻女人，需要她和肖恩之间这样一种充满痛苦和艰辛的关系呢？因为对于她和其他成长于很不幸的家庭的女人来说，成长过程中的情感负担太沉重，责任太艰巨，于是，她们把感觉好的东西和感觉糟的东西混淆、交织在了一起，最终成了一种感觉。

例如，在梅勒妮的家里，由于全家人要努力应对母亲的分裂人格，生活基本上是难以把握的，所以父母对子女的关注少得可怜。梅勒妮为操持这个家而付出的英雄般的努力，所得到的回报是一种与爱最接近的体验：父亲感激地依赖着她。一个处于这种环境的孩子自然会产生的恐惧感和不堪重负的感觉，在她的成就感面前都黯然失色了，这种成就感来自于父亲需要她的帮助以及母亲的不胜任。想到自己比父母中的一人强，而且是父母中另一个人必不可少的帮手，对一个孩子来说是一件多么令人陶醉的事啊！这种童年角色，使她将自己当成了拯救者，要用自己的勇气、力量和无畏的意志，克服困难和混乱，拯救身边的人。

这种拯救者情结听起来挺健康的，实则不然。虽然身处危机之中仍有力量是值得赞美的事情，但是，梅勒妮像其他有相似背景的女人一样，需要危机才能发挥作用。如果没有骚动、压力或危急状况需要掌控，被深埋的童年时期的那种情感上不知所措的感觉就会浮现出来，并会变得很有威胁。作为一个孩子，梅勒妮是父亲的帮手，并且成了其他孩子的母亲。但是，她也是个需要父母关爱的孩子，而由于她的母亲精神失常，父亲又没有时间，她自己的需要得不到满足。其他孩子有梅勒妮的体贴、关心、照顾。梅勒妮什么都没有。她不仅没有母亲，而且还必须学会像成年人一样思考和行动。她没有地方、没有时间表达自己的恐慌，这种机会的缺乏很快就使她开始感到，没人从情感上照顾自己并没有什么不对。如果她足够努力假装自己是个大人，她就能够忘记自己是个被吓坏的孩子。不久，梅勒妮就不仅能在混乱中很好地发挥作用，而且实际上还需要混乱状态才能发挥作用。她肩负的重担能帮助她逃避自己的恐慌和痛苦。这种重担既使她感到压抑，同时又让她感到宽慰。

进而，她在承担着几乎超出一个孩子能力的责任的过程中，形成了她的自我价值感。她通过辛勤努力、照顾他人并牺牲自己的需求来满足他人的需求，赢得了赞同。因此，自我牺牲成了她人格的组成部分，加上她的救世主情结，使得梅勒妮实际上成了吸引像肖恩那样麻烦不断的人的磁石。由于梅勒妮童年成长环境的特殊性，使得在正常情况下的正常感觉和反应，被梅勒妮夸大成了危险。为了更好地理解在梅勒妮的人生中起作用的那些力量，简要回顾一下儿童成长过程中的一些重要方面是有帮助的。

对于成长在核心家庭（仅由一对夫妇和子女组成）的孩子们来说，想要摆脱同性父母，从而完全拥有自己所爱的异性父母，是一种很自然的强烈愿望。小男孩衷心希望父亲消失，以便他们拥有妈妈全部的爱和关注。小女孩则梦想取代她们的母亲，而成为爸爸的妻子。大多数父母都收到过他们的异性孩子表达这种渴望的“求婚”。一个四岁的男孩对妈妈说：“等我长大了，我要娶你，妈妈。”一个三岁女孩对父亲说：“爸爸，你和我一起住在我们自己的房子里吧，不要妈妈。”这些非常正常的渴望，反映了小孩子体验到的一些最强烈感受。但是，如果真有什么事情发生在被孩子嫉妒的情敌父亲或母亲身上，造成父亲或母亲受到伤害或离开家，就会对孩子造成毁灭性的影响。

如果一个家庭里的母亲精神失常、身体有严重的慢性病、酗酒或吸毒（或不论什么原因造成母亲角色在家庭里缺位），那么，女儿（如果家里不止有一个女儿的话，通常是大女儿）几乎会毫无例外地被选择出来，填补母亲的空缺。梅勒妮的故事，就是说明这种“升职”会对一个小女孩造成何种影响的例子。由于母亲有精神疾病，梅勒妮就继承了家里的主妇位置。在她自我身份认知形成的那些年里，她在很多方面都是父亲的搭档，而不是女儿。当他们讨论并解决家里的问题时，他们是作为一个团队运作的。在某种意义上，梅勒妮完全拥有了父亲，因为她和他之间的关系与她的兄弟姐妹和父亲的关系有很大不同。她非常接近于他的同辈。而且，有好几年时间，她比自己生病的母亲更坚强、更可靠。这意味着，梅勒妮正常的童年愿望——完全拥有父亲——实现了，但代价是她母亲的健康，而最终是母亲的生命。

如果一个人在童年早期摆脱掉同性父母而占有异性父母的愿望得到了实现，会发生什么呢？会有三种极强的后果，能够决定一个孩子的性格，并在无意识中发挥着作用。

第一个后果是内疚。

当梅勒妮想到自己没有能够阻止母亲自杀时，她就会感到内疚，这是一种每个家庭成员在面对这种悲剧时，都会自然地明确体验到的内疚。在梅勒妮身上，这种内疚感更沉重，因为她对所有家庭成员的幸福怀有过分的责任感。但是，除了这种沉重的内疚负担之外，她还有另外一种更沉重的负担。

除了没能挽救母亲免于自杀而感到有意识的内疚之外，梅勒妮还因为实现了自己想要占有父亲的童年愿望，而产生一种无意识的内疚。这转而产生了一种赎罪的动力，一种以受苦和忍受艰难作为补偿的需要。这种需要，加上梅勒妮对于自我牺牲角色很熟悉，在她身上造成了某种接近于受虐狂的倾向。在她和肖恩的关系中，那种内在的痛苦、孤独和让人无法承受的责任，在梅勒妮看来，即便不是快乐，也让她觉得很舒服。

第二个后果，是由于对异性父母的独占所包含的性暗示而产生的无意识的不适感。正常情况下，母亲（或者，在离婚率较高的今天，父亲的另一个伴侣或性伙伴，例如继母或女友）的存在，为父亲和女儿都提供了安全感。女儿可以没有顾虑地形成一种感觉——自己在父亲眼中是有魅力的、可爱的人，同时，他和一个合适成年女性之间的情感纽带，会保护她免于将自己和父亲之间无法避免的性冲动公然表现出来。

梅勒妮和她的父亲之间并没有发生乱伦关系，但考虑到他们的情况，这当然是有可能发生的。在类似于他们家的这种环境中，经常出现父女之间形成乱伦关系的情况。无论什么原因，当一位母亲无法履行自己作为丈夫的伴侣、孩子的母亲的角色，并使得一个女儿被“晋升”到该位置时，她不仅是在强迫自己的女儿接管她的责任，而且还让女儿承担了成为父亲的性冒险对象的风险（虽然这听起来好像完全是母亲的责任，但事实上，乱伦的发生完全是父亲的责任。因为，作为一个成年人，他的责任就是保护自己的孩子，而不是用她来实现性满足）。

进一步说，即便父亲从来没有以性为目的接近过女儿，但由于父母之间缺乏牢固的夫妻关系纽带，以及女儿在家庭里担当了母亲的角色，都会增强父女之间的性吸引感觉。由于他们之间的亲密关系，女儿可能会不安地意识到，父亲对她的特殊兴趣在某种程度上带有一点点性含意。或者，由于得到了父亲较多的情感关注，和正常情况相比，女儿会将自己萌发中的性感觉更多地集中在父亲身上。为了努力避免（即便是在思想上避免）触犯强大的乱伦禁忌，她可能会麻木自己的大部分甚至全部性感觉。之所以决定这样做，也是无意识的，是为了抵抗最有威胁的冲动——对父亲或母亲的性吸引。因为是无意识的，所以这个决定不容易被觉察到，也不容易扭转。

结果就是，女儿长成年轻女人以后，可能对任何性感觉都不安，因为和这些感觉相联系的是无意识的禁忌触犯。在这种情况下，将对方当孩子一样对待，可能就成了表达爱的唯一安全方法。

梅勒妮和肖恩的相处方式，就是一种*要对他负责*的感觉。这在很久以前就成了她感受爱和表达爱的方式。

梅勒妮 17 岁的时候，她父亲用新妻子“替换了”她，表面上她欢迎父亲再婚，感到松了口气。她对于自己在家里失去了作用没感到多少痛苦，很可能主要是因为肖恩和他的室友们出现了，她为他们做的很多事情和她以前在家里起到的作用几乎一样。如果这种情形没有发展成她和肖恩之间的婚姻，梅勒妮可能会在这时面临严重的身份危机。而实际情况是，她很快就怀孕了，因而重建了照顾他人的角色，而肖恩也很配合，他开始像她的父亲一样大部分时间都不在家。

即便在他们分居的时候，她也给他寄钱，跟他的母亲竞争谁是把他照顾得最好的女人（她已经在类似的竞争中赢了自己的母亲，赢得了和父亲的关系）。

在她和肖恩分居期间，当那些不需要她像母亲一样照料的男人出现在她生活中的时候，当他们通过给她帮助来试图和她转换角色的时候，她无法在情感上接受他们。她只有作为关爱的给予者，才会感觉舒服。

梅勒妮和肖恩之间的性吸引力，在他们之间从来没有产生过像肖恩需要她的照料那样牢固的纽带。事实上，肖恩的不忠只是给梅勒妮提供了她童年经历的另一种映射。由于不断恶化的精神疾病，梅勒妮的母亲变成了后屋里一个越来越模糊、很难看得到的“另一个女人”，在情感和肉体上从梅勒妮的生活中消失了。梅勒妮处理自己和母亲之间关系的方法是保持距离，不去想母亲。后来，当肖恩有了新欢的时候，这个女人也是模糊而遥远的，没有被梅勒妮当成一个对她和肖恩之间那种无性但却实际的伴侣关系的真正威胁，就像她原来和父亲之间的关系一样。别忘了，肖恩的行为并不是没有先例的，在他们结婚之前，他就曾寻求其他女人的陪伴，却让梅勒妮照顾他那些不那么浪漫的现实需求。梅勒妮知道这一点，却还是嫁给了他。

婚后，她开始通过自己的意志和爱的力量，来努力改变他。由此，我们进入了梅勒妮的童年愿望和幻想得以实现后的第三个后果：她相信自己无所不能。

小孩子一般都认为自己、自己的想法和自己的愿望有神奇的力量，是他们生活中发生的所有重要事情的起因。然而，通常情况下，即便一个小女孩热切地希望自己能成为父亲的终生伴侣，现实也会教育她这是不可能的。不论是否喜欢，她最终必须接受父亲的伴侣是她的母亲这个事实。这是她幼小的生命中的一个大教训——她不可能总是用自己意志的力量来实现她最渴望的心愿。事实上，这个教训在很大程度上有助于逐渐消除她对于自己无所不能的信念，并能帮助她接受个人意志的局限性。

然而，在小梅勒妮的案例中，那个最强烈的愿望实现了。她真的在很多方面取代了自己的母亲。她似乎是通过自己的愿望和意志的魔力，赢得了对父亲的独占。然后，带着对自己的意志力量能实现自己的渴望的顽强信念，她被另外一些难以应付、情绪激昂的情形所吸引，试图再次魔法般地改变局面。她后来无怨无悔地面对的挑战——一个不负责、不成熟、不忠诚的丈夫，实际上独自一人抚养三个孩子的重担，极度缺钱，并且在拥有一份全职工作的同时还要参加要求严格的学校课程——而她的唯一武器就是自己的意志，都证明了这一点。

肖恩为梅勒妮努力通过自己意志的力量改变别人，提供了一个完美的衬托，正如他满足了她童年时期的小大人角色所形成的其他需求一样，他给了她受苦和忍耐的充分机会，并且让她在不涉及性的同时，实现了她扮演母亲角色的偏好。

现在应该很清楚了，梅勒妮绝对不是一桩不幸婚姻的不幸牺牲品。恰恰相反，她和肖恩相互满足了对方最深层的心理需求。他们是天造地设的一对。肖恩的母亲及时给他寄钱，轻而易举地消除了他成长或成熟的动力，这肯定是这桩婚姻中的一个问题，但是，正如梅勒妮所认为的那样，这并不是真正的问题所在。真正的问题在于，这两个人的生活模式和对待生活的态度都不健康，尽管没有任何相似之处，却匹配得很好，以至于他们实际上能够促使对方保持不健康状态。

想象一下肖恩和梅勒妮是两个舞者，在每个人都是舞者的世界上，他们在成长的过程中学会了各自的舞蹈套路。由于两个人经历的事情不同，性格不同，而且最重要的是，他们是在整个童年时期学会这些舞蹈的，肖恩和梅勒妮各自养成了一套独特的心理舞步、动作和姿势。

然后，有一天他们相遇了，并且发现，尽管他们的舞蹈没有相似之处，但如果两人一起表演，就会神奇地同步成一段优雅的二重奏，一段有作用和反作用的完美双人舞。每个人做出的每个动作都能得到对方的回应，使他们能够一起流畅、不间断地跳下去，一圈，一圈，又一圈。

当他放弃一项责任时，她就很快把这项责任担起来。当她把自己熟悉的所有养家重担都担到自己肩上时，他就脚尖立地旋转着离开，给她足够的空间让她照料家庭。当他在舞台上寻找其他女人陪伴的时候，她舒了一口气，并用更快地跳舞来分散自己的注意力。在他跳着舞离开舞台时，她表演着完美的等待舞步。一圈，一圈，又一圈……

对于梅勒妮来说，独舞有时是一种令人兴奋的舞蹈；偶尔会让她尴尬或筋疲力尽。但是，她最不想做的就是停止她非常熟悉的这种舞蹈。这些舞步、动作都让她感觉太对了，以至于她确信，这种舞蹈的名字是爱。

第 5 章

我们共舞好吗

"你是怎么嫁给他的?"
现在，你怎么跟别人说呢?
他是怎样自贬地低下头，
并像孩子一样羞怯地抬眼看着你……
他是怎样悄悄钻进你的心：甜蜜、爱慕、快乐……
他说，"你真坚强，亲爱的。"而我就信了。
我信了!

——玛丽琳·弗伦奇
滴血的心

爱得太多的女人，是怎么找到能让她们继续其童年养成的不健康相处模式的男人的呢?例如，一个得不到父爱的女人，是怎么找到一个她不断努力却无法赢得其专心的男人的?一个成长于暴力家庭的女人，是怎么跟一个殴打她的男人配成一对的?一个在酗酒家庭长大的女人，是怎么找到一个酒鬼，或不久就会变成酒鬼的男人的?一个在情感上总是被母亲依赖的女人，是怎么找到一个需要她关心照顾的男人的?

在她们遇到的所有可能成为伴侣的男人中，是什么样的暗示把这些女人引向了那些能让她们重复自己从童年时就开始熟悉的那种舞蹈的男人呢？而且，当她们遇到一个跟她们习惯了的那种男人相比，行为更健康、不那么需要她们照料，或更成熟，或不虐待她们的男人时，她们会怎么回应（或不回应）这个不能那么顺利地配合她的舞蹈的男人呢？

心理治疗界有一句老话，说人们结婚的对象常常跟自己在成长过程中抗争的父亲或母亲一模一样。这种观点不太准确。问题不在于我们选择的配偶是否和父亲或母亲一模一样，而在于和这个伴侣在一起的时候，我们能够感受到成长过程中经历过的同样感觉，面对成长过程中经历过的同样挑战；我们能够复制自己已经很熟悉的童年时期的氛围，并且采用我们已经很熟练的策略。对于我们大多数人来说，这就成了爱情。和这个能让我们做出所有熟悉的举动、感受所有熟悉的感觉的人在一起，我们会感到自在、舒服、异常地“正确”。即使那些举动从来不管用，而且那种感觉不舒服，但它们是我们最了解的。如果一个男人能让我们，作为他的伴侣，按照我们已经熟悉的舞步跳舞，我们和他在一起时就会有一种特别的归属感。只有和他一起，我们才决心努力让两人的关系成功。

当一个女人和一个男人相遇时，没有比这种神秘的熟悉感更强大的心电感应了，他们的行为模式就像是一幅拼图里的拼块一样彼此契合。除此之外，如果这个男人还能让这个女人有机会与她童年的痛苦、无助、没人爱、没人要的感觉搏斗并努力获胜，那么，这种吸引实际上就令她无法抗拒了。事实上，童年的痛苦越多，成年后就会有越强烈的动力重现并征服那种痛苦。

让我们来看看为什么会这样。如果一个小孩子经受过某种心灵创伤，这种创伤就会作为一个主题在她或他的游戏中反复出现，直到这个孩子感觉自己在某种程度上终于征服了这种体验。例如，一个经历过手术的孩子，可能会用洋娃娃或其它玩偶重现在医院的经历，他可能这一次让自己扮成医生，下一次扮成病人，直到与这次事件相关的恐惧感得以有效地减弱。作为爱得太多的女人，我们做的事情与此非常相像：重现并再次体验那种不幸的关系，试图使之变得可以控制，以征服那种不幸。

由此我们得出结论：情感关系实际上没有偶然，婚姻没有巧合。例如，当一个女人相信自己毫无缘由地“必须嫁给”某个男人，而她如果经过审慎考虑是永远不会选择这样一个男人做丈夫的时候，她绝对有必要分析一下到底为什么自己选择和这个男人发展亲密关系，为什么要冒为他怀孕的风险。同样，当一个女人声称自己是由于一时兴起而结的婚，或者说自己当时太年轻，不知道自己在做什么，或者说她当时不在正常状态，无法做出负责任的选择时，这些借口也值得更深入的分析。

实际上，她确实做出了选择，尽管是无意识的，而且，即便在一开始，她往往也非常了解未来的伴侣。否认这一点，就是在否认我们对于自己的选择和生活所负的责任，而且，这种否认会妨碍我们康复。

但是，我们是怎样做出选择的呢？这个神秘的过程是怎样的？爱得太多的女人和吸引她的男人之间到底擦出了怎样的火花，发生了什么难以定义的心电感应呢？

如果我们换种方式重述一下这个问题——是什么信号闪现在一个需要被人需要的女人和找别人为自己负责的男人之间，或一个极具自我牺牲精神的女人和一个极度自私的男人之间，或一个将自己定义成受害者的女人跟一个以权力和攻击性作为身份认知基础的男人之间，或一个需要控制他人的女人和一个能力不足的男人之间呢？——这个过程就开始失去一些神秘性了。因为，每一个参加舞蹈的人都会发出并接受明确的信号、确切的线索。别忘了，在每个爱得太多的女人身上，都有两个因素在起作用：（1）她熟悉的模式跟他的模式之间，就像一把钥匙配一把锁一般吻合；（2）重建并征服过去的痛苦的动力。让我们看一下这种双人舞最开始时犹豫不定的舞步，正是这些舞步让双方知道了和对方在一起会有用、合适、感觉正确。

以下故事清楚地说明了爱得太多的女人和吸引她的男人之间几乎令人难以察觉的信息交流，这是一种立即为他们此后的相处方式和共同舞蹈搭好了舞台的交流。

克洛伊：23 岁，在校大学生；她的父亲有家庭暴力

我成长在一个非常疯狂的家庭。我现在知道了这一点，但我小时候从来没想过这个问题，只是希望永远都不会有人发现我父亲怎样殴打我母亲。他打我们所有人，而且，我猜他好像有点想让我们这些孩子相信自己该挨打。但是，我知道妈妈不应该挨打。我总是希望能替妈妈挨他的打。我知道自己承受得了，但我不确定她能不能扛住。我们都想让她离开他，但她不肯。她得到的爱少得可怜。我总是想给她足够的爱，让她坚强起来，能够离开他，但是她一直没离开。五年前，她因癌症去世了。葬礼后，我就一直没有回过家，也没跟我的父亲说过话。我感觉，她的生命是被他夺走的，而不是癌症。我的奶奶给我们每个孩子留下了一笔信托基金，这样我才能上了大学。在大学里，我认识了罗伊。

我们一起上了整整一个学期的艺术课，但从没相互说过话。第二个学期开始的时候，我们几个同学又在另一门课上相遇了，上课第一天，我们就进行了一次关于男女关系的热烈讨论。罗伊开始说女人全都被宠坏了，想要事事顺遂自己的意愿，说她们就是在利用男人。他说这些话的时候，充满了恶毒和愤恨。我当时想，噢，他真的受到了伤害。可怜的家伙。我问他："你真的认为是这样吗?"而且，我开始努力向他证明女人并不全都那样——证明我不像那样。看看我是怎么让自己陷进去的！在我们后来的相处中，我无法为自己提任何要求或用任何方式关心自己，不然我就是在向他证明他对女人的厌恶是正确的。而且，我那天上午在课堂上的所有关心都起了作用。他也对我着迷了。他说："我会回来。我不会坚持上这门课，但我想和你多聊聊!"我记得，就在那时，我有了一种很强烈的

感觉，因为我已经感到自己正在改变他。

不到两个月，我们就住到了一起。四个月以后，就是我在付房租和几乎所有其他账单，还得买日用品。但是，我又继续努力了两年，想向他证明我多么好，证明我不会伤害他，不会让他像过去那样受伤。在这个过程中，我受到了很多伤害，起初只是情感上的伤害，后来还受到了身体伤害。没有人会像他那样对女人发火，像他那样欺负女人。当然，我确信这也是自己的过错。我能脱离这段关系真是个奇迹。我见到了他的一个前女友，她坦率地问我："他打过你吗?"我说，"哦，不算是吧。"当然，我是在袒护他，而且我也不想看起来像一个大傻瓜。但是，我知道她了解情况，因为她也和他在一起过。起初，我很恐慌，这和我小时候的感觉一样——不想让任何人看到表面背后的真相。我非常想撒谎，想让自己表现得好像她这样问太鲁莽。但是，她那么体谅地看着我，我再继续装下去就没什么意义了。

我们谈了很久。她告诉我，她正参加一个治疗小组，其中的所有女人都是被不健康的情感关系所吸引，她们正在努力学习不再那样对待自己。她把她的电话号码给了我，我又过了两个月地狱般的生活，才打电话给她。她带我一起去参加那个小组，我认为这很可能救了我的命。那些女人和我一模一样。她们通常从小时候起，就学会了承受多得不可思议的痛苦。

不管怎样，我又多花了几个月时间才离开他，而且，即使有小组的支持，这也仍然很难。我是那么需要向他证明他是可爱的，真是令人难以置信。我以为只要我足够爱他，他就会改变。感谢上帝，我克服了这一点，否则我又会回到他身边。

罗伊为什么会吸引克洛伊

当克洛伊遇到厌恶女人的罗伊时，就好像遇到了她母亲和父亲的综合体。罗伊对女人既愤怒又厌恶。赢得他的爱，就是赢得了她父亲的爱，因为她的父亲也是愤怒的、破坏性的。用她的爱改变他，就是改变她的母亲并拯救她。她把罗伊看作是他的病态感受的受害者，想要用爱让他好起来。像每个爱得太多的女人一样，她还想在和他的争斗中获胜，赢得他在她的心目中所代表的重要人物——她的母亲和父亲。正是这一点，使得她很难放弃这种破坏性的、令人不满的关系。

玛丽·珍：嫁给一个工作狂三十年

我们是在一个圣诞派对上认识的。我当时和他弟弟一起在那里，他的弟弟和我同龄，而且真的喜欢我。然而，我看到了彼得。他正吸着烟斗，穿着肘部打补丁的花呢夹克。他看上去那么有常青藤盟校[①]气质，给了我非常深刻的印象。但是，他还散发着某种忧郁气息，对于我来说，那种忧郁气息真的和他的外表一样有吸引力。我确信他曾经被深深地伤害过，而我想要了解他，想知道发生过什么事情，想要“懂”他。我确信自己得不到他，但我想，如果我特别有同情心，说不定能让他跟我多聊几句。这很好笑，因为我们确实在那个第一次见面的晚上聊了很多，但他从来没有面对面地正对过我。他一直斜对着我，漫不经心地忙着别的事情，而我一直试图赢得他的全部关注。结果，他对我说的每个词都变得非常重要，几乎可以说是宝贵了，因为我确信他有其他更好的事情可做。

我父亲就是这样。在我成长的过程中，他从来都不在——是真的不在。我们家很穷。他和我母亲都在城里工作，大部分时间就把我们这些孩子独自留在家里。即使在周末，他也出去做零工。我唯一看到爸爸的时候，是他在家里修理东西——冰箱，或者收音机，

---

① 常青藤盟校（Ivy League）是由美国东北部的八所学校组成的一个大学联合会。它们是：哈佛大学，耶鲁大学，哥伦比亚大学，普林斯顿大学，布朗大学，康奈尔大学，宾夕法尼亚大学和达特茅斯学院。在美国，常春藤盟校是顶尖名校的代名词。——译者注

或者别的什么。我记得总感觉他好像是背对着我，但我不介意，因为只要他在我身边就很棒了。我会在他身边转悠，问他很多问题，努力让他关注我。

这就是我对彼得做的同样的事情，尽管我那时当然不这样认为。我现在还记得自己怎样不断地努力和他的视线保持在一条线上，而他差不多一直在朝烟斗吹气，将目光看向旁边，或向上看天花板，或摆弄烟斗让火不熄灭。我觉得他紧皱的双眉和心不在焉的神情显得非常成熟。我像被磁铁吸引一样迷上了他。

玛丽·珍被彼得吸引

玛丽·珍对父亲的感情，不像很多爱得太多的女人对父亲那样充满矛盾。她爱父亲，仰慕他，渴望他的陪伴和关注。年龄较大而且对她不太上心的彼得，立即为玛丽·珍再现了她难以捉摸的父亲形象，而且，得到他的关注变成了最重要的事情，因为他像她的父亲一样，令她很难赢得其关注。那些愿意倾听她、对她倾注更多情感、更多关爱的男人，无法唤起玛丽·珍对父亲所感受到的那种内心深处渴望被爱的感受。彼得对其他事情的全神贯注，给玛丽提供了一种她所熟悉的挑战，给了她再一次从回避她的男人身上赢得爱的机会。

佩吉：由吹毛求疵的外祖母和不提供情感支持的母亲抚养大；现在是一位带着两个女儿的离婚单身母亲

我从来都不了解我的父亲。在我出生之前，他和我母亲就分手了。我的母亲上班养家糊口，外祖母在家照看我们。这听起来不算太坏，但实际上糟透了。我的外祖母是个很无情的女人。她不是每天都打我和姐姐，但每天都会用言语伤害我们。她会告诉我们，我们有多么坏，我们给她带来了多少麻烦，我们多么“什么用都没有”——这是她最喜欢的话之一。具有讽刺意味的是，她的批评只会让我们姐妹俩更加努力做好，努力让自己有价值。我的母亲从来不保护我们免受外祖母的伤害。母亲太害怕外祖母会离开，因为那就没有人照顾我们，她就不能去上班了。所以，当外祖母虐待我们的时候，她只是将目光转向一边。我在长大的过程中，感到自己那么孤独，那么没人保护，那么害怕，那么没价值，一直在为自己是个负担而尽力弥补。我记得自己曾尽量修理家里坏掉的东西，想为我们省些钱，并多少挣点自己的生活费。

我 18 岁就结了婚，因为我当时怀孕了。我从一开始就挺惨的。他不停地批评我。起初还不明显，后来就很残忍了。事实上，我知道自己不爱他，但不管怎样还是和他结了婚。我以为自己没有其它选择。这段婚姻维持了 15 年，因为我用了那么长时间才相信，悲惨是足够合理的离婚理由。

我从那段婚姻里走出来的时候，拼命地想要有人爱我，但感觉自己没有价值，是个失败者，而且确信自己没有什么东西能给予一个善良的好男人。

认识贝尔德的那天晚上，绝对是我第一次在没有约会对象陪伴的情况下出去跳舞。我的女朋友和我一直在购物。她买了一整套装扮——裤子，上衣，新鞋——想穿上它们出去走走。所以，我们就去了两人都听说过的一家迪斯科舞厅。外面来的一些生意人给我们买了饮品，和我们跳舞，感觉一般——友好，但不太兴奋。然后，我看到远处靠着墙边的一个男人。他很高，很瘦，穿戴很讲究，而且很英俊。但是，他散发着某种冷漠的气息。我记得我当时对自己说，这是我见过的最优雅、最傲慢的男人。然后，我打赌，我会让他热情起来！

顺便提一下，我仍能记起我认识第一任丈夫时的情景。我们当时上高中，他在应该上课的时间懒洋洋地靠在墙上，我对自己说，他看起来挺野的。我打赌我会让他安定下来。看看，我总是在尽量“修理”一些东西。不管怎样，我朝贝尔德走了过去，并邀请他跳舞。他很惊讶，而且我猜他有点儿受恭维的感觉。我们跳了一会儿，然后他说，他要和他的朋友们去另外一个地方，问我愿不愿意去。我虽然动心了，但还是说了不，说我去那里是为了跳舞，并且只想跳舞。我继续和那些生意人跳着舞，过了一会儿，他又邀请我和他跳。于是，我们又一起跳着。那里挤得不成样子，人挨着人。不久，我的女朋友和我要离开了，他和另外一些人坐在角落里的一张桌子旁。他示意我过去，我走到了他身边。他对我说："你的身上有我的电话号码。"我不明白他在说什么。他伸手从我穿着的套头衫的口袋里拿出了他的名片。我穿的是前面有荷包袋的套头衫，他在我们第二次离开舞池的时候把他的名片放在了里面。我很吃惊。我甚至不知道他这么做了。一想到这个英俊男人费尽心机做的这些事情，我就感到很兴奋。不管怎样，我把我的名片也给了他。

几天后，他打电话约我一起共进午餐。当我开车去见他的时候，他显出了一种很不赞同的表情。我的车有点旧，并且我马上感到了自身的不足——然后，又因为他无论如何都会和我一起吃午饭而感到松了一口气。他很不随和，相当冷漠，而我把让他轻松起来当成了自己的责任，好像这莫名其妙地成了我的过错。他的父母要来看望他，而他跟父母的关系不融洽。他向我说了对他们的一大堆抱怨，在我听来没他说得那么严重，不过我尽量同情地听着他的诉说。吃完午饭离开的时候，我觉得自己跟这个人没有任何共同点。这次约会我并不愉快。我感到不舒服，而且有点儿无法把握。当他两天后又打电话约我出去的时候，我有些松了口气的感觉，似乎觉得既然他上一次约会足够开心，又再次约我，那就一切都好。

我们在一起的时候从没有真正开心过。总是有什么事情出问题，而我一直要努力纠正。我和他在一起感觉很紧张，只有在这种紧张得到某种缓解的时候，我们才有一些开心的时刻。从紧张中得到的一点解脱，就被误认为幸福。但是，不知为什么，我仍然被他强烈地吸引着。

我知道这听起来很疯狂，但是，我真的和这个我从来没有喜欢过的男人结了婚。他在我们结婚之前，跟我断过好几次关系，说他跟我在一起时都不像他自己了。我说不出这有多么伤人。我恳求他告诉我，我怎样做才能让他舒服些。他只是说：“你知道你需要怎么做。”但是，我不知道。我几乎快疯了，努力想搞明白。总之，这段婚姻只维持了两个月。在告诉我我让他多么不开心之后，他就永远离开了，再也没有回来。我从那以后就一直没有见过他，除了偶尔在街上碰到他，他总是装作不认识我。

我不知道怎样表达自己对他的痴迷。每次他离开我，我都感觉他对我的吸引力更大，而不是更小了。当他回来的时候，他会说他想要我给他的爱。世界上其它任何事情都不能比这更令我激动了。我会抱住他，而他会哭着说他以前有多么傻。这种情景只会持续一个夜晚，然后一切又开始分崩离析，我竭尽全力试图让他开心，不再离开我。

当他结束我们的婚姻时，我几乎无法正常生活了。我无法工作，整天坐在那儿，哭得前仰后合，感觉自己像要死了一样。我不得不寻求帮助，以免再和他联系，因为我虽然非常想把这段婚姻的结果扭转过来，但我知道，如果再乘坐一次这种旋转木马，我就没法活了。

佩吉被贝尔德吸引

佩吉对于什么是被爱一无所知，而且在成长过程中没有父亲在身边，实际上对男人一点都不了解，对于善良、深情的男人当然就更不了解。但是，从童年和外祖母相处的过程中，她非常了解被情感不健康的人排斥和批评的感觉。她还了解，怎样尽最大努力赢得一位由于个人原因不能给予爱，甚至连保护都不能提供的母亲的爱。她的第一次婚姻，是因为她要让自己和一个对她苛刻并不停地责难她的年轻男人亲密相处，她对他并不怎么喜欢。她和他之间的性，更多地是为了赢得他对她的接纳的一种挣扎，而不是对他的关爱的一种表达。嫁给这个男人 15 年，使她更加相信了自己天生就没有价值。

由于她迫切需要再造自己童年时期那种充满敌意的环境，并继续奋力从那些不能付出爱的人身上赢得爱，所以，当她见到一个给她留下冷淡、疏远、漠然的深刻印象的男人时，就马上被他吸引了。这又是一次把无情的人变成最终爱她的人的机会。他们有了密切关系之后，他偶尔暗示出的她在教他爱她方面的些许进展，让她不顾自己的生活遭到的破坏，而继续努力。她需要改变他（以及他所代表的她的母亲、外祖母），这种需要就是这么强烈。

艾丽娜：65 岁；被一个占有欲过强的离异母亲抚养长大

我的母亲跟任何男人都不能融洽相处，在她那个年代，很少有人离婚，而她居然离了两次。我有一个姐姐，比我大 10 岁，我的母亲不止一次对我说："你姐姐是你爸爸的乖女儿，所以我想有一个属于自己的女儿。"这就是我对于她的意义，一个属于她的物品，也是她自我的一种延伸。她不认为我们是两个独立的人。

他们离婚后，我非常想念父亲。她不让他靠近我，而他不想和她争。谁都不想和她争。我总感觉自己像个俘虏，而同时还要为她的幸福负责。即使感觉好像窒息了一样，我仍然很难离开她。我去了很远一个地方的商学院上学，在那里我和我们的亲戚住在一起。我母亲因此非常生气，她再也没有和他们说过话。

毕业后，我在一个大城市的警察部门做秘书。有一天，一个穿着制服的帅气警官走进来问我饮水器在哪儿。我向他指了位置。接着，他问我有没有杯子。我把自己的咖啡杯借给了他。他需要服几片阿司匹林。我仍能记得他把头向后一仰，吞药片的样子。然后，他说："噢！我昨晚真是喝高了。"就在那时，我对自己说，"噢，多悲哀啊，他喝得太多了，可能是因为孤独。"他正是我想要的——一个让我照顾的人，一个需要我的人。我想："我肯定愿意努力让他开心起来。"两个月后，我们结婚了，接下来的四年里，我一直在努力。我做非常棒的饭菜，希望能引诱他回家，但他下班后会去喝酒，到很晚还不回家。然后，我们就争吵，我就哭。下一次他又待在外面很晚的时候，我就会责备自己上一次不应该发脾气，并且对自己说，难怪他不回家。情况越来越糟，直到我最后离开了他。这都是37年前的事情了，而我去年才意识到他是个酗酒者。我以前一直以为是自己的错，以为是我不能让他开心。

艾丽娜被她的丈夫吸引

如果你母亲憎恨男人，并教育你说男人没有好东西，而另一方面你又爱自己不在身边的父亲，并觉得男人有魅力，那么，你长大后很可能会害怕你爱的男人离开你。你可能会因此而试图找一个需要你的帮助和理解的男人，以便你能在两人的关系中占上风。这就是艾丽娜在发现自己受到那个帅气警官吸引的时候所发生的事情。尽管你期望这种方式能确保你的男人依赖你，使你免于受到伤害或被抛弃，但问题是——你必须找一个有问题的男人。换句话说，他会是一个已经开始符合“男人没有好东西”的男人。艾丽娜想要保证她的男人不离开她（她的父亲离开了，并且她的母亲说任何男人都会离开），而他的困苦似乎提供了这种保证。但是，他的问题的本质使得他离开的可能性更大，而不是更小。

因此，这种本来保证艾丽娜不会被抛弃的情形，实际上却保证了她会被抛弃。每一次他晚上不回家，都“证明了”她母亲对于男人的看法是正确的，最后，她像母亲一样，从一个“不是好东西”的男人那里得到了离婚的结果。

阿琳：27 岁，来自一个暴力家庭，她曾努力保护母亲和兄弟姐妹

我和艾里斯在同一家演出公司，一起在餐馆剧院演出。艾里斯

比我小7岁，他的外表对我不是很有吸引力。我对他不是特别感兴趣，但是有一天，我们一起去商场买东西，然后一起吃晚饭。我们聊天的时候，我听他说的都是他的生活多么一塌糊涂。他有那么多事情照顾不到，而当他谈起这些事情时，我有一种非常强烈的冲动，想要进入他的生活中，把事情都搞好。在我们第一次聊天的那个晚上，他向我提到他是双性恋。尽管这并不符合我的价值观，但我把它当成了一个笑话，并且说我也是——当有人对我有性趣时，我就说“再见”。实际上，我真的害怕太强势的男人。我的前夫曾经虐待我，还有另一个男友也是。艾里斯在我眼里似乎是安全的。我确信他不会伤害我，就像我确信自己能帮助他一样。我们没过多久就如胶似漆了。事实上，我们同居了几个月后，我才叫停，那段时间里，我既紧张又害怕。我以为自己是在给他帮大忙，可我自己却在受伤害。我的自我也受到了打击。男人对他的吸引力，总是比我对他的吸引力更强。事实上，我因为病毒性肺炎住院的那天晚上，病得快要死了，他都没来看我，因为他正和一个男人搅在一起。出院三个星期以后，我结束了跟他的关系，但这多亏了身边的人给我的巨大支持。我的妹妹、我的母亲、我的心理治疗师帮助我渡过了难关。我变得非常非常抑郁。我真的不想放手。我仍然感觉他需要我，而且我确信只要我再努力一些，我们就能一起解决问题。

当我还是个孩子的时候，我也总是这种感觉，以为自己随时能想出来解决所有问题的方法。

我们家有五个孩子。我是最大的一个，母亲对我很依赖。她总是想让我们的父亲开心，但这是不可能的。我到现在都没见过比他更卑劣的男人。他们最终在十年前离了婚。我猜，他们以为是为了我们这些孩子好，所以等我们都离开了家才离婚，但是，长在这个家里是一件很悲惨的事情。我的父亲打我们所有孩子，甚至打我的母亲，但他对我的妹妹打得最凶，对我的弟弟骂得最狠。他用这种或那种方式严重伤害着我们每一个人。我的感觉一直都是一定有什么我能做的事情，能让情况好起来，但是我从来没太想明白该怎样做。我尽量和妈妈谈，但她太消极。然后，我勇敢地面对父亲，但不太经常，因为那样太危险。我还多多少少教过弟弟妹妹怎样不惹父亲，怎样不顶嘴。我们甚至放学回家后在房子里仔细检查，只是为了想弄明白有没有什么事情会让他生气，以便在他晚上回家之前把问题解决掉。我们在绝大部分时间里都那么害怕，那么不开心。

阿琳被艾里斯吸引

因为阿琳把自己看得比艾里斯更坚强、更成熟、更能解决实际问题，所以，她希望能在两人的关系中占上风，并以此避免受到伤害。这是他对她的吸引力中的一个重要因素，因为她从童年开始就有身体和情感受虐待的经历。她对父亲的恐惧和愤怒，使得艾里斯似乎成了解决她和男人之间问题的完美答案，因为他看起来不大可能会对她反应激烈到暴力虐待她。不幸的是，在他们同居的几个月里，她经历的伤害和头疼不亚于她认识的异性恋男人曾带给她的痛苦。

试图纠正一个基本上是同性恋的男人的生活，这种挑战的难度从任何意义上来说，都和阿琳小时候就已熟悉的抗争的难度相当。这种关系内在的情感痛苦，她也很熟悉——总是等着另一只靴子落地，等着被理应支持她、理应关爱她的人伤害、打击、冒犯。阿琳坚信自己会迫使艾里斯变成她需要的样子，这让她最终很难放手。

苏姗娜：26 岁；离过两次婚，两个前夫都是酒鬼；她的母亲在情感上依赖她

我当时在旧金山参加为期三天的培训，准备通过州委员会的考试，取得社会工作者执照。在第二天下午休息的时候，我发现了那个非常帅的男人，当他从我身边经过的时候，我向他露出了最灿烂的微笑。然后，我就走到外面，坐着休息去了。他走到我的身边，

问我去不去咖啡厅。我说当然，可以去。当我们到了咖啡厅时，他有点儿犹豫地说："我能给你买点什么吗？"我感觉他不是真的有钱买，所以我说："哦，不用了，挺好的。"于是，我给自己买了果汁，我们就往回走，并一直聊到休息时间结束。我们相互告诉了对方自己从哪来，在哪工作，他说："我想今晚和你一起吃晚饭。"我们定好了在渔人码头见面，当晚我在那里见到他的时候，他看起来在犯难。他说他正在想是选择浪漫还是选择实际，因为他的钱只够带我乘船游海湾，或是吃晚餐，只能选一样。当然，我立即插话说："我们乘船吧，然后我带你吃晚餐。"于是，我们这么办了，我感觉自己又强大又聪明，因为我让他能实现想做的两件事情。

正是日落时分，海湾非常美。我们不停地聊着。他告诉我，他多么害怕和别人亲近，说他现在是和一个相处了好几年的女人在一起，但他知道她不适合自己。他之所以留在那个女人身边，只是因为太喜欢她六岁的儿子，不忍心去想这个小男孩成长的过程中没有男性陪伴。他还非常明显地暗示说，他跟这个女人在性方面有困难，因为他感觉她没有吸引力。

我绞尽脑汁地思考着。我想，这是个非常棒的男人，只是还没遇到对的女人。显然，他非常有同情心，很诚实。虽然他 37 岁了，很可能有过很多机会发展良好的情感关系，但这不重要。也许，只是也许，他有点儿问题。

这时，他向我详细列举了他的缺点：阳萎、害怕亲密、收入问题。而且，凭他的行为方式，我不用怎么动脑就能想出来他还很消极。但是，我太陶醉于自己的想法了，认为自己能成为改变他的生活的人，以至于他的话没有能警告我离开他。

我们去吃晚饭，当然是我付的钱。他抗议说，这令他很不安，我朝他眨眨眼睛，说他可以来看我，带我出去吃饭，就不欠我啦。他认为这是个很棒的主意，想要知道我的住处的详情，如果他过来的话能住在哪，当地有什么工作机会。他十五年前曾是学校老师，换了很多工作——他承认自己的工作一份不如一份，工资越来越少，声望越来越低——现在是在一所为酗酒者开设的咨询门诊工作。哇，这太棒了。我以前跟酗酒者交往过，在那个过程中我几乎被毁掉，但现在我面前的这个人是安全的，因为他既然给酗酒者做咨询，他就不可能是酒鬼，对吧？我们吃饭时，他确实提到过那个声音沙哑的服务员大妈，说她让他想起了他的酒鬼母亲，而且我知道酗酒者的子女常常会形成酗酒症。但是，他整个晚上都没喝酒，点的一直都是矿泉水。我几乎开心地想着，*这就是我想要的那个男人*。我一点也没介意他的那些工作变动，以及他的职业总体来讲一直在走下坡路。那一定只是运气不好的缘故。他看上去运气很差，而这使他对我更有吸引力了。我为他感到惋惜。

他花了很多时间告诉我，我让他多么着迷，他和我在一起感觉多么舒服，我们两个多么般配。我的感觉完全一样。那天晚上，我们分手的时候，他的举止像个完美的绅士，我非常热情地和他吻别。我感觉非常安全；这是一个不会在性方面强求我的男人，他想和我在一起，只是因为喜欢我的陪伴。我不认为这表明他在性方面真有问题，所以没有尽量避免事情的进一步发展。我猜，我是确信只要给我个机会，我就能解决他的任何小困难。

第二天，培训结束了，我们谈到了什么时候他能来看我。他提议说，在他考试之前的那个星期来看我，就住在我的公寓里，但他只想在公寓里学习。我有几天假还没休，就想利用这个机会休假，和他一起观光一定会很棒。不行，我打消了自己的念头，他的考试太重要了。很快，我就把自己想做的事情抛到了脑后，一心想着努力为他把一切准备好。我还越来越害怕他不来，尽管每天去上班时有一个人待在我的公寓里学习，听起来并不太好玩。但是，我有解决问题的需要，而且如果他不开心，我就会感到内疚。而且，保持他对我的兴趣也是个巨大挑战：既然他一开始那么喜欢我，那么如果现在他的热情冷却下来，我感觉就好像是我把事情搞砸了，所以，我竭尽全力让他跟我好。

我们在培训班分开的时候，还有一些事情没有安顿好，在此之后，我甚至想出了一个又一个计划，想解决与他的到来有关的全部问题。我和他告别之后，一直感到很抑郁，我不知道为什么，就是那种因为我没能解决好所有问题并让他开心的坏心情。

第二天下午，他给我打了电话，这让我感觉棒极了。我感觉得到了解救。

当天晚上，他十点半打电话给我，开始问我他应该对现任女友怎么办。我没法回答这个问题，就这么跟他说了。这时，我真的越来越不舒服。我感觉有点受了愚弄，而且第一次没有按照自己原来的方式插话并试图解决问题。他开始在电话里冲我大喊大叫，然后挂断了电话。我被震惊了。我开始想，或许这是我的错；我对他帮助得不够。我有一种非常强烈的冲动，想要回电话给他，为自己让他这么生气而道歉。但是，别忘了，我曾有过和几个酗酒者相处的情感经历，并因此经常去参加嗜酒家庭互助会的集会；这在某种程度上制止了我打电话给他，接受他对我的责难。还好，过了几分钟，他又打电话来了，为刚才挂断电话道了歉。然后，他又问我同样的问题，我仍然无法回答。他又冲我喊叫了一阵子，又挂断了电话。这一次，我意识到他是喝醉了，但我仍然有那种强烈的冲动，想回电话给他，尽量让一切都好起来。如果我那天晚上在电话里为他承担了所有责任，说不定我们现在就在一起了，一想起那样的生活，我就不寒而栗。几天后，我收到了一个非常客气的便条，他说自己目前还没有准备好开始新的关系——对他在电话里的咆哮和挂断电话只字未提。我和他就这样结束了。

如果是一年前，事情或许就会这样开始。他是我一直觉得无法抗拒的那种男人：帅气，有魅力，有点儿困顿，潜质没太发挥出来。在嗜酒家庭互助会，当有人提到自己是受到某个男人的潜质吸引，而不是他现在是什么样的人所吸引的时候，我们会一起开怀大笑，因为我们都这样做过——之所以被一个人吸引，是因为我们确信他需要我们的帮助和鼓励来使他的天分得到最大发挥。我非常清楚在和一个男人的关系中怎样尽力帮助他，取悦他，怎样承担起所有的工作和责任。我小时候就为母亲这样做过，后来为我的几任丈夫这样做过。我母亲和我相处得一直不融洽。她的生活中有许多男人来来去去，当她有了新欢的时候，就不愿意承担照顾我的责任了，所以，她匆匆忙忙地打发我上了寄宿学校。但是，只要一个男人离开了她，她就想让我在身边听她哭泣和抱怨。我们在一起的时候，我的职责就是安慰她，减轻她的痛苦，但我一直都做得不够好，无法消除她的痛苦，她就会对我生气，说我不是真正关心她。然后，另一个男人会到来，她就又把我忘得一干二净。我长大后当然就把帮助别人当成了我的事业。那是我唯一能感受到自己小时候所体验到的自身重要性或价值的时刻，而且，我需要自己越来越精通此道。所以，最终克服自己的冲动，不再追求除了帮助他的机会之外什么都不能给我的男人，对我来说是个巨大的胜利。

苏姗娜被旧金山的那个男人吸引

从事社工这种职业对于苏姗娜来说几乎是不可避免的，就像吸引她的男人似乎都需要她的安慰和鼓励一样。对于这个新认识的男人，她得到的第一点暗示，就是钱对于他来说是个问题。当她领会了他的暗示并自己掏钱买了果汁时，他们相互交换了重要的信息：他让她知道了他有点儿困顿，而她用自己付账并保护他的感受来回应。他缺钱，而她的钱足够两个人用，这个主题在他们见面约会，并由她为两个人的晚餐买单的时候，又重复了一次。钱的问题、性的问题、亲密的问题——这些应该成为对苏姗娜的警告信号的暗示，反而成了吸引她的信号，因为她曾经和困顿的、依赖她的男人一起生活过，这些问题激发了她将对方像孩子一样照料的行为。对于她来说，很难忽视这种强有力的“诱饵”——一个相对于自己的潜力来说混得不怎么样，但似乎能够在她的帮助和关心下成为特别人物的男人。起初，苏姗娜问不出“这对我有什么好处”，但是，因为她正在康复过程中，她终于能够用现实的眼光评估正在发生的事情了。

她第一次关注自己能从这种关系中得到什么，而不是一门心思地想她要怎样帮助这个困顿的男人。

显然，上面谈到的每一个女人找的都是能给她带来她所熟悉的挑战的男人，而且是她和他在一起时感觉舒服、自如的男人，但是，重要的是要明白，这些女人中没有一个人认识到是什么在吸引她。如果她们明白这一点的话，就会对是否要步入有这么多挑战的情形，做出更清醒的选择。我们常常相信，我们是受到了那些和自己父母相反的特点的吸引。例如，阿琳发现自己被一个比自己小好几岁的双性恋男人所吸引，他身材瘦弱，绝对不可能对她有身体攻击，她清醒地感觉到和一个不可能重复她父亲的那种暴力方式的男人在一起是安全的。但是，那种并非那么有意识地要把他变成另一种人的挣扎，要在一个从一开始就明显无法满足她对爱和安全的需要的情形中占据优势的挣扎——这才是吸引阿琳和他发展关系的诱发因素，而且，也正因为这个原因，她才那么难以放开他以及他所代表的挑战。

那个学艺术的克洛伊和她那个厌恶女性的暴力男友之间的情况，虽然更复杂一些，但和阿琳的情况一样常见。在他们的第一次交谈中，他是怎样一个人以及他的感受都表露无疑，但她太需要接受他所代表的挑战了，以至于她没有把他看作一个愤怒的、有攻击性的危险人物，相反却认为他是一个需要理解的、无助的受害者。我敢打赌，并非每个见到这个男人的女人都会这么看待他。大多数女人都会对他和他的态度退避三舍，但是，克洛伊扭曲了她看到的事实，她与这个男人及其所代表的挑战进行抗争的需要太强烈了。

这种情感关系一旦开始，为什么就那么难以停止，那么难以放开那个舞伴呢？他正拖着你进入这种破坏性舞蹈的充满痛苦的舞步。一条经验法则是，你越是难以结束一段对你不好的情感关系，其中包含的童年时期的努力成份就越多。当你爱得太多的时候，是因为你在试图克服小时候遗留下来的恐惧、愤怒、挫折和痛苦，而且，退出就意味着放弃一个寻求解脱、纠正你所受委屈的机会。

尽管这些无意识的心理基础能够解释你忍受痛苦而和他在一起的原因，但这并不能让你更清醒地认识到自己的体验。

这种关系一旦开始，就会给投身其中的女人带来难以描述的强烈情感。当她试图从这种关系中脱身时，她会感觉好像有数千伏的痛苦能量在她的神经中奔涌，并在被切断的神经末端溢了出来。原来的空虚感奔腾而来，绕着她卷起漩涡，把她吸进仍然鲜活的童年时期对孤独的恐惧中，她确信自己会溺毙于这种痛苦。

这种情感力量——火花、心电感应、与对方在一起的需要、让两人关系有成效的需要——在更健康、更令人满意的关系中，达不到同样的强度，因为这种关系不代表着解决旧账的可能性，不代表着战胜曾经无法承受的状况的可能性。正是这种纠正以前的错误、赢得失去的爱、得到以前从未得到过的赞同的可能性，让爱得太多的女人非常激动，是她们坠入爱河背后无意识的心电感应。

也正因为如此，当那些关心我们的快乐、幸福和满足的男人，以及那些能让我们看到健康两性关系的真正可能性的男人，走进我们的生活时，我们通常不感兴趣。而且，请你听仔细：这种男人确实进入了我们的生活。我的每一位爱得太多的患者，都能够回忆起至少一个，常常是好几个这种男人，她常常留恋地把他描述成“真的很好……那么善良……真正关心我……”，然后，她们通常会出现嘲讽的微笑，并问：“为什么我没和他在一起呢?”而且，她常常会紧接着回答自己的问题。“不知道为什么，我对他从来都兴奋不起来。我猜他是好过头了，哈?”

更好的答案是，他的行为和我们的回应，他的动作和我们的回应动作，不能吻合成完美的双人舞。尽管他的陪伴或许给人愉快、安慰、有趣、得到肯定的感觉，我们却难以把这种关系看成是重要而值得更认真发展的关系。相反，这样一个男人通常会很快被我们放弃或忽视，或顶多被当成“只是一个朋友”，因为他不能唤起我们称之为“爱”的那种怦怦的心跳，以及心被揪紧的感觉。

有时候，这些男人很多年都停留在“朋友”的层次，时不时地和我们见面喝上一杯，当我们哭诉最近在情感关系中遭到的背叛、分手或屈辱时，为我们擦干眼泪。这种富有同情心、善解人意的男人，就是不能给我们认为正确并感觉极其兴奋的那种刺激、痛苦或紧张。这是因为，对我们来说，应该感觉很糟的东西变成了感觉很好，而应该感觉很好的东西却感觉陌生、可疑、不安。由于长期与痛苦为伴，我们已经学会了偏爱痛苦。一个更健康、更深情的男人无法成为我们生命中的重要角色，除非我们学会放弃不断重演以前在困苦中挣扎的需要。

一个背景更健康的女人，会有非常不同的回应，因而她的情感关系也很不一样，因为挣扎和受苦对于她来说不那么熟悉，在她的经历中不占很大部分，因而也就不那么舒服。如果和一个男人在一起让她感觉不舒服、伤心、担忧、失望、愤怒、嫉妒或有情感上的其它不适，她就会感觉不愉快和反感——要避免而不是追求。另一方面，她会追求那种给她关心和舒适感觉的伴侣关系，因为她对这种关系感觉好。我们可以有把握地说，如果两个人能够在健康回应交流的基础上建立有益的情感关系，那么，他们之间的相互吸引虽然可能也很强烈并令人兴奋，但永远不会像爱得太多的女人跟能和她“共舞”的男人之间的吸引力那样不可抗拒。

第 6 章

选择爱得太多的女人的男人

她是我倚靠的磐石
她是我生命中的阳光
我不在乎你说她什么
主啊，她接受我，
让我成为今天的我
——*她是我的磐石*

那些男人是怎样陷入上述情形的呢？在和一个爱得太多的女人最初相遇的时间里，他产生了什么样的化学反应？随着关系的继续，特别是他开始变化，开始好转或恶化时，他是什么感觉？

在下面这些男人中，有的人对自己非常了解，对自己和伴侣之间的关系模式也有相当深刻的洞察。这些男人中有好几个人受益于多年来在嗜酒者互戒会和吸毒者互戒会进行的治疗，正在从成瘾症中康复起来，因此他们能够识别出自己在一步步成瘾或已经上瘾的时候，酒瘾拖累症女人对他们的吸引。其他没有成瘾问题的男人也都接受过更为传统的心理治疗，这有助于他们更好地理解自己和自己的情感关系。

不同的故事虽然有细节差别，但都表现出了坚强女人对他们的吸引，她们用这样或那样的方式承诺会弥补男人自身的缺陷或他们生活中的欠缺。

汤姆：48 岁，戒酒 12 年；父亲和哥哥死于酗酒

我记得那晚是在乡村俱乐部的舞会上遇见了伊莱恩。我们都二十岁出头，而且都带着自己的约会对象。我当时的饮酒程度已经成了问题。我在 20 岁的时候曾因为醉驾被逮捕过一次，两年后又因为喝得太多而出了一起严重的交通事故。但是，我当然不认为酒精对我有任何害处。我只是一个风华正茂，只知道如何享乐的年轻人。

伊莱恩和我认识的一个人在一起，那个人给我们俩作了介绍。她非常迷人，当我们玩那种类似“交换舞伴跳支舞”的游戏时，我很高兴。我那天晚上自然是喝了酒的，所以我的胆子有点儿大；我和她一起跳舞的时候想给她留下深刻的印象，于是尝试着跳了一些非常奇怪的舞步。我太过努力地讨好她，结果结结实实地撞上了另一对男女，差点儿没让那个女人背过气去。我真的很尴尬，只能咕哝些“我很抱歉”之类的话。但是，伊莱恩反应很快，她搀着那个女人的胳膊把她扶起来，向她和她的丈夫道歉，然后送他们回到座位上。她那么温柔，以至于那个丈夫说不定对这件事的发生还感到高兴呢。然后她走回来，对我也很关心。换做另一个女人可能就会生起气来，再也不跟我说话。从那以后，我就不想让她离开我了。

她的父亲和我一直相处得非常好，直到他去世。当然，他也是个酒鬼。我的母亲很喜欢伊莱恩，母亲总是告诉她，我需要一个像她这样的人来照顾。

长久以来，伊莱恩一直帮我掩饰，就像我们认识的第一个晚上那样。当后来她自己得到帮助，不再让我继续随便喝酒的时候，我跟她说她已经不爱我了，然后我就跟自己 22 岁的女秘书跑了。从那以后，我很快走了下坡路。六个月后，我第一次参加嗜酒者互戒会的活动，此后我就没有再喝醉过。

在我戒酒一年后，伊莱恩和我重修旧好。虽然很难，但我们还是非常相爱的。我们已经不是二十年前结婚时的那两个人了，但是我们比那个时候更爱自己，更爱对方，而且我们每天都努力诚实相待。

汤姆被伊莱恩吸引

汤姆和伊莱恩第一次见面时发生的事情，在酗酒者和酒瘾拖累症患者中非常典型。他惹了麻烦，而她并不生气，反而考虑怎样帮他，怎样把事情掩盖起来，让他和其他所有人舒服。她提供了一种安全感，这对他非常有吸引力，因为他的生活正变得不可控制。

当伊莱恩参加嗜酒家庭互助会，意识到为汤姆掩护实际上是帮他保持不健康状态，并且学会了不再为他掩护的时候，汤姆的行为符合许多成瘾者在伴侣开始康复时的做法：他采用了最剧烈的反抗方式；既然在每一位男性酗酒者身边都有许多女性酒瘾拖累症患者寻求可以让她们拯救的人，他迅速找到了伊莱恩的替代人，伊莱恩这时拒绝拯救他、拒绝让他酗酒，而另一个女人愿意接着那样做。他的病情严重恶化，以至于他只剩下两个选择：要么开始康复，要么死去。只有当他面临如此残酷的选择时，他才愿意开始改变。

他们之间的关系目前完好如初，这归功于两个人参与的匿名项目：汤姆参加的嗜酒者互戒会，伊莱恩参加的嗜酒家庭互助会。在那里，他们在人生中第一次学到了用健康的、不操纵的方式和对方相处。

查尔斯：65 岁，退休土木工程师，有两个孩子，离婚，再婚，现在丧偶

现在，海伦已经去世了两年，我终于开始全部理清了。我从没想过我会去看心理治疗师，我都这么大岁数了。但是她死后我很生

气，这吓到了我。我感觉自己想伤害她；我停不下来。我梦见自己打她，醒来时还在冲她大喊大叫。我以为我要疯了。我终于鼓足勇气把情况告诉了我的医生。他和我一样，上了年纪而且保守，所以，当他告诉我最好去咨询一下的时候，我放弃骄傲的自尊，听从了他的意见。我联系了镇上疗养院的人员，他们帮我联系了一位专门帮助人们克服悲伤的治疗师。我们就开始努力克服我的悲伤，但这种悲伤还是不断地以愤怒的形式出现，所以，我最后开始接受事实，认为自己疯得很严重，并且开始在治疗师的帮助下探究原因。

海伦是我的第二任妻子。我的第一任妻子珍妮特仍然健在，现在和她的新任丈夫还在这个镇上住。我猜，用“新”这个词说她的丈夫挺滑稽的。一切都是二十五年前发生的。我在郡上做土木工程师的时候认识了海伦。她是企划部的秘书，我常常在工作时见到她，而且，每星期也许会有一两次在镇中心的小咖啡店吃午餐时见到她。她是一个非常漂亮的女人，总是衣着美丽，有点儿腼腆，不过挺友好。只凭她看我的方式和微笑的样子，我就知道她喜欢我。她注意到我，让我觉得有点受宠若惊。我知道她离了婚，带着两个孩子，我很同情她不得不独自一个人抚养两个孩子。不管怎样，有一天我邀请她喝咖啡，然后我们愉快地聊了一会儿。我清楚地向她表明了自己是已婚的人，但是我对于婚姻生活中的一些挫折抱怨得有点多。虽然我现在仍然不明白她那天是怎样传达出这种信息的——我是个非常好的男人，不应该不快乐——但是，我离开咖啡店的时候感觉自己好像有十英尺高，并且还想再见到她，想感受她给我的感觉：受赏识。这可能是因为她当时的生活中没有男人，而她想念有男人陪伴的生活，但在我们聊了一小会儿后，我确实觉得自己高大、强壮，还很特别。

然而，我没想和她恋爱。我以前从未有过外遇。二战后我退了伍，跟参军前抛在家里等我的妻子定居下来。珍妮特和我算不上是最幸福的夫妻，但是我们也不是最不幸福的。我从没想过我会和海伦发展恋情。

海伦以前结过两次婚，每次婚姻她都受了很多苦。两个男人先后抛弃了她，两段婚姻分别留给她一个孩子。现在，她是独自抚养孩子，没有任何支持。

我们做过的最糟糕的事情就是坠入了爱河。我对她感到非常抱歉，但是我知道我没有什么能给她的。在那个年代，不是想离婚就能离婚的；而且我当然也没挣到足够多的钱，可以让自己放弃当时拥有的一切，然后在自己的家庭之外再养活一个家庭。而且，我真的不想离婚。我对妻子已经不再爱得疯狂，但我爱我的孩子，而且我喜欢我们共同拥有的一切。但是，随着我和海伦继续见面，所有这一切都开始改变。我们两个人谁都无法退出。海伦觉得孤单，她说她宁可得到一点点的我，也不愿意没有我，我知道她说的是实话。一旦我和海伦开始了婚外关系，不管怎样结束都必然会严重伤害一个人。很快，我就觉得情况糟糕了。这两个女人都信赖我，而我辜负了她们。海伦对我很疯狂，她为了见我，能做出任何事情。当我试图了断这种关系的时候，我会在工作时看到她，而她甜美、悲伤的面容让我的心都碎了。过了一年左右的时间，珍妮特发现了我们之间的事情，她告诉我，要么不再见海伦，要么离开。我试图停下，但是没有坚持住。另外，我和珍妮特之间的一切这时都变了。放弃海伦的理由似乎越来越少。

这个故事挺长的。海伦和我保持了九年的婚外恋关系，我的妻子起初非常努力地维持我们的婚姻，后来因为我的背弃而惩罚我。那些年，海伦和我断断续续地同居了几段时间，直到珍妮特最后累了，同意离婚。

我仍然不愿意去想这对于我们所有人产生了什么影响。在那个年代，同居是有代价的。我想，我在那些年里真的失去了所有的自尊。我为自己感到羞愧，也为我的孩子、海伦和海伦的孩子感到羞愧，我还对珍妮特感到羞愧，她从来没有做错过什么，值得我这样对待她。

最后，当珍妮特放弃斗争，离婚成了定局的时候，海伦和我结婚了。但是，离婚程序一开始进行，我和海伦之间有些东西就变了。在之前的那些年里，海伦曾经是热情、深情、诱人的——非常诱人。我当然很喜欢。那种爱是我不顾伤害所有人——我的孩子、我的妻子、她和她的孩子，而一直和她在一起的原因。她让我感觉自己是世界上最令人渴望的男人。当然，我们在结婚之前也吵架，因为压力太大；但是，我们的争吵总是以做爱结束，而且我会更加感觉自己被渴求、被需要、被关爱，在我的生命中这些感觉从来没有这么强烈过。不知道为什么，海伦和我曾共同拥有的生活看起来那么特别，那么美好，以至于我们付出的代价好像还算值得。

但是，当我们终于能开始堂堂正正地在一起时，海伦的热情却开始消褪。她去上班时仍然光彩照人，但是，在家的时候就不精心打扮了。我不介意，但是我确实注意到了。而且，我们性生活的质量也慢慢下降，她不再有兴趣。我努力不给她压力，但是这令我沮丧。当我最终感觉没那么内疚，准备跟她一起家里家外地享受生活时，她却开始离我而去。

不到两年，我们就分居了，然后直到她去世都一直如此，冷淡而疏远。我从没真正想到过离开她。我为了和她在一起，付出那么大代价，我怎么可能离开？

当我回过头来看时，我意识到海伦很可能在那些年的婚外恋中比我受得苦多。她从来不知道我是会离开珍妮特，还是会离开她。她常常哭得很厉害，还有几次威胁要自杀。她痛恨当一个“第三者”。尽管我们结婚前的那些年过得很糟糕，但比起我们婚后的生活却有更多的爱和关心，更令人兴奋、更特别。

我们结婚以后，我感觉好像很失败，虽然我们之间的大多数问题已经成了过去，不知为什么我就是无法让她开心。

通过心理治疗，我开始更加了解自己，不过，我觉得我也变得愿意审视以前不想面对的关于海伦的一些事。她在婚外情的那种紧张、压力和隐秘状态下，反而比步入正轨后做得更好。这就是为什么一旦婚外情结束，婚姻开始，我们的爱就消亡的原因。

当我能够诚实地看待这一切时，我开始理解她死后我对她生那么大气的原因。我之所以愤怒，是因为和海伦在一起我付出了太多代价：我的婚姻，我孩子的爱，朋友们的尊敬。我猜，我感觉自己好像是受了欺骗。

查尔斯被海伦吸引

最初相识时，美丽诱人的海伦很快给查尔斯带来了性福，她不计一切地献身于他，近乎崇敬地爱上了他。尽管已经有相当满意的稳定婚姻，但他还是被她深深吸引住了，这种吸引几乎不需要任何解释或原因。道理很简单：从刚开始到整个婚外情那么多年的时间里，海伦一直在努力加深查尔斯对她的爱，让他觉得他摆脱婚姻束缚的长期挣扎是可以忍受的，甚至是值得的。

需要解释的是，一旦查尔斯最终能够和她自由地一起生活时，她已经为他等待并受苦了很久，为什么明显地突然对他不感兴趣了呢？为什么她在他是个有妇之夫的时候对他爱得发狂，在他离了婚的时候就很快厌倦了他呢？

因为海伦只想要自己无法真正拥有的东西。为了能够容忍自己和一个男人在个人关系和性方面的持续交往，她需要查尔斯的婚姻所造成的他们的婚外情遥不可及的性质作为保证。只有在这种条件下，她才能够把自己交给他。没有了他的婚姻所带来的破坏性压力，她无法忍受那种不是基于他们彼此跟外部世界的抗争而得以发展和深化的真实的伴侣关系。海伦需要那种爱上一个得不到的男人的刺激、紧张和痛苦，否则就根本与人处不来。一旦她不必再卷入争取查尔斯的斗争，她实际上就无法再跟他亲密，甚至无法付出更多柔情了。查尔斯虽然被她争取了过来，但实际上又被她抛弃了。

不过，在那么多年的漫长等待中，她的表现完全是一个爱得太多的女人。她真心地为那个她爱却不能真正拥有的男人痛苦过，憔悴、流泪、痛哭过。她曾把他当作生活的中心，当做她的世界里最重要的人——直到她拥有了他。没有了婚外情苦乐交织的浪漫，他成为她的伴侣的这种现实，无法唤起她跟同一个男人曾经在九年时间里享受过的激情刺激。

我们常常会观察到，当两个人相恋多年并最终宣誓结婚以后，他们的关系中会失去一些东西；刺激没有了，他们也不相爱了。发生这种情况，不一定是因为他们不再努力取悦对方了。原因可能是一旦结婚，就超出了一方或双方所能接受的亲密限度。开放式的关系能保证双方不会过于亲密。而在结婚后，为了自我保护，人们常常就不那么亲密了。

发生在海伦和查尔斯之间的事情正是这样。就查尔斯而言，他在海伦的关注中飘飘然，因而忽视了海伦的感情缺乏深度的种种迹象。查尔斯没有成为海伦的计谋和操纵下的被动受害者，相反，他主动拒绝承认海伦的部分性格特征，这部分性格配不上他的自我观念——这个观念是她多年来培养、而且他也想相信的——认为他非常可爱，拥有令人无法抗拒的性魅力。他和海伦多年来都生活在一个小心翼翼建立起来的幻想世界里，不愿戳穿他被人珍惜的错觉。海伦死后，他的愤怒多数是冲着他自己的，因为他自我否定得太晚，没有及早承认他自己在创造和维持那吞噬一切的爱情幻想中所起的作用，这最终导致了无爱的婚姻。

鲁赛尔：32 岁，具有社会工作者资格证书，受过州长赦免，为少年罪犯设计社区项目

和我一起干活的孩子们，总是对我左前臂上的名字印象深刻。它在很大程度上说明了我过去的生活方式。我 17 岁的时候做了这个纹身，因为我确信有一天我会倒在地上死去，没有人知道我是谁。我认为我是个超级恶棍。

我七岁以前和我的母亲一起生活。然后她再婚了，我和她的新任丈夫相处得不融洽。我逃跑了很多次，那个时候他们就因此把我

关了起来。起初是青少年感化营，后来是寄养家庭，接着又去了几次青少年感化营，很快又进了少年营和少管所。随着年龄的增长，我又在当地看守所几进几出，最后进了监狱。到25岁的时候，我已经进过加利福利亚州从森林营到高度戒备监狱的所有行为矫正机构。

不用说，那些年我被关起来的时间比我在外面的时间多得多。但我仍然和莫妮卡相识了。在圣何塞的一天晚上，我和在少管所认识的一个哥们儿开着辆“借来的”车闲逛。我们把车开进一个免下车汉堡包店，停在两个女孩的车旁。我们跟她们有说有笑的，很快就坐上了她们汽车的后座。

我的哥们儿真是个泡妞高手。他很会说甜言蜜语，所以，只要身边有女孩，我就只让他去搭讪。他总能挑起两三个女孩的兴趣，不过他也会先选女伴，因为他太油嘴滑舌，并且都是他在努力，他挑完后再轮到我。那天晚上我没有抱怨，因为他和那个开车的性感金发小美女成了一对，而我和莫妮卡在一起。她15岁，很漂亮，温柔，大眼睛，而且对我感兴趣。从一开始，她就很体贴地关心我。

如果你服过刑的话，你就会知道有些女人觉得你讨厌，不想跟你沾边儿。但是，有些女人会对自己的想法感到兴奋、着迷。她们把你看成又强大又坏的家伙，而且她们富有魅力，想要驯服你。还有些女人认为你受过伤害，她们为你感到同情难过，想要帮助你。莫妮卡毫无疑问是属于想要帮助我的那一类。她也真是个好女孩。我们没有立即就亲热起来。当我的哥们儿和她的女友亲热的时候，莫妮卡和我在月光下散步聊天。她想知道关于我的所有事情。我隐瞒了自己经历中的不少犯罪事实，免得把她吓跑，而且我告诉了她很多伤心的事情，例如我的继父有多么恨我，还有我待过的一些很差劲的寄养家庭把别人穿旧了的衣服给我穿，还把应该花在我身上的钱花在他们自己的孩子身上。在我说这些的时候，她紧紧握着我的手，还不时拍拍我的手，她的棕色大眼睛里甚至含着热泪。告诉你，那天晚上告别的时候，我已经爱上了她。我的哥们儿想告诉我他对那个金发美女胜利得手的每一个细节，而我连听都不想听。莫妮卡把她的地址和电话号码给了我，我打算第二天一定要打电话给她。但是，我们开车出城的时候被警察拦住了，因为这辆车不是正道来的，而且容易被认出来。我心里想的全是莫妮卡。我确定我和她之间就这样结束了，因为我告诉过她，我正在多么努力地金盆洗手，走正道。

当我回到少管所的时候，我决定试试写信给她，虽然没什么把握。我告诉她我又服刑了，但我是被冤枉的——警察逮捕我是因为我有案底，他们不喜欢我。莫妮卡马上回信给我，而且在接下来的两年里几乎每天都给我写信。我们通信的内容全是关于我们多么相爱，我们多么思念对方，我们以后能一起做什么事情。

当我被释放的时候，她的母亲不让她在史塔克顿见我，所以我乘巴士回到了圣何塞。我对于能够再次见到她感到很兴奋，但也很害怕。我猜我是害怕她不想要我。所以，我没有马上去看她，而是拜访了几个老哥们儿，然后接二连三地发生了一些事。我们开始胡闹，等到他们终于开车送我去莫妮卡家的时候，已经过去四天了。我不得不喝了很多酒，只是为了有胆去见她，我太害怕她会让我滚开。

谢天谢地，她的母亲上班去了。当那些家伙让我在她家门前的人行道下车后，莫妮卡微笑着走了出来，虽然她从我回到镇上以来一直没收到我的消息，但仍然很高兴见到我。我记得那天酒劲儿过去以后，我们又很开心地散了一次步。我没有钱带她去任何地方，而且也没有车，但是，她那时好像从不介意。

有很长一段时间，在莫妮卡眼里我没有做错任何事情。她为我做和没做的一切事情制造借口。我在看守所进进出出，然后又在监狱待了几年。但是，她仍然和我结了婚，对我很忠心。她的父亲在她还小的时候就抛弃了家庭。她的母亲为此很痛苦，而且她也不太喜欢我。事实上，那正是莫妮卡和我结婚的原因。有一次，我因为伪造支票罪被逮捕，她的母亲不允许莫妮卡在我假释的时候见我，所以我们就一起私奔并结婚了。莫妮卡当时 18 岁。我们在宾馆住了一阵子，直到我的案件开始审理。她有一份服务员的工作，但为了在案件审理期间能每天到庭，她辞了职。接下来的事情当然是我进了监狱，而莫妮卡回家跟她的母亲住一起。她们吵得很厉害，所以她离家搬到了离监狱最近的城镇，又在那里做起了服务员。那是一所大学城，我总希望她能回学校读书；她十分喜欢学校，而且她很聪明。但是，她说她不想读书，她只想等我。我们会写信，而且只要监狱允许，她就会来探视。她跟监狱的牧师谈了很多关于我的事，还一直要求他跟我谈谈，帮帮我，直到我最后要求她不要再那样做。我不愿意和那个家伙说话。我就是跟别人处不来。

即使她能来看我，她还是不断写信，而且还把所有关于自我提高的书籍和文章都寄给我。她不断告诉我，她祈祷我能改变。我也想远离监狱，但是我已经服刑服得太久了，我只会蹲监狱。

最后，我终于幡然醒悟，参加了一个项目，以帮助自己回归社会。我在监狱里上学，还学了门手艺，另外，我还完成了高中学业，并开始了大学的课程。出狱后，我不知怎么就不惹麻烦了，而且还继续学习，直到取得了社会工作专业的硕士学位。但在这个过程中，我失去了妻子。起初，我们一起努力奋斗的时候，相处得挺好，但是随着情况变得好起来，我们开始实现一直以来所盼望的目标时，莫妮卡却变得更爱生气了，脾气更加暴躁，而在以前那么多年的艰难岁月里，我都从来没见过她这样。她在我们应该最幸福的时候离开了我。我不知道她现在在哪。她的母亲不肯告诉我，而我最后决定，既然她不想和我在一起，我就不应该找她。有时候我认为，她爱她想像中的我，甚于爱现实中的我。我们几乎很少在一起的时候是那么相爱，当时我们能做的只是写信、探监、梦想未来。当我开始实现我们的愿望时，我们的关系却瓦解了。我们越是变得中产阶级，她就越不喜欢。我猜那是因为她不能再为我感到同情难过的缘故吧。

鲁赛尔被莫妮卡吸引

在鲁赛尔的成长背景中，没有什么能让他做到与另一个人情意相投、身心相属，结成一种爱和承诺的关系。在他生活中的大部分时间里，他都是在积极找寻一种强大和安全的感觉，所用的方法不是逃跑就是危险地胡作非为。他希望通过这些特别让人分心、紧张的行为，逃避自己的绝望。他以身涉险，想以此来逃避由于在情感上被母亲抛弃所产生的痛苦和无助。

当他遇到莫妮卡的时候，他着迷于她迷人的温柔外表和对他的温存态度。她并没有因为他“坏”而排斥他，反而用诚恳的兴趣和深深的同情来回应他的问题。她很快表示自己愿意等他，不久他就检验了她能不能为他守候。当他消失的时候，莫妮卡用耐心等待来回应。她似乎有足够的爱、坚定和耐力去应对鲁赛尔可能做出的任何事情。尽管表面看起来莫妮卡对于鲁赛尔和他的行为有极大的容忍度，实际上事实恰恰相反。这两个年轻人都没有自觉地认识到，只有当他不在她身边的时候，她才会和他保持关系。只要他和她不在一起，鲁赛尔就觉得莫妮卡是完美的伴侣，囚犯的理想妻子。她愿意用一生时间等待他改变，期盼他们能在一起。像莫妮卡这样的囚犯的妻子，也许代表了爱得太多的女人的终极范例。因为不能跟男人有任何程度的亲密，她们反而选择活在幻想里，梦想某一天她们的伴侣改变了，她们能拥有他们的时候，彼此会多么相爱。但是，她们只能在幻想中亲密。

当鲁赛尔实现了几乎不可能的目标，并开始堂堂正正做人，远离监狱的时候，莫妮卡却慢慢离开了。他和她共同生活所造成的亲密程度让她感到危险；她感觉比他不在身边的时候更加难受。而且，和鲁赛尔一起过的现实日常生活，也比不上她曾陶醉其中的两人彼此相爱的理想化版本。在罪犯中流行一种说法，说有辆卡迪拉克停在路边等着他们——那是他们在自娱自乐地想象那种过度理想化的出狱后的生活。在像莫妮卡这样的囚犯妻子的想象中，路边停着的很可能不是象征金钱和权力的卡迪拉克，而是六匹白马拉着的马车，象征着魔法般浪漫的爱情。如何去爱和被爱——这才是她们的梦想。和他们的罪犯丈夫一起生活时，她们常常会觉得，生活在幻想里要比在现实世界中努力奋斗并让梦想实现更容易。

重要的是要明白——表面上看起来鲁赛尔无法对莫妮卡爱得更深，而莫妮卡却由于很有耐心和同情心似乎颇擅长于此。其实，他们同样都不能亲密相爱。这就是为什么他们不能在一起的时候成了伴侣，而能在一起的时候却关系终结的原因。应该提及的一点是，鲁赛尔目前还没有新的生活伴侣。他还在与亲密程度问题作斗争。

泰勒：42 岁，企业主管；离异，无子女

我们还在一起的时候，我总是开玩笑告诉别人说，当我第一次见到南希的时候，我的心跳得很厉害，都喘不过气来了。这是真的：她在我工作的公司当护士，我当时在她的办公室里踩着跑步机检查呼吸系统——所以说心跳得厉害，气喘吁吁。我是被我的上司送去检查的，因为我胖了很多，而且胸腔里有些疼痛的感觉。我当时的体型确实很糟糕。我的妻子一年半以前跟另一个男人跑了，虽然我知道很多男人遇到这种情况会开始夜里出去泡酒吧，我却只是呆在家里看电视、吃东西。

我一直都很喜欢吃。我们在一起的时候，我的妻子和我经常打网球，我猜是网球让我消耗掉了热量。但是她不在身边了，打网球让我抑郁。天呐，所有事情都让我抑郁。那天，在南希的办公室里，我得知自己在十八个月内增重了六十五磅。尽管我的衣服尺寸已经加大了好几码，但我从来都懒得称自己的体重。我就是不在乎。

南希起初都是例行公事的口气，告诉我增重有多么严重，我必须减肥，但是我感觉自己已经老了，而且我真的不想努力去改变。

我猜我只是为自己感到难过。即便我的前妻看到我时会责骂，“你怎么能让自己变成这样?”我还有点希望她能回来拯救我，但是她没有回来。

南希问我是不是有什么事情促使我体重增加。当我把离婚的事情告诉她的时候，她不再是那种相当职业的态度了，而是同情地拍了拍我的手。我记得，当她拍我手的时候，我有点儿激动的感觉，这很特别，因为我已经太长时间没对任何事物或任何人有什么感觉了。她建议我节食，还给了我很多手册和图表，告诉我每隔两个星期来她的办公室一次，让她看看我的减肥进行得怎么样。我迫不及待地想再到她的办公室。两个星期过去了，我没有遵照节食要求，体重也一点儿都没减少，但是我确信自己博得了她的同情。她和我第二次约见的时候，我们谈的全是离婚对我的影响。她听了之后，劝我去做那些每个人都说让我去做的事情：去上课，参加健康俱乐部，参加旅游团，培养新兴趣。每一条我都答应了，但我什么都没做，等了两个多星期又去见她。这次检查的时候，我邀请她和我一起出去。我知道我很胖，看起来又挺可怜，而且我真的不知道自己哪来的胆量，但我确实邀请了她，而她接受了。当我周六晚上接她的时候，她带了更多的手册，还有关于节食、心脏、锻炼和克服悲伤的文章。我已经很长时间没被人这么关心了。

我们开始约会，而且很快就开始认真起来。我想南希会为我驱散所有痛苦。我得说，她确实努力了。我甚至从自己的公寓搬出来，住进了她的公寓。她做了很多低胆固醇的饭菜，而且我吃的所有东西她都要检查。她甚至为我做了工作午餐。尽管我吃的东西和我以前晚上独自看电视时吃的东西完全不同，但我的体重也没减下来。我和原来一样，没有变胖，也没有瘦下来。我告诉你，南希为了让我减肥所付出的努力比我要多得多。我们两个人的行为，就好像让我康复是她的工作项目、她的责任。

其实我认为，按照我的新陈代谢方式，我必须进行高强度锻炼才能有效地燃烧掉热量，但我根本得不到多少锻炼。南希打高尔夫时，我会和她一起打一会儿，但高尔夫就是不适合我。

我们在一起大概八个月以后，我出差回到了家乡埃文斯顿。巧的是，我回去两天后就碰见了两个高中时代的朋友。我本来不想见到任何人，因为我的体型太难看了，但是这些人是我的老朋友，我们有很多话要聊。他们听说我离婚很惊讶，我的前妻也来自我们家乡。不管怎样，他们让我跟他们打一盘网球。他们两个人都打网球，而且他们知道我从高中开始就打网球。我觉得我连一场比赛都坚持不下来，我这样跟他们说了，但是他们坚持要我打。

许久没打网球，再打球的感觉真好。即便赘肉确实让我的动作慢了下来，而且我回回都输。但是，我告诉他们，下一年我会回来把他们两个人都打败。

当我回到家的时候，南希告诉我她去参加了一个非常棒的营养学讲座，她想让我试一下她学到的所有新东西。我拒绝了她，我说我要用自己的方法减肥一段时间。

在这之前，我和南希从来没吵过架。当然，她对我太过小题大做，总是要我多注意照顾自己，但是直到我再次开始打网球，她才开始和我争吵。我中午打球，以免耽误我们在一起的时间，但是她和我之间的关系再也不像从前了。

南希是个很有吸引力的姑娘，大约比我小八岁，一旦我的体型开始变好，我以为我们会相处得更好，因为她会为我骄傲。天晓得，我对自己的感觉好多了。但是，并没有出现我预期的那种结果，她反而抱怨说我就是跟以前不一样了，最后还要求我搬出去。那个时候，我的体重只比离婚前重七磅。我真的很难离开她。我希望我们最后能结婚。但是一旦我瘦下来，她说得对——我们之间就是跟以前不一样了。

泰勒被南希吸引

泰勒这个男人明显需要依赖别人，而离婚危机增强了这种需要。他几乎是故意恶化自己的健康状况，打算引起前妻的怜悯和挂念，虽然没有在她的身上奏效，却吸引了一个爱得太多的女人——南希，她把他人的幸福当作自己人生的核心目标。他的无助和痛苦，以及她对于帮助他人的渴望，成了他们相互吸引的基础。

泰勒仍然为前妻的拒绝而伤心，并因为失去她以及他们婚姻的终结而深感悲痛。人们在分离的巨大痛苦中挣扎时，这种不开心状态很常见。此时，他更多的是被南希的护士和疗伤者身份吸引，认为她似乎能让他停止受苦，而较少是被南希这个人吸引。

他曾用大量的食物来填补空虚，抑制失去前妻的痛苦，现在他的方式也差不多，用南希在身边的关心给自己一种情感安全感，并支撑起他受损的自我价值感。但是，泰勒只是暂时需要南希的全身心关注，作为他疗伤过程中的一个过渡阶段。随着时间发挥作用，消除了他的自我困扰和自恋，让他能更积极地坚持自己的看法的时候，曾经令他欣慰的南希的过度保护，这时就令他厌烦了。泰勒的严重依赖性只是暂时的，南希的需要被人需要，并不是个暂时阶段，而是她性格中的一个核心特征，也几乎是她和他人相处的唯一准则。她无论是上班还是在家，都是“护士”。尽管泰勒从离婚的打击中康复过来以后也仍能是个相当依赖别人的伴侣，但是，他对被人照顾的需要程度，比不上她对支配并控制他人生活的需要程度。她似乎曾不知疲倦地为他的健康而努力，但实际上他的康复却敲响了他们关系的丧钟。

巴特：36 岁，前企业高管；14 岁开始酗酒，现已戒酒两年

我离婚后的大约一年时间里，过的完全是单身汉的生活，直到我认识了丽塔。她是那种双腿修长，有一双深色眼睛，看起来像嬉皮士的女孩。起初，我们在一起吸了不少大麻。当时我手里仍然有不少钱，我们真的过了一阵儿快活日子。但是你知道，丽塔从来都不是一个真正的嬉皮士。她太有责任心，不能太放得开。她可以跟我抽一点大麻，但是不知为何，她那种波士顿人的气质从来没有完全消失过，连她的公寓都一直很整洁。和她在一起，我有一种安全感，好像她不会让我堕落得太深。

我们在第一次约会的晚上，吃了顿很棒的晚餐，然后回到她的公寓。我真的醉了，我猜我昏睡了过去。但是当我醒来的时候，发

现自己躺在她的沙发上，身上盖着柔软精美的被子，头枕着有香气的枕头。你知道吗？我的感觉就好像是回到了家——一个安全的港湾。丽塔非常清楚怎样照顾酗酒的人。她的银行家父亲就死于酗酒。总之，我几个星期后就搬了进来跟她一起住。接下来的几年时间里，我表现得就像个自负甚高、爱投机的人，因为只要能侥幸逃避惩罚，我不是酗酒就是吸毒，直到自己失去了一切。

我们在一起大约六个月以后，她就停止吸食任何毒品了。我猜，她是认为既然我已经失控，她最好能保持清醒并控制局面。在这种情形下，我们结了婚。然后我就开始害怕了。因为我多了份责任，而我不大会承担责任。此外，大概就在我们结婚的时候，我破产了。按我当时那种整天喝酒的生活方式，根本不可能把公司继续维持下去。丽塔不知道情况有那么糟糕，因为我早上跟她说我去参加商务会议，但却开着奔驰出去，然后把车停在海边喝酒。最后，当生意真的做得满盘皆输，我欠了镇上每一个人债的时候，我就不知道该怎么办了。

我开车出发，想去很远的地方，在自己的车里自杀并伪装成一个意外。但是，她跟踪了我，在一个廉价旅店里找到我，把我带回了家。所有的钱都没了，但她仍把我送进了治疗酗酒的医院。可我并不感激她。我愤怒、困惑，而且非常害怕——大概在戒酒后的头一年里，我完全对她失去了性欲。我仍然不知道我们能不能渡过难关，但情况正在一点一点好转。

巴特被丽塔吸引

当他们第一次约会的时候，巴特喝醉并昏睡过去，丽塔保证了他没有遭罪，这似乎是向他承诺她会暂缓他失控地冲向自我毁灭的过程。有一阵子，她看起来好像能够保护他免于成瘾症的蹂躏，能够巧妙、温柔地拯救他。这种表面上的呵护态度实际上会让巴特延长吸毒和酗酒的时间，又感觉不到后果；通过保护他、安慰他，她让他病得更久。一个被成瘾症控制行为的病人所寻找的不是能让他康复的人，而是在一起能让他安全地保持病态的人。有一段时间，丽塔曾非常符合他的要求，直到巴特病得太重，连丽塔都不能消解他对自己的毁坏。

当她追踪并找到他，把他送进为酗酒者设立的医院时，巴特开始放弃饮酒，慢慢康复。但是丽塔开始阻止他吸食毒品。她不再按照一贯的角色去安慰他、保证一切都没问题，于是他开始恨她，因为她那种表面上的背叛，也因为她在他感觉那么柔弱无助的时候表现得太坚强。

不管我们把事情搞得多么糟糕，每个人都需要感觉是自己在掌管自己的生活。当有人帮助我们的时候，我们常常会憎恶那个人显示出的权力和优越感。另外，男性常常需要感觉自己比女性伴侣更强大，才会对她有性趣。在这个案例中，丽塔帮助巴特，把巴特送进医院，只会清楚地表现出他病得有多么严重，而她深切的关怀姿态至少会暂时妨碍他对她的性趣。

除了这种情感因素以外，还应该考虑有一种重要的生理因素在这里起作用。当一个男人像巴特这样滥用酒精和其他毒品，然后又停止滥用的时候，有时需要一年或更长的时间才能让他体内的化学物质自我调整回正常状态，让他在身体系统内没有毒品存在的情况下用正常方式产生性反应。在这种生理调整期间，夫妻两人可能非常难以理解并接受他缺乏性趣或性无能。

相反的情况也可能发生。在刚刚戒瘾的清醒的人身上，也许是因为荷尔蒙失衡，可能会产生异常强烈的性冲动。又或者，原因可能更偏向于心理方面。正如一个小伙子戒了酒和其他毒品几周后所说的那样，“性是我现在唯一能兴奋起来的方法。”性可能会因此被用来替代毒品，以此缓解初期清醒阶段的典型焦虑症状。

对于一对夫妇来说，从成瘾症和成瘾拖累症中康复是一个极度复杂和微妙的过程。巴特和丽塔可能会挺过这段过渡期，即便他们最开始在一起是因为他们的成瘾症和成瘾拖累症而彼此需要。但是，为了在不主动上瘾的情况下维持夫妻关系，他们必须暂时各走各的路，各自专注于自身的康复。他们曾经在彼此相爱、一起共舞的过程中努力避免自省、逃避自我，现在他们两个人都必须自省，必须接受自己。

格雷格：38 岁，在吸毒者互戒会戒毒并保持了 14 年；现在已婚，有两个孩子。他的工作是为年轻吸毒者提供咨询

我们有一天在公园相识了。她正在读一份地铁报，而我因为吸毒有点昏昏沉沉的。那是夏天一个周六的中午，很热、很安静。

我当时 22 岁，大一时就辍学了，但是我一直闹着还要回去上学，所以父母还一直给我寄钱。他们不能让他们的梦想破灭，他们希望我能毕业，然后开始干事业，所以他们一直保释我。

阿拉娜很胖，超重大概二十多公斤，这意味着她对我不是一个威胁。因为她不完美，所以即便她拒绝我，那也没什么。我跟她搭话，先谈了谈她读的报纸内容，从一开始就挺轻松的。她总是笑，让我觉得自己好像是个迷人、有趣的家伙。她告诉我密西西比和阿拉巴马的情况，和马丁·路德·金一起游行的事情，以及跟试图改变世界的所有那些人一起努力是什么感觉。

除了找乐，我从不热衷于任何事情。我的座右铭一直是：吸吸毒品，勉强过活。而我更擅长吸毒，生活却难以维系。阿拉娜是个热血青年，她说她喜欢回到加利福尼亚，但是，有时她感觉当这个国家的其他人还在受苦的时候，她没有权力过舒服日子。

我们那天一起在公园里坐了两三个小时，只是漫无目的地聊天，越聊越多，跟对方讲自己是什么样的人。过了一会儿，我们回我跟人合住的房子吸毒。但是，我们进屋的时候她饿了。她开始吃东西并打扫厨房，而我就在起居室里吸毒。当时放着音乐，我记得她拿着一罐花生酱、一包饼干和一把餐刀走出来，紧挨着我坐下。我们只是笑啊笑的。我想，在那个时刻，我们都表明了自己是成瘾者，

比那天以后的任何时刻都表现得更清楚。我们当时没有找任何借口，就那么做了。我们做的完全是自己想做的事情，而且我们各自发现了一个不会让自己在做这种事情时觉得难堪的人。我们一句话不说，就知道我们在一起能行。

我们在那以后度过了很多快乐时光，但是，我觉得从没有哪一次像我们最开始在一起的时候那么轻松，当时我们都卸下了防备。成瘾者是戒备性很强的人。

我记得，我们常常为我能否在不吸毒的状态下和她做爱而争吵。她确信自己由于太胖而令人反感。当我在做爱前吸毒的时候，她以为我是必须吸毒才能忍受跟她做爱。其实，我跟谁做爱都得先吸毒才行。我们两个人的自尊心都很脆弱。躲在她对食物的成瘾症背后，我感觉很轻松，因为她的体重表明她有问题。和她身上超重的五十磅肉相比，我缺乏上进心、前途渺茫的事实就没那么明显了。于是，我们会争吵我能否不顾她的体重，真心爱她。她会让我说重要的是她的内心，而不是她的外表，然后我们就会和平相处一段时间。

她说她吃东西是因为她太不开心。我说我吸毒是因为我不能让她开心起来。我们用这种十分病态的方式，成了彼此的完美陪衬。我们每个人都有了个借口，解释自己正在做的事情。

不过，在大部分时间里，我们假装不存在什么真正的问题。毕竟很多人都肥胖，很多人都吸毒。所以，我们干脆把整个成瘾问题都忽略掉了。

后来，我因为持有危险药品而被逮捕。我在监狱里待了十天，父母给我请了个厉害的律师，他争取到让我去做心理治疗，而不用再蹲监狱。在我被关押的那十天里，阿拉娜搬了出去。我很生气，感觉她抛弃了我。其实，之前我们正吵得越来越厉害。现在回过头来看，我意识到那时自己正变得很难相处。

不管吸毒多长时间，人们都会变成偏执狂，这种病症确实开始影响我了。我也几乎每时每刻不是在吸毒，就是想要吸毒。阿拉娜把这看成是针对她，她以为只要她改变了，我就会想花更多时间陪伴她，而不是每分钟都处于神志恍惚的吸毒状态。她以为我是在逃避她。天呐，我是在逃避我自己！

总之，她消失了大概十个月，我猜可能又去游行了吧。我去咨询的那个心理治疗师坚持要我参加吸毒者互戒会的活动。由于不去就得回到监狱，所以我就去了。我在那里见到了一些我在街角吸毒时认识的人，过了不久我开始明白，自己正是在吸毒方面有问题。他们的生活正在得到改善，我却仍旧每天每夜地吸毒。所以，我在吸毒者互戒会不再胡扯瞎混，而是问一个我敬重的人能不能帮我。他成了我在吸毒者互戒会的助帮人，我每天早晨和晚上各打一次电话给他。这意味着要改变我的一切——朋友、派对、一切——但是我做到了。心理咨询也有帮助，因为那个治疗师总能事先知道我将要做的每一件事，而且他会警告我。总之，这凑效了，我能远离毒品和酒精了。

当我在戒毒会变得不沾毒品并保持了四个月的时候，阿拉娜回来了，很快一切都回到了老样子。我们又一起玩那种游戏。我的心理治疗师把这称为“共谋”。我们就是用这种方式相互利用，以让自我感觉良好或糟糕，当然也为了吸毒或狂吃。但我知道，如果我再跟她那样，我就会复吸。所以，现在我们连朋友都不是了。如果我们不能一起保持病态，我们就做不成朋友。

格雷格被阿拉娜吸引

从一开始，格雷格和阿拉娜之间就有一个强力的共同纽带。他们每个人的生活都受某种成瘾症控制，而且从认识的第一天开始，他们就关注对方的成瘾症，以便弱化自身成瘾症的严重性和影响程度。然后，在他们相处的过程中，他们或微妙或明显地相互交流了允许对方保持病态的态度，即便在对彼此的状态提出抗议时也是如此。在成瘾伴侣中，这是一种极其常见的模式，不论他们是对同一种东西还是不同的东西上瘾。他们互相用对方的行为和问题来避免面对自身问题恶化的严重性——而且，恶化得越严重，就越需要对方来分散自己的注意力，甚至让自己病得更严重、更上瘾、更失控。

由于这种动态作用，在格雷格看来，阿拉娜是一个富有同情心，愿意为自己相信的事情受苦的人。这对于成瘾者来说总是无法抗拒的诱惑，因为愿意受苦是跟成瘾者保持关系的一个前提条件。这保证了在情况不可避免地开始恶化时，成瘾者不会被抛弃。在愤恨地争吵了长达数月之后，阿拉娜也只是在格雷格离家服刑的时候才有力量离开他，即便是暂时离开。她不可避免地又回来了，准备接着开始他们已经停止的共同成瘾行为。

格雷格和阿拉娜只知道怎样在一起保持病态。当阿拉娜自己对食物的成瘾仍然失控的时候，她只能在格雷格持续吸毒的情况下才会感觉自己健康、有力量，正如他只有在对比她的大吃大喝和极度超重的时候，才能感觉他吸食毒品的行为是处于冷静的自我控制中。格雷格的康复令她的病态变得太明显，因此他们不可能再舒舒服服地在一起了。她可能需要破坏他的戒毒行为才能让他们的关系恢复如初。

艾瑞克：42 岁，离异后再婚

我离婚一年半以后认识了苏。我在社区大学教橄榄球，那里的一位讲师硬拽着我去参加他的乔迁派对，于是我周日下午就去了。其他人都在外面的起居室高兴地参加派对的时候，我一个人坐在卧室看拉姆斯四九人队的比赛。

苏进来放她的大衣，我们打了个招呼，她就离开了。过了半小时，她回来看我是不是还在那里。她取笑我独自一个人藏在密室里看电视，插播广告的时候我们聊了一会儿。然后她又离开了，回来的时候带了一盘吃的，外面派对上招待的每一样食物她都取了一些。我这才第一次仔细打量她，并且发现她很漂亮。比赛结束的时候，我出去参加派对，但她已经离开了。我打听到她是英语系的兼职讲师，于是，星期一我就去她的办公室约她出去吃饭，算是补偿她帮我取的午餐。

她说当然可以，只要是去没有电视的地方就行，然后我们两个人都笑了起来。但这并不完全是个玩笑。可以毫不夸张地说，在我认识苏的时候，我的全部生活就是体育。体育就是这样，只要你愿意，你就能把全部注意力投入其中，没有时间关注其它任何事情。我每天跑步，为马拉松比赛训练，我还训练我的队员们并跟他们一起去外地参加比赛，密切关注电视上的体育节目，我还健身。

不过，我也感到孤单，而且苏很迷人。从一开始，她就在我想要被关注的时候给了我很多关注，但并不干扰我想要做或需要做的事情。她有一个六岁的儿子，叫蒂姆，我也挺喜欢他的。她的前夫不在这个州生活，很少来看这个男孩，所以，他和我很容易就成了朋友。我能看出来蒂姆希望身边有个男人。

苏和我认识一年后结了婚，但是我们之间很快就开始出问题。她抱怨说我从来不关注她或蒂姆，说我总是不在家，我在家的时候关心的也只是电视体育节目。我抱怨说她只会跟我唠叨，说她认识我的时候就知道我是个什么样的人，如果她不喜欢的话，干嘛和我在一起？我常对苏发脾气，可不知为何，我不会对蒂姆发脾气，而且我知道我和苏之间的争吵在伤害他。尽管我当时从来没有承认过，但苏说得对。我是在逃避她和蒂姆。从事运动、谈论运动、思考运动，让我感觉安全而舒适。在我成长的家庭里，运动是我能和父亲讨论的唯一话题，是我能得到他关注的唯一方法。关于怎样做一个男人，我所知道的很可能全是运动方面的。

苏和我准备分手，我们吵得太厉害了。她越是给我压力，我就越不理会她，并用跑步、球赛或其它什么事情来逃避。后来，有一个周日下午，迈阿密海豚队和奥克兰突袭者队正在打加时赛的时候，电话铃响了。苏带着蒂姆出去了，我记得当时我由于被打扰而感觉很烦躁，不得不起身离开电视机去接电话。电话是我弟弟打来的，他告诉我父亲心脏病发作，去世了。

我没有带着苏和我一起参加葬礼。我们吵得太厉害，我想一个人去，我现在很庆幸当时我回去了。那次回家改变了我整个人生。我到了父亲的葬礼上，以前我从来没能和他好好说过话；我还处在第二次离婚的边缘，因为我也不知道怎样和我的妻子相处。我感觉好像自己失去了太多，弄不明白为什么所有这一切都发生在我身上。我是个不错的人，工作努力，也从不伤害任何人。我为自己感到难过，感到十分孤独。

我开车带着我最小的弟弟一起从葬礼上回家。他不停地哭，不停地说现在太晚了，说他从来都没亲近过我们的父亲。后来我们回到家，每个人都在谈论爸爸，你知道葬礼后人们都是说这说那的，他们不停地讲关于父亲和体育的玩笑话，说他有多么热爱体育，他总是在看体育节目。我的姐夫想逗大家笑，他说："你知道吗，这是我在这座房子里第一次看到电视不是开着的，他没在看比赛。"我看了看我的弟弟，他又开始哭，不是伤心地哭，而是痛苦地哭。我猛然间明白了父亲这一生都做了什么，而我又在做什么。就像他一样，我不让任何人靠近我、了解我、跟我说话。电视是我的防御盔甲。

我跟着弟弟到了外面，我们一起开车到了湖边，在那里坐了很久。当我听到他说他为了让父亲关注自己等了多长时间的时候，我开始第一次真正看清我自己，意识到我变得多么像我的父亲。我想到继子蒂姆，他总是像只悲伤的小狗一样，等待我能有时间，等待我的关注，而我是怎样让自己忙于其他事情，无暇顾及他或他的妈妈。

在回家的飞机上，我不断思考我想要人们在我去世的时候怎样谈论我，这让我明白了自己应该怎样做。

回到家后，我诚恳地和苏谈了话，这可能是我有生以来第一次这样做。我们都哭了，然后我们把蒂姆叫过来一起谈，他也哭了。

在那以后，有一段时间一切都很不错。我们和蒂姆一起骑自行车、野餐。我们出去玩，还邀请朋友到家里玩。我很难放弃和体育有关的全部事情，但为了让一切回到正轨，我必须赶快改掉这个习惯。我真的想亲近我所爱的人，不想在我去世后留给人们像我父亲那样的印象。

但结果，苏比我感觉还难。几个月过去后，她告诉我她要在周末做兼职，我无法相信，周末是我们在一起的时间。现在一切都开始反过来了；她在逃避我！我们两人都同意寻求一些帮助。

在心理咨询的过程中，苏承认我们在一起快把她逼疯了，她感觉好像不知道自己该怎样做，不知道怎样和我在一起。我们都谈到了真正和他人在一起对于自己有多么难。即使她曾经对我过去的逃避行为有很多抱怨，但现在我关注她的时候，她却变得不自在了。她不习惯。在得不到关注和父爱这方面，她成长的家庭要比我的还糟糕。她的父亲是个船长，总是不在家，她的母亲喜欢那种生活。苏在成长过程中感觉很孤独，总是想亲近什么人，但是像我一样，她不知道该怎样亲近。

我们又继续咨询了一段时间，后来我们按照心理治疗师的建议，参加了再婚家庭协会。随着我和蒂姆变得越来越亲密，苏开始不愿意让我管教他。她感觉自己被排除在外了，好像正在失去对他的控制。但是我知道，如果我真想和蒂姆培养起感情的话，就必须对他的行为设立一些限制。

参加那个协会对于我的帮助超过了其他任何事情。他们组织了像我们这样的家庭的团体聚会。听听其他男人的情感挣扎对我很有益，有助于我继续跟苏沟通我的感受。

我们还在沟通，还在一起学习怎样与人亲近，怎样信任对方。虽然我们对这种事并不像对自己喜欢的事情那样擅长，但我们在不断练习。这对我们两人来说，都是一种全新的游戏。

艾瑞克被苏吸引

孤独的艾瑞克处于自己强加的隔离状态中，他渴望在不冒险与人亲近的情况下被爱、被关心。在他和苏认识的那天，苏接近他，并默默表示了她允许他用对体育的痴迷作为主要的逃避方式，艾瑞克不知道自己是否已经真的找到了他理想中的女人——一个关爱他，但能让他独处的人。尽管苏巧妙地抱怨了他的心不在焉，在他们第一次约会时就直截了当地建议他远离电视，但他仍然正确地断定她能容忍双方保持距离。否则的话，她从一开始就会回避他。

其实，艾瑞克的明显缺少社交技巧，以及不能跟他人进行情感交流，是他吸引苏的因素。他的笨拙不仅让她喜欢，而且向她保证了他不会主动和他人交往，包括追求其他女人，这一点很重要。苏和不少爱得太多的女人一样，心里极其害怕被抛弃。她宁可和一个不太符合自己要求但她不会失去的人在一起，也不愿和一个更深情、更可爱的人在一起，这种人可能会为了别人而抛弃她。

而且，艾瑞克的与世隔绝让她有事可做，她可以在他和别人之间搭起沟通的桥梁。她能把他特殊的处世方式解释成是出于腼腆，而不是出于他不愿意接触社会的冷漠态度。简而言之，他需要她。

另一方面，苏让自己陷入了一种能重现她童年时期的所有糟糕记忆的情况——孤独、满怀希望地等待被爱和关注、极度失望，以及最后愤怒地绝望。当她试图逼迫艾瑞克改变的时候，她的行为只能加强他对情感关系的恐惧，让他逃得更远。

但是，由于艾瑞克的生活中发生了一系列深刻触动内心的事件，他发生了很大的变化。为了避免成为他无法接近的冷漠父亲的翻版，他变得愿意面对内心的魔鬼——对亲近的恐惧。他对孤独的小蒂姆的强烈共鸣，是他坚定地改变自己的一个重要因素。但是，他的这种改变使得每一位家庭成员都不得不改变。苏从被人忽视、被人逃避的地位，一下子抬到被人追求、被人献殷勤的地位，她不得不面对有人真正给予她所渴望的充满爱意的关注时的不适感。苏和艾瑞克本来在这个时候很容易停下来，这时局面转换，追求者被人追求，逃避别人者被别人逃避。他们本可以简单地交换角色，保持他们的距离，维持舒适感。但是，苏和艾瑞克都有勇气更深刻地自省，然后在心理治疗的帮助下，在一个理解、同情他们的团体的支持下，尝试着冒险让夫妻间和蒂姆之间真正像一家人那样亲近起来。

对于我们所有人来说，最开始的相遇是无比重要的。作为一名心理治疗师，第一次见面时病人带给我的印象，向我提供了一些我所能收集到的关于这个人的最重要的信息。通过他们说出来的话和没有说出的话，通过外表所表露出的所有其他方面——姿势、仪容、面部表情、言谈举止、手势、语调、眼神接触或缺少眼神接触、态度和风格——我收集到了丰富的信息，了解到患者在社会上的行为方式，特别是在压力下的行为方式。我会把所有这些信息综合起来，并得到一个强烈的、无可否认的主观印象，这种印象会给我一种直觉：跟这个人在治疗过程中的合作会是怎样的。

作为一名心理治疗师，我非常有意识地努力评估我的新客户的生活方式，不过，任何两个人见面后，都会有一个非常类似，尽管不那么有意识的互相评估过程。每个人都试图根据最初相识的短暂时间里自动流露出的丰富信息，回答对方的一些问题。通常来讲，那些无声的询问很简单：我和你有任何共同点吗？如果我和你培养友谊，会对我有什么益处吗？和你在一起有乐趣吗？

但是，不一样的人，想要的东西不一样，也就往往会问一些其他问题。对于每个爱得太多的女人来说，在她们较为明显、理性、实际的问题下，潜藏着更宏大的问题，这些问题我们要更加努力地去回答，因为它们来自人们的内心最深处。

“你需要我吗？”爱得太多的女人暗中问道。

“你会照顾我并解决我的问题吗？”这是选择爱得太多的女人作为伴侣的男人，在说出来的话语后面隐藏着的无声询问。

第 7 章

美女与野兽

"有许多男人，"美女说，
"是比你更恐怖的野兽，
不管你有多么丑陋，
我都更爱你……"
——美女与野兽

在前面两章的故事中，女人们无一例外地表现出了她们需要照顾别人，需要帮助那些跟自己交往的男人。确实，有机会帮助这些男人，是这些女人感觉受到对方吸引的主要原因。相应地，这些男人则表明他们一直在寻找一个能帮助他们，能控制他们的行为，让他们感觉安全，或能"拯救"他们的人——用我的一个男病人的话说，就是"白衣天使"。

女人通过无私、完美、全盘接受的爱来挽救男人，绝对不是现代才有的观念。本身蕴含着重要文化寓意的童话故事创造并传承了这种观念，几个世纪以来，它已经为这种戏剧提供了各种版本。在《美女与野兽》中，一个天真无邪的美丽少女遇到一个令人厌恶、恐怖的怪物。为了不让他在盛怒之下伤害自己的家人，她答应跟他一起生活。通过逐渐的了解，她最终克服了本能的憎恶之情，甚至爱上了他，尽管他是一副动物形象。当然，当她这样做的时候，发生了奇迹，他摆脱野兽的外表，恢复了本来面貌——不仅是人类，而且还是个王子。当他恢复成王子的时候，他是一个对她心怀感激、与她很般配的伴侣。因此，当她在他身边承担起适当的角色，共同享受上天眷顾的幸运生活时，她对他的爱和接受得到了千倍的回报。

正如每一个历经数百年而反复传诵的童话故事一样，《美女与野兽》在迷人的故事中蕴含着深刻的精神真理。精神真理是很难理解的，将其付诸实践甚至更难，因为它们往往违背当代的价值观。于是，人们往往以一种强化文化偏见的方式来解读童话。这样做就很容易一并错过故事的更深层内涵。在后文中，我们将会探究《美女与野兽》带给我们的深刻精神寓意。不过，我们必须先来看看这个童话故事表面上所强调的文化偏见——女人如果爱一个男人足够多，就能改变他。

这个强有力的、无孔不入的信念，彻底渗透进了我们的个人和群体心理中。人们的日常言行一次又一次地反映出我们的文化中这种不言而喻的假定——我们可以通过爱的力量把一个人变好，而且，如果身为女人，这样做就是我们的义务。当我们关爱的一个人不按照我们希望的方式行为或感觉时，我们会想方设法试图改变这个人的行为或心境，而且，常常会有好心人给我们建议或鼓励（“你试过……没有?”）。那些建议可能有很多并互相矛盾，但是，很少有亲戚朋友能忍住不提建议。每个人关注的都是怎样提供帮助。甚至媒体都参与了进来，它们不仅仅是反映这种信念，而且还通过媒体影响力，在继续给女人分配任务的同时，强化并延续这种信念。例如，某些大众通俗出版物和女性杂志似乎总是在刊登“如何帮助你的男人变得……”之类的文章，但同样的男性杂志实际上却没有相应的“如何帮助你的女人变得……”之类的文章。

我们女人买那些杂志，并努力遵循其中的建议，期望能帮助我们生命中的男人变成我们想要他变成、需要他变成的样子。

为什么把一个不快乐、不健康或更糟糕的人变成我们的完美伴侣的想法，会对女人有如此大的吸引力？为什么这种观念这么令人无法抗拒，这么经久不衰呢？

在一些人看来，答案似乎很明显：帮助那些比我们不幸的人，是犹太教与基督教所共有的道德观。我们被教导：我们有义务用同情和慷慨去回应有问题的人。不要评判，而要提供帮助；这似乎是我们的道德义务。

不幸的是，这种高尚的动机无论如何都无法完全解释为何上百万的女人会选择残忍、冷漠、暴虐、不付出情感、成瘾，或由于其它原因而不能付出爱或关心的男人。爱得太多的女人做出这种选择，是出于控制身边的人的强烈需要。这种控制他人的需要，源于童年时期经常体验到许多难以承受的情感：恐惧、愤怒、不堪忍受的紧张、内疚、羞愧，以及对他人和自己的怜悯。在这种环境中长大的孩子，如果不能找到自我保护的方法，就会被这些情绪摧毁得不能正常生活。她的自我保护方式毫无例外地会包括一种强有力的防御机制——否认，以及一种同样强有力的潜意识动机——控制。我们所有人在一生中都会无意识地运用诸如否认这样的防御机制，有时是否认不太重要的小事，有时是否认重大的问题和事件。否则，我们将不得不面对现实——与我们理想化的自我形象和环境不相符的真实自我，以及真实的想法和感受。这种否认机制，在我们忽视自己不愿意面对的信息时尤其有用。例如，不去注意（否认）一个孩子长到多大了，可以用来回避孩子即将离家所带来的感伤情绪。或者，不去看、不去感觉（否认）镜子和变紧的衣服反映出的自己体重增加的事实，能让我们允许自己继续暴饮暴食。

否认可以定义为在两种层面上拒绝承认现实：一个层面是拒绝承认实际发生的事情，另一个层面是拒绝承认某种情绪。让我们来看一下，否认是怎样让一个小女孩长大后变成了一个爱得太多的女人。例如，在她小的时候，可能父亲因为婚外情而夜里很少在家。当她告诉自己或其他家人告诉她，他在“忙于工作”的时候，她就否认了自己的父母之间存在任何问题，否认了有任何不正常的事情发生。这防止了她为家庭的稳定和自身的幸福而担心害怕。她还告诉自己，他正在努力工作，这引起的是同情，而不是一旦面对现实将会感受到的愤怒和羞耻。因此，她既否认了现实，也否认了自己对于那种现实的感受，并且创造了一种更容易接受的幻想。经过不断地练习，她变得能够非常熟练地以这种方式保护自己免受痛苦，但同时她也失去了自由选择自己行为的能力。她的否认机制会不约而至地自动起作用。

在功能失调的家庭里，总是有家人共同否认的一个现实。不论问题有多么严重，如果不是否认在起作用，这个家庭也不会功能失调。进一步说，假如任何一位家庭成员试图打破这种否认，例如，确切地描述出家庭的处境，其他家庭成员则往往会强烈抗拒那种看法。他们通常会用嘲笑把那个人拉回来，与他们保持一致；或者如果拉不回的话，那个背离的家庭成员会受到排斥，不再被接受、喜欢，或被排除在家庭事务之外。

运用否认这种防御机制的人，并不是有意识地选择屏蔽现实，戴上眼罩，不去留意他人的实际言行；她们也并没有决定不去感受自己的情绪。只是当自我挣扎着抵制令人难以承受的冲突、负担和恐惧，试图抵消太令人烦恼的信息时，否认“就那么发生了”。

或许，一个父母总是吵架的孩子邀请了她的一个朋友来家里过夜。夜很深了，两个小女孩被父母的争吵声吵醒了。来做客的小女孩悄声说：“哎呀，你爸妈真吵。为什么他们那样大声嚷嚷呢?”

这个尴尬的女儿已经在这种争吵中度过了很多不眠之夜，她含糊其辞地回答说：“我不知道。”然后，在持续的争吵声中，她怀着痛苦的自我意识躺在那里。此后不久，她开始回避她的朋友；而这个小客人不明就里。

这个小客人之所以被回避，是因为她见证了她朋友的家庭秘密，因此她提醒了她的朋友想否认的事实。诸如父母吵架这种尴尬的事情太令人痛苦，以至于女儿觉得否认事实会让人舒服得多，所以，她会不遗余力地回避有可能危及她防护痛苦的任何事或任何人。她不想感受自己的羞愧、恐惧、愤怒、无助、恐慌、绝望、可怜、愤恨和恶心。由于如果她让自己有感觉，她就不得不应付这些相互冲突的强烈情感，所以她宁愿自己完全不感觉。这是她需要控制自己生活中的人和事的根源。通过控制身边的状况，她试图为自己营造一种安全感。没有震惊，没有惊讶，没有感觉。

每一个身处不适环境的人，都会寻求控制这种环境，能控制到什么程度就控制到什么程度。这种自然的反应在不健康家庭的成员身上被夸大了，因为这种家庭中的痛苦太多。可以想想丽莎的故事，她父母向她施加压力，想让她在学校里取得更好的成绩——改进学业是有一些现实希望的，但改变母亲的酗酒行为却机会渺茫；因此，他们不去面对自己在丽莎母亲酗酒问题上的无能为力所造成的毁灭感，而是选择相信只要丽莎成绩提高，家庭生活就会改善。

别忘了，丽莎也在不断努力通过“好好表现”来改善（控制）那种局面。她的良好行为完全不是她和家人相处愉快或生活愉快的健康表现。恰恰相反。她主动承担起的每项家务活，都代表了她在拼命试图纠正令人无法忍受的家庭状况，因为作为一个孩子，她感觉自己对此负有责任。

孩子们无可避免地会对影响自己家庭的严重问题感觉内疚，感觉自己应该受到责备。这是因为他们幻想自己无所不能，所以相信自己是家庭问题的起因，而且相信自己有能力改变这种情况，不论是变好还是变坏。许多不幸的孩子像丽莎一样，总是因为自己根本无法控制的问题被父母或其他家人指责。但是，即便没有他人的言语指责，孩子们也会想当然地认为自己对家庭问题负有大部分的责任。

无私的举动、“好好表现”以及努力给予帮助，实际上可能是在试图控制，而不是出于利他的动机——认识到这一点，会让我们感觉不自在、不舒服。我曾经工作过的一个机构的办公室门上的图标简明地表现了这种动力。那是个双色圆形，上半部分是明黄色的冉冉升起的太阳，下半部分被涂成了黑色。上面写着“帮助是控制的阳光一面”。它用来提醒我们心理咨询师和病人，要时常检查隐藏在我们需要改变他人这种行为背后的动机。

当一个来自不幸家庭或目前处于紧张关系中的人努力帮助别人的时候，我们必须质疑这是否是控制的需要。当我们为另一个人做他自己能做的事情时，当我们为另一个人计划未来或日常的活动时，当我们敦促、劝告、提醒、警告或哄诱一个已经不是小孩子的成年人时，当我们无法忍受他面对自身行为的后果，试图改变他的行为，或试图避免他的行为后果时——这就是控制。我们的期望是，如果能控制他，那么我们就能控制自己的生活中那些涉及到他的感觉。当然，我们越是努力控制他，就越是做不到。但是，我们停不下来。

一个习惯于否认和控制的女人，会被需要进行否认和控制的情形所吸引。否认可以让她回避自身所处的现实状况，以及对这些状况的感觉，由此将她引向困难重重的情感关系。为了让局面变得能让人忍受，她接下来会使出自己所有的帮助/控制技能，同时否认真实情况有多么糟糕。否认助长了控制的需要，而不可避免的控制失败又助长了否认的需要。

以下这些故事说明了这种动力作用。通过参加心理治疗以及适合其问题性质的其他支持帮助团体，这些女人对自身的行为已经颇有洞见。她们已经能认清自己的帮助行为的本质——一种受潜意识驱使的努力，试图通过控制跟自己最亲近的人来否认她们自身的痛苦。每个女人对帮助她的男友或丈夫的渴望程度，都说明了这与其说是一种选择，不如说是一种需要。

康妮：32 岁；离异，有一个 11 岁的儿子

在接受心理治疗以前，我记不起父母争吵是因为什么事情，一件都想不起来。我能想起来的只是他们不停地争吵：每一天，每一顿饭，几乎每一分钟。他们相互批评、相互拆台、相互侮辱，而我

和弟弟就袖手旁观。爸爸会尽量加班工作或待在什么别的地方不回家，但是他迟早都得回家，然后他们又开始争吵。我在他们争吵时的角色，首先是装作什么问题都没有，其次是努力逗他们高兴，试图转移他们一个或两个人的注意力。我把头扭来扭去，朝他们露出灿烂的大大的微笑，说笑话，或做出我能想到的任何蠢事，来吸引他们的注意。其实我心里吓得要死，但是害怕的感觉会妨碍我好好表演。所以，我就搞怪、说笑话，装可爱很快成了我的全职工作。在家的时候，我经常这么做，所以，没过多久，我在其它地方也开始这么做。我总是掩饰我的行为。基本上可以总结成一点：如果有什么出了问题，我就忽视它，同时我还试图掩盖问题。后面这句话概括了我的婚姻状况。

20 岁的时候，我在自己公寓泳池旁边遇到了肯尼斯。他非常帅，皮肤是棕褐色的，有点像个被晒黑的冲浪者。我们认识后不久，他就对我很感兴趣，想和我同居，这让我感觉我们彼此非常倾心。而且他很快乐，像我一样，所以，我以为我们具备了一起开心生活的全部要素。

对于他的职业以及想要如何对待他的人生，肯尼斯有点不清楚，有点犹豫不决。我在这方面给了他很多鼓励。我确信，我是在帮助他发达，给予他所需要的支持和指导。从一开始，涉及到我们这对情侣的所有决定，其实也都由我来做，但他还是有点随心所欲。我感觉自己很强，而他觉得可以毫无顾虑地倚靠我。我猜，这正是我们各自所需要的。

我们同居三四个月的时候，他的一个前女友从单位往家打电话找他。听说我正和肯尼斯同居，她感到很惊讶。在她结结巴巴地试图为打电话而道歉的时候，她向我提到，尽管他上班时每周至少能见到她两三次，但他从没向她提到过他正和别的女人交往。这让我有点震惊，我就问肯尼斯是怎么回事。他对我说，他觉得这件事还没重要到应该告诉她。我还记得我当时感到的恐惧和痛苦，但这种感觉只持续了一小会儿。然后，我就切断了这些感觉，开始理智地对待这个问题。我看到我只有两个选择：要么为了这件事跟他吵架，要么我把这件事放下，而且不要期待他能像我一样看待问题。我选择了后者，把它放下了，还拿这件事开了个玩笑。我向自己发过誓，我永远都不会像我的父母那样争吵。事实上，一想到要发火，我就真的觉得反胃。因为我小时候曾经那么忙于逗每个人开心，而且不敢感受任何强烈的情绪，所以到现在，强烈的感受真的会让我害怕，它们会冲击我，让我失去平衡。另外，我喜欢保持事情顺利，所以我接受了肯尼斯的说法，并掩藏起了我对他到底有多忠诚于我的怀疑。几个月后，我们结了婚。

一转眼就过了 12 年，有一天，我听从朋友的建议，来到一位心理治疗师的办公室。我认为我仍然完全掌控着自己的生活，但是我的朋友说她担心我，坚持让我去见心理治疗师，以寻求帮助。

肯尼斯和我已经结婚 12 年了，我认为我们以前一直非常幸福，但这时我们正在我的提议下开始分居。治疗师追问我，是什么出了问题？我谈了许多杂七杂八的事情，在我东拉西扯的话语中提到了晚上他会离开家，起初是每周一两次，然后是每周三四次，最后，在过去的大约五年时间里，他每周七天有六天晚上都不在家。最终，我对他说，看起来他真的很想待在别的地方，所以也许他搬出去会更好。

治疗师问我是否知道他不在家的那些晚上都去了哪里，我说我不知道，从来没有问过他。我记得她的表情有多么惊讶，“那么多年的那么多个夜晚都不在家，而你从来没问过？”我告诉她没有，从来没问过，我认为夫妻之间必须相互留点空间。不过，我跟他谈过，说他应该多花些时间陪陪我们的儿子萨德。他总是会答应我，然后晚上又像以前一样离开家，也许会时不时地在周日跟我们一起做点事。我选择把他看作一个不太聪明的人，需要我不断地说教才能稍微按照好父亲的方式去做事。我从来都不能向自己承认，他所做的事情正是他想要做的，而且我无力改变他。其实，在这些年间，不管我多么努力做到完美，情况却越来越糟。治疗师在第一次谈话中问我，我认为他不在家的那些时候在做什么。我觉得很烦，我就是不愿意考虑这个问题，因为如果我不去考虑，它就伤害不到我。

现在我知道了，肯尼斯无法只跟一个女人在一起，尽管他喜欢长久关系所带来的安全感。在这方面，无论是在我们婚前还是婚后，他都向我显露过很多线索：公司野餐的时候，他会消失几个钟头；或参加聚会的时候，他会跟某个女人攀谈，然后一起离开。他甚至不考虑我在那些情形下会怎么做。我会施展魅力，表现出自己是个多么棒的人，把人们的注意力从正在发生的事情上转移开……也可能是为了证明我这么可爱，男友或丈夫如果不是迫不得已，不会愿意离开我。

在治疗过程中，我花了很长时间才想起来我父母的婚姻问题也是因为其他女人。他们吵架是因为父亲离家不归，母亲不直说，而是暗示他不忠，然后责骂他忽视我们所有人。我以为是母亲把父亲赶走的，并非常清醒地决定自己永远也不像她那样做。于是，我抑制住所有感觉，总是努力保持微笑。正是因为这一点，我才来找心理治疗师。在我九岁的儿子自杀未遂的第二天，我仍然灿烂地微笑。我把这件事当成笑话讲，这引起了我的朋友的惊恐。我太久以来都怀有这种神奇的信念，以为只要我令人愉快，永远不生气，一切都会有好结果。

把肯尼斯看成不太聪明的人，也加重了问题。我去参加各种讲座，尽力安排他的生活，这对他来说很可能只是付出很小的代价，就有个给他做饭、打扫卫生的人，同时他可以做他想做的事情，而且没人过问。

我不承认任何事情有问题，这种否认太根深蒂固了，以至于如果没人帮助，我就无法克服它。我的儿子特别不开心，但我就是不放在心上。我试图劝说他开心起来，还为此取笑他，这很可能让他感觉更糟糕。我还拒绝跟所有认识我们的人承认有任何问题。肯尼斯从家里搬出去六个月了，我仍没告诉任何人我们分居，这也让我的儿子觉得很难告诉别人。他也必须保守秘密，隐藏起这件事对他的伤害。我不想对任何人谈论这件事，所以我也不让他说。我没看出来他多么需要说出这个秘密。治疗师也开始催促我告诉人们，我的完美婚姻结束了。噢，我很难承认这一点。我想，萨德的企图自杀只是他的一种表达方式，“嘿，大家看看！出问题了！”

现在，我们做得比较好了。萨德和我仍在参加治疗，有时候一起、有时候单独，学习怎样彼此交谈、怎样感受自身的感觉。在我的治疗中有一条规则：在那一小时的谈话时间里，我不能拿任何提到的事情开玩笑。我很难放下那种防御措施，去感受自己身上发生的事情，但现在好多了。约会的时候，我有时会考虑这个或那个男人需要我来为他纠正他生活中的一些小问题，但是，我懂得该怎样做，不会在那种想法里沉溺太久了。在那些日子的治疗中，偶尔抨击一下那种想“帮助”别人的小小的病态冲动，是我唯一被允许说的俏皮话。嘲笑那种行为有多么病态，而不是用笑来掩饰一切出问题的事情——这样做感觉挺好的。

起初，康妮用幽默把自己和父母的注意力从他们关系不稳定的危险现实中转移出来。通过施展她的所有魅力和智慧，她能把他们的注意力从彼此身上吸引到她的身上，并因此至少暂时停止他们的争吵。每当出现这种情况时，她就感觉自己像粘合剂一样把争斗中的父母维系在了一起，并且承担了那种角色所包含的全部责任。这种相互影响，导致她为了让自己有安全感，而需要控制他人，而且她实施控制的方式是用幽默来分散注意力。她学会了对身边的人的愤怒和敌意极度敏感，并且学会了用适时的俏皮话或令人消气的微笑来避免这些情绪表达出来。

她之所以否认自己的感受，有两个原因：首先，一想到父母有可能分手，她就害怕得受不了；其次，她自己的任何情绪都只会妨碍她良好地表演发挥。很快，她就自动地开始否认自己的感受，正像她自动寻求操控身边的人。她表面上的活泼无疑会让一些人疏远她，但是，像肯尼斯这种只想表面上跟她过得去的人，就会被她的那种风格吸引。

康妮和一个越来越频繁地一连消失好几个小时，而且最终开始整晚消失的男人共同生活了多年，却从没问过他不在家的时候做了什么，或去了哪里；这足以说明她的否认能力有多强，以及这种否认背后同样强烈的恐惧。康妮不想知道，不想吵架或对抗，而且，最主要的是，她不想感受童年时代的那种恐惧，害怕她的整个世界会因为争执而分崩离析。

让康妮放弃自己的主要防御措施——幽默，而投入到治疗过程中，是非常困难的。这就好像有人要她放弃呼吸空气一样；在某种程度上，她坚信如果自己没了幽默，就会活不下去。就连她的儿子拼命地恳求她和他一起面对他们痛苦的现实处境，也几乎没有打破她的幽默盾牌。她脱离现实几乎快到真的要疯的地步了，而且在治疗的过程中，她在很长一段时间里都坚持只谈论萨德的问题，否认她自己有任何问题。不经过一段挣扎，她不会放弃自己总是担当的“强者”角色。但是，渐渐地，当她变得更愿意体验自己不求助于玩笑时所浮现出的恐慌感时，她开始感觉更安全了。康妮认识到，作为一个成年人，她可以采用比自己从小时候起就过度使用的那些应对方法更健康的方法。她开始问问题、面对问题、表达自己，并让别人知道自己的需要。她学会了更诚实地对待自己和他人，比过去的许多年都更诚实。而且，她终于能够重新运用幽默了，包括健康地自嘲。

帕姆：36 岁，离异两次，有两个十几岁的儿子

我在一个气氛紧张、不幸的家庭里长大。在我出生前，我的父亲就抛弃了我母亲，在我看来，她成了最早的“单身母亲”。当时是1950 年代，在我们生活的非常中产阶级化的城镇里，我认识的人当中没有谁的父母离婚。这让我们感觉自己好像很奇怪。

我在学校很努力，而且是个很漂亮的孩子，所以老师们喜欢我。

这对我很有帮助，至少能让我在学习上获得成功。我真的成了一个成绩优异的学生，在整个小学阶段，门门功课都是 A。上初中的时候，情感方面的压力越来越大，以至于我无法真正集中精力了，尽管我从来不敢做得太差，但我的成绩开始下滑。我一直感觉母亲对我很失望，我害怕自己会让她没面子。

我的母亲是个秘书，她努力工作养活我们，我现在意识到她一直都是精疲力尽的状态。她还有很强的自尊和很深的羞耻感，我猜那是因为离婚的缘故。当其他孩子要来我们家的时候，她非常不舒服。我们很穷，勉强能收支相抵，而我们又特别想装阔气。如果人们从来没见过我们住的地方，我们就更容易保全面子，所以至少可以说，我们家不欢迎客人。当我的朋友们让我去她们家过夜的时候，我的母亲会告诉我："她们并不是真希望你去。"她之所以这么说，部分原因是她不愿意必须以邀请她们到我家过夜作为回报，但是我小时候当然不明白这一点；我相信她告诉我的话，认为我不是人们喜欢的人。

我在成长过程中相信自己有某些非常严重的问题。我不确定是什么问题，但是这些问题让我不被人接受，不可爱。在我的家里没有爱，只有义务。最糟糕的是，我们从来都不能谈论关于我们的生活状况的谎言，而要努力让自己在外面看起来比我们的真实情况要好——更幸福、更富有、更成功。这样做压力很大，但实际上却没办法说出来。我甚至从来都不觉得自己能做到这一点。我非常害怕人们随时会看出来我不像其他人那么好。虽然我知道怎样衣着漂亮，怎样取得优秀的学习成绩，但我却总感觉自己像个骗子。骨子里，我知道自己从里到外都是缺点。如果人们喜欢我，那是因为我愚弄了他们。如果他们更了解我，他们就会走开。

我觉得，成长过程中没有父亲的陪伴，让情况变得更糟，因为我从没学过怎样以平等互惠的方式跟男人相处。他们是奇怪的动物，既令人生畏又让人神魂颠倒。我母亲从没跟我讲过有关我父亲的事，她谈到的那一点情况，让我觉得他不是个值得我骄傲的人，所以我也不问关于父亲的问题；我害怕我可能会了解到的情况。她压根就不太喜欢男人，而且暗示说男人基本上都很危险、自私，并且无法信赖。但是，从我上学第一天见到幼儿园里的小男孩开始，我就忍不住觉得他们都很令人着迷。我努力寻找生命中缺失的东西，但我不知道缺的是什么。我猜，那是我非常想要与人亲近，渴望给予和接受爱。我知道，男人和女人、丈夫和妻子之间应该互相爱对方，但是，我的母亲用微妙或不那么微妙的方式告诉我，男人不会让你幸福，而是会让你凄惨，他们会离开你，他们会和你最要好的朋友跑掉，或用其他方式背叛你。我在成长过程中从她那里听来的就是这类故事。我很可能在很早的时候就决定要给自己找一个不会离开我、不能离开我的人，也许是一个别人都不想要的人。然后，我猜我忘了自己这样决定过。我只是一直在把这个决定付诸行动。

在成长过程中，我从来没说出过这个决定，但是，我所知道的与人相处的方式，特别是与男人相处的唯一方式，就是看他是否需要我。如果他需要我，那么他就不会离开我，因为我会帮助他，而他会感激我。

毫不奇怪，我的第一个男朋友是个残疾人。他遭遇了车祸，背部骨折。他的腿上装了固定器，用钢拐杖支撑着走路。我常常在夜里向上帝祈祷，让我代替他成为不能走路的人。我们一起去舞会，我整晚就坐在他的身边。因为他是个非常好的男孩，只要有他在身边陪伴，女孩子当然会觉得开心。但是，我还有另外一个原因。我和他在一起，是因为这样很安全：因为是我在帮助他，所以我就不会被排斥，不会受伤害。这就像为自己免受痛苦上了一个保险。我真的很为这个男孩疯狂，但是，我现在知道了，我之所以选择他，是因为他像我一样也是有问题的人。他的缺陷很明显，所以，我对于自己为他感到的痛苦和怜悯有一种安慰感。到目前为止，他是我交往过的男友当中最健康的一个。在他之后，全是少年犯、低智商的人——失败者，全都是失败者。

17 岁的时候，我认识了我的第一任丈夫。他在学校惹了麻烦，被勒令退学。他的父母离婚了，却仍在互相争吵。跟他的家庭背景相比，我家看起来还算是好的！我可以轻松一点了，不再觉得那么羞愧。当然，我为他感到难过。他相当叛逆，但我认为，那是因为在我以前从来没有人真正理解过他。

而且，我的智商比他至少高二十分，我需要这种优势。凭着这一点和其他许多方面，我甚至开始相信我和他是一样的人，相信他不会为了某个更好的人离开我。

在我和他的整个交往期间，以及我们12年的婚姻中，我一直拒绝接受真实的他，努力想把他变成我认为他应该成为的那种人。我确信，只要他让我教给他怎样做我们孩子的父亲、怎样经营他的生意、怎样和家人相处，他就会幸福得多，自我感觉会好得多。我一直在坚持上学，专业自然是心理学。我自己的生活那么失控、那么凄惨，而我却在学习怎样照顾其他人。公正地说，我真的在努力寻找答案，但我以为自己幸福的关键是让他改变。他明显需要我的帮助。他不付账单，也不交税。他向我和孩子做的承诺从来不遵守。他惹恼了他的顾客，他们会打电话给我，抱怨他做事有始无终。

我离不开他，直到我最终明白他真正是什么样的人，他不是我想让他成为的那种人。在这段婚姻最后的三个月里，我只是旁观——不再长篇大论地教育他，而只是静静地观察。就是在那时，我认识到了我不能和他这样的人在一起。一直以来，我都在等待着能爱这个我以为在我的帮助下他能够变成的那个很棒的男人。这么多年我之所以能坚持下来，就在于我那个他会为我改变的希望。

不过，我还是不知道自己习惯于挑选那些在我看来本身就不够好的男人，更确切地说，是那些我认为需要我帮助的男人。在又经历了几个让人无法忍受的男人之后，我才明白这一点：一个吸大麻，一个是同性恋，一个是性无能，还有一个人，我最后和他在一起很长时间，我们的婚姻非常不幸，这是可以预测得到的。当那段感情惨痛地结束的时候，我无法再认为这全是坏运气的缘故了。我知道，我肯定对发生在自己身上的事情负有部分责任。

这时，我已经成了一名执业心理咨询师，我的生活全部以帮助别人为中心。我知道在我工作的领域中有很多像我这样的人，整天在工作中帮助他人，在个人生活中也仍然感到需要“帮助”别人。我跟我的儿子们相处的方式，也完全是提醒他们、鼓励他们、教育他们，并为他们担心。这是我所知道的关于爱的全部：努力帮助别人，关心他们。我一点都不知道怎样接受真实的他们，这或许是因为我从没接受过我自己。

这时，生活帮了我一个忙。我的一切都崩溃了。当我和一个有妇之夫的情事结束时，我的两个儿子都触犯了法律，而且我的健康状况糟透了。我完全无法再继续照顾别人了。是我儿子的缓刑监督官提醒了我，他说我最好开始努力照顾好自己。不知怎么，我听进去了他的话。研究心理学这么多年，他是最终让我开窍的那个人。我的整个人生的土崩瓦解，才使我开始审视自己，审视我自我憎恶的程度。

我最难以面对、却又不得不面对的一件事情是，我的母亲其实不想承担养育我的责任，不想要我，就是这样。现在作为一个成年人，我能理解这对她来说有多么难。但是，她告诉我的所有关于其他人不想跟我在一起的话——其实是在描述她自己。我小时候就知道这一点，但是，我猜我是无法面对，所以，就忽略了它。很快，我就忽略了很多事情。我不让自己听到她不断地批评我，或我开心的时候她有多么生气。我太害怕感受到她对我的所有敌意，所以我就不再感觉、不再回应了，我把我所有的精力都倾注于做一个好孩子并帮助他人。只要我是在努力帮助他人，我就没有时间关注自己、感受自己的痛苦了。

尽管自尊心很难接受，但我还是去参加了一个自助小组，成员都是一些跟男人有类似问题的女人。这种团体是我通常在工作中给予引导的那种团体，不过，现在我只是一个笨拙的参与者。尽管我的自我受到了打击，但这个团体帮助我审视了自己支配和控制他人的需要，并帮助我不再这样做。我的内心开始康复。我终于开始关心自己，而不是努力照顾他人了。而且，我还有很多事情要做。一旦我开始集中心思，努力让自己不再去纠正生活中的每一个人，我实际上就不用再说个不停了！长久以来，我说的全都是“帮助”别人的话。当我听到自己有多么严重的支配和控制行为时，我非常震惊。我行为的转变甚至让我的工作也发生了根本变化。当病人解决自己的问题时，我更能以支持的方式对待他们了。以前，我感觉自己有很大的责任解决他们的问题，现在，更重要的是我理解他们。

一段时间过去了，这时出现了一个好男人。他根本不需要我。他真的没有任何问题。我起初非常不舒服，因为我要学习怎样和他相处，而不是试图完全改造他。毕竟，那曾一直是我与人相处的方式。但是，我学会了除了做我自己之外什么都不做，而这看起来挺有效果的。我感觉好像自己的人生刚刚开始有些意义。我继续参加自助团体，以免让自己恢复老习惯。有时候，我仍然想要操纵一切，但是我已经明白该怎样做，不再向那种需要屈服。

这一切跟否认和控制有什么关系呢？

帕姆的问题，是由否认母亲对她的愤怒和敌意开始的。她不允许自己感受这些情绪，因为这意味着她在家里不是受宠的孩子，而是不受欢迎的对象。她就是不允许自己去感受，因为这会让她很伤心。后来，这种无法感受和体验自己情感的状况，实际上使得她能够和自己选择的那些男人交往。她的情感警告系统本来能让她离开他们，但却由于她高度发达的否认机制，这种警告系统在每段关系开始的时候都没起作用。因为她感觉不到和那些男人在一起时情感上是什么感受，她只能感知到他们需要她的理解和帮助。

帕姆与男人关系的形成方式——她在其中的角色是理解、鼓励、改善她的伴侣——是爱得太多的女人的常用定式，而其后果往往跟这些女人所希望的结果相反。这种女人很快会发现，她的男人变得对她越来越叛逆、怨恨、挑剔，而不是通过对她的忠诚和依赖，成为感激她、忠于她的伴侣。出于保持自主和自尊的需要，他必须不再把她看做他所有问题的解决方法，而是把她看成他的诸多问题甚至是大多数问题的根源。

当出现这种情况并且两人的关系破裂时，女人会陷入更深的失败和绝望感。如果她甚至都不能让一个这么困顿、能力很差的人爱她，她怎么能期望得到一个更健康、更合适的男人的爱，并一直爱她呢？这解释了为什么这种女人所找的男人往往一个比一个糟糕——因为随着每一次失败，她们越来越感觉自己没有价值。

这也说明了对于这种女人来说，要打破这种模式有多么难，除非她能理解驱使着自己的那种基本需要。帕姆跟许多从事助人职业的人一样，用她自己的职业来增强她那脆弱的自我价值感。她只能感受到他人的需要，包括她的病人、孩子、丈夫和其他男友。在她生活的每个方面，她都设法避免感受自己深深的无力感和自卑感。只有当帕姆开始体验到来自团体中同伴的理解和接受所带来的强大疗效时，她的自尊才得以增强，她才能开始用健康的方式和他人相处，包括和一个健康的男人相处。

莎莉斯特：45岁，离异，有两个孩子；孩子们跟他们的父亲一起在国外生活

我这一生中交往过的男人可能有一百多个，而且，回过头来看，我敢打赌，他们不是比我小很多岁，就是骗子，或是依赖毒品或酒精的人、同性恋、疯子。一百个令人无法忍受的男人！我是怎么找到他们的？

我的父亲是海军的一个牧师。那意味着他得到处装成一个善良、慈爱的人，除了在家里，他在家里就懒得装了，而会暴露出他的本来面目——吝啬、苛刻、挑剔、自私。他和我的母亲都认为，我们几个孩子的存在就是为了帮他维持他的职业伪装。他们认为，我们应该看起来相当完美，应该所有成绩都是A，有社交魅力，从来不惹麻烦。在那种氛围的家庭里，这是不可能的。只要我父亲在家，

家里的紧张气氛浓重得都可以用刀切。他和我的母亲一点都不亲近。她总是怒火满腔。她不是大声和他吵架，只是冷冷地暗自怒火中烧。只要她吩咐我父亲做事，他就会故意搞砸。有一次，餐桌坏了，他就用一个大钉子去修理，结果把桌子都毁了。我们都学会了离他远点。

退休后，他整天整夜都呆在家里，坐在椅子上，怒目而视。他的话不多，但是只要他待在那儿，就让我们所有人的日子都不好过。我真恨他。我当时不明白他有问题，不明白我们也有问题——我们对他的回应方式有问题，并且让他用他的存在控制了我们。这是一种持续的竞争：谁会控制谁？而他总是赢，被动地赢。

不管怎样，我很早就成了家里的叛逆者。我很愤怒，就像母亲一样，而我表达这种愤怒的唯一方式，只能是排斥我父母所象征的全部价值观，逃离这个家庭，努力成为家中一切事物和一切人的对立面。我想，正是我们在外人眼里看来太正常这一点，最让我愤怒。我想站在房顶上大喊我们家有多么糟糕，但好像没有人注意。我的母亲和姐妹愿意让我成为家里出问题的那个人，而我就通过把我的叛逆角色发挥到极致，来遂她们的心愿。

我在高中念书的时候办了一份地下报纸，惹了很多麻烦。然后，我上了大学，而且一有机会就出国了。我觉得离家越远越好，无论多远我都不满足。我表面上很叛逆，但内心里却只有困惑。

我在和平队①的时候有了第一次性经历，不是和其他的志愿者，而是跟一个年轻的非洲学生。他渴望了解美国，我感觉自己像是他的导师——比他更坚强、更聪明、更精通世故。我是白人，他是黑人，这在当时引起了轩然大波。我不在乎；这强化了我觉得自己是叛逆者的看法。

几年后，我仍在上大学的时候，结识了一个西班牙人，并跟他结了婚。他是一个来自富裕家庭的知识分子。我尊重他这一点。他

---

① 美国政府于1961年成立的一个志愿者组织，旨在帮助各国穷人自救，提供教育、保健、环境、商业和农业等方面的服务。

也是27岁，还是处子。我再一次成了老师，这让我感觉强大、独立，而且有控制权。

我们结婚七年，一直生活在国外，我极度焦躁、不开心，但我不知道为什么。然后，我认识了一个年轻的孤儿学生，开始了一段激情的婚外恋，其间我离开了丈夫和两个孩子。在认识我以前，这个年轻人只跟男人发生过性关系。我们在我的公寓里同居了两年。他还有不止一个男性情人，但是我不在乎。我们不拘常规，尝试了所有的性爱姿势。这对于我来说是一次冒险，但过了一段时间，我又开始焦躁不安，并结束了跟他的情人关系，尽管我和他现在仍是朋友。在他之后，我又卷入了一长串的恋情，包括一些真的很落魄的人。他们反正都搬来跟我一起住了。大多数人还向我借钱，有时候是几千美元，其中有两三个人还把我牵扯进了一些严重违法的勾当。

即便发生了所有这些事情，我仍然不知道自己有问题。由于这些男人都从我这里得到了一些东西，我就感觉自己好像挺强的，是掌控局面的人。

然后，我回到了美国，跟一个很可能是我遇到的男人中最次的一个开始交往。他因为严重酗酒，大脑受到了损害。他很容易被激起暴力行为，很少洗澡，不工作，并且面临因醉酒触犯法律而被判处的刑期。我和他一起去参加为已定罪的醉驾者设立的项目，那个机构的讲师建议我去见他们的一位心理咨询师，因为很明显我也有问题。这在醉驾班的讲师看来很明显，但是我不觉得；我以为只是跟我在一起的这个男人有问题，而我是健康的。但是，我确实去见了那个心理咨询师，而那个女人马上就让我谈谈自己是怎样和男人相处的。我以前从来没有从这个角度看待过我的生活。我决定继续去见她，正是从那个时候起，我开始在她的帮助下审视自己与男人相处的方式。

我在童年时期就停止了感觉自己的很多感受，所以，我需要这些男人带来的刺激，只是为了感觉自己还活着。跟警察找麻烦，卷入毒品、金融阴谋，接近危险人物，疯狂的性爱——这些都成了我生活里的平常事。事实上，即便发生了所有这些事情，我仍然对一切都没有太多感觉。

我继续做着心理治疗，并按照咨询师的建议，开始参加一个女性小组。在那里，我慢慢开始认识到了关于自己的一些事情，认识到了吸引我的男人都是我能通过努力帮助他而主宰他的不健康、能力欠缺的男人。尽管我曾在西班牙参加过多年的心理分析，一直在不断地谈论我对父亲的恨、对母亲的愤怒，我却从来没有把这跟自己对让人无法忍受的男人的痴迷联系起来。虽然我始终认为心理分析让我受益匪浅，但这却从来没有帮我改变与男人相处的模式。事实上，当我仔细审视自己的行为时，我发现，这些年来我的情况只是越来越糟。

现在，在心理咨询和参加小组的过程中，随着我开始好转，我和男人之间的关系也变得健康一些了。不久前，我和一个不愿意使用胰岛素的糖尿病人恋爱，我努力帮助他，跟他讲他的做法有多么危险，并努力改善他的自尊。这可能听起来很好笑，但我和他的恋爱是一个进步！至少他不是一个十足的成瘾者。我扮演的仍然是自己熟悉的坚强女人的角色，为一个男人的幸福承担责任。我要离开男人一段时间，因为我终于意识到我真的不想照顾男人，但这仍然是我所知道的跟男人相处的唯一方式。他们只是我用来避免关注自己的工具。我现在正努力学习爱自己，照顾自己，改变一下，放弃所有那些让我分心的人和事，因为男人在我的生命中一直都只是用来分散心绪的。然而，这让我有点害怕，因为我很擅长照顾他们，而不是照顾自己。

我们再一次见到了否认和控制的双重主题。莎莉斯特的家庭处于情感混乱的状态，但这种混乱从来没有被公开承认或表达过。即使她反叛家庭规则和规范，也只是微妙地暗示了家庭核心深处的问题。她在大喊，但是家里没有一个人愿意听。在她的沮丧和孤独中，她关闭了自己的全部感觉，只留下了一种——愤怒：因为他的父亲不给她父爱而愤怒，因为其他的家人拒绝承认他们的问题或她的痛苦而愤怒。但是，她的愤怒就那样漂浮着；她不明白这种愤怒源于她无力改变她所爱、所需要的家庭。在这种环境中，她对爱和安全的任何情感需要都得不到满足，所以她就寻找自己能够控制的情感关系。她的交往对象是那些受教育程度不如她，或经验不如她丰富，或经济状况不如她富裕，或社会地位不如她的男人。她对这种相处模式的需要程度，在最后一位浑身都是缺点的伴侣身上表露无遗。他是一位重度酗酒症患者，非常接近流浪乞丐的常见类型。而聪明、成熟、受过良好教育并且有社会经验的莎莉斯特，还是迷恋这种关系所显露出来的病态和不相称。她对自己感觉和感知的否认，她对控制这个男人和情感关系的需要，远远战胜了她的智慧。在莎莉斯特的康复治疗中，一个很重要的部分是她要放弃对于她和她的人生的理性分析，开始感受伴随着强烈的孤独感而来的深深的情感上的痛苦。因为她感受到的与其他人和自己身体的情感联系太少，所以她才能够发生无数次怪异的性行为。确实，这些性行为实际上能防止她跟别人真正亲近起来。刺激和兴奋替代了令她感觉有威胁的亲密。康复意味着她必须把持住自己，没有男人让她分心，并感受她自己的感觉，包括痛苦的孤独感。这还意味着要有理解她的行为和感觉的其他女人见证她的改变努力。对于莎莉斯特来说，想要康复，就得学会和自己相处并信任自己，以及跟其他女人相处并信任她们。

莎莉斯特必须先和自己建立关系，然后才能以一种健康的方式跟男人相处，她在这方面还需要付出很大努力。基本上，她和男人的遭遇只是她内心的愤怒、混乱和叛逆的反映；而她试图控制那些男人，也是她在试图征服内心驱使她的那种力量和感觉。她努力的关键在于她自己，当她的内心更加稳定时，就会反映在她和男人的交往上。除非她学会爱自己、相信自己，否则她就无法体验到对于男人的爱或信赖，也感觉不到被男人爱或信赖。

许多女人都会犯一个错误：她们在还没有跟自己建立关系之前，

就寻找能和自己发展关系的男人；她从一个男人跑向另一个男人，寻找自己内心缺失的东西。这种寻找必须先从源头开始，从自己的内心寻找。如果我们不爱自己，即使别人给再多的爱也不够满足我们；因为当我们带着内心的空虚寻找爱时，我们只能找到更多的空虚。我们在生活中的表现是我们内心深处的反映：我们对自我价值的信念、我们追求幸福的权利、我们值得在生活中获得什么。当这些信念改变时，我们的人生也就改变了。

詹妮丝：38 岁，已婚，有三个十几岁的儿子

有时候，当你在外面过于努力顾全面子时，实际上就不可能向任何人展示你内心的真实状况了，甚至连自己都会难以了解自己。多年来，我一直隐藏家里的情况，在外面极力假装。早在还是个孩子的时候，我就开始在学校承担责任、竞选、管事。这种感觉好极了。有时候，我认为自己应该永远停留在高中时期。那时，我是一个能获得成功的大人物。我被选为校友返校聚会的女王，舞蹈队的队长，还是高三年级的学生会副主席。罗比和我甚至被选为学校年刊上的最可爱搭档。一切都看起来那么美好。

家里看起来也很美好。我爸爸是推销员，赚了很多钱。我们有一座带游泳池的漂亮大房子，而且在物质方面想要的东西几乎都有了。我们缺少的都是内在的东西，表面上看不出来。我爸爸几乎所有的时间都是在路上。他喜欢住汽车旅馆，喜欢在酒吧里勾搭女人。只要他一回家跟我妈妈在一起，他们就会激烈地争吵。然后，我妈妈和当时在家的其他人就得听他在那儿比较她和他认识的所有其他女人。他们还打架。发生这种情况时，我弟弟就会尽力拉开他们，或者我不得不打电话报警。这真的很可怕。

当他又离开家上路的时候，我妈妈往往会跟我和我弟弟长谈，问我们她是否应该离开爸爸。尽管我和弟弟都讨厌他们吵架，但我们俩都不想为这种决定承担责任，所以我们就尽力避免回答。但是，

她从来也没有真的离开，因为她太害怕失去我爸爸所提供的经济支持。她开始经常去看医生，为了能忍受住痛苦而开始吃药。然后，她就不在乎爸爸做什么了。她只是走进自己的房间，多吃一两片药，紧闭房门呆在里面。在她把自己关在房间里以后，我不得不承担起她的很多责任，但从某些方面来讲，我并不介意。这比听他们吵架好多了。

等到我认识自己未来的丈夫的时候，我已经真的很擅长接管别人的责任了。

高三的时候，我认识了罗比，那时候他就有酗酒问题了。他甚至还得了个绰号，“波哥”，因为他喝了很多的波格米斯特啤酒。但是，这并没有让我烦恼。我确信自己能对付罗比的任何坏习惯。别人总是说我比实际年龄更成熟，我相信这一点。

罗比有些方面非常惹人喜爱，我一下子就被他迷住了。他长着漂亮的棕色大眼睛，非常温柔迷人，让我想起了英国可卡犬。当我让他最好的朋友知道我对他有兴趣后，我们就开始约会了。其实，这都是我安排的。我觉得我必须促使这件事情发生，因为他太腼腆了。我们从那以后就一直在一起。偶尔，他约会时会不来，然后第二天会非常抱歉地跟我说他喝醉了，忘了约会。我会长篇大论地说他、责骂他，最后会原谅他。他看起来几乎很感激我能在他身边，让他走正道。*我对于他既是女友又像母亲。*我帮他缝裤子，提醒他家人的生日，建议他在学校怎样做，在事业上怎样做。罗比的父母很好，但是他们家有六个孩子，还有一个生病的爷爷跟他们住在一起。大家庭的压力让每个人的注意力都有点分散，我非常愿意为罗比弥补他在家里得不到的关注。

高中毕业两三年后，他被征兵局查到了。当时正是越战初期的增兵阶段，如果一个男青年已婚的话，就可以豁免服兵役的义务。我不敢想罗比在越南会遭遇什么事情。我可以说自己是担心他会受伤或丢掉性命，但如果诚实一点儿的话，我不得不承认，自己更担心的是他会在越南成熟起来，等他回来的时候就不再需要我了。

我非常明确地表示，为了免除他的兵役，我愿意嫁给他，于是我们就结婚了。结婚的时候，我们两人都是20岁。我记得他在婚宴上醉得不行，结果，不得不由我来开车才能出发去度蜜月。这成了个大笑话。

我们的儿子出生以后，罗比的酒喝得更厉害了。他会告诉我，他需要摆脱所有那些压力，说我们结婚的时候太年轻了。他经常去钓鱼，经常晚上和男孩子们出去。我从来没有真生过气，因为我为他感到难过。每次他喝醉时，我就为他找借口，并且更努力地让他在家的时候舒服一点。

我以为我们会永远这样生活下去，情况会一年比一年差，没想到他们公司终于发现了他的酗酒问题。他的同事和上司联合对抗他，给他两个选择，要么戒酒，要么丢掉工作。于是，他开始戒酒了。

就是在那个时候，我们之间开始出现问题。在罗比酗酒并把事情搞砸的那么多年里，我知道了两件事：第一，他需要我；第二，没有任何其他人能忍受他。这是我唯一能感觉安全的方法。是的，我必须忍受很多事情，但这没关系。在我成长的家庭里，我父亲做的事情比罗比做过的任何事情都糟糕得多。我父亲打我的母亲，还经常跟酒吧里认识的女人鬼混。所以，有一个只是喝酒太多的丈夫，对我来说还真不是太艰难。另外，我可以按照自己的方式掌管家事，而且当他真的把事情搞糟的时候，我会责骂他，会哭，接下来的一两个星期他就会改正。我真的没有再想要求更多。

当然，直到他开始戒酒时我才明白这些。突然之间，我可怜无助的罗比开始每晚去参加嗜酒者互戒会的聚会，结交朋友，在电话上跟我连认识都不认识的人郑重其事地交谈。然后，他在嗜酒者互戒会找了个助帮人。每当他有问题或疑问的时候，就向这个人寻求帮助。我感觉好像自己被解雇了，我很愤怒！如果再诚实一点的话，我不得不承认，自己更喜欢他酗酒时的整个状况。在他戒酒以前，当他醉得太厉害而不能上班的时候，我会打电话给他的上司，为他编造借口。我向他的家人和朋友撒谎，隐瞒他在工作中惹的麻烦或醉驾问题。总的来说，我站在他和他的生活之间，为他遮风挡雨。现在，我甚至都不能上场了。每当遇到难以解决的问题时，他就跟他的助帮人打电话，而那个人总是坚持让罗比面对问题。然后，他就会面对问题，不论是什么问题，之后他就又打电话给助帮人，向他汇报情况。在整个过程中，我被扔在一旁了。

尽管我跟一个不负责任、不可靠，而且非常不诚实的男人共同生活了这么多年，但正是在罗比戒酒九个月，并且各方面都改善起来时，我们发现我们比以前任何时候吵得都厉害。最让我生气的是，他打电话给他在嗜酒者互戒会的助帮人，询问如何对付我。好像我成了他戒酒的最大威胁！

我正准备离婚诉讼文件的时候，他的助帮人的妻子打电话给我，问我能不能跟她见个面，喝杯咖啡。我非常不情愿地同意了。她把话都讲明了。她谈了当她丈夫戒酒的时候，她有多么艰难，因为她再也不能支配他和他们共同生活的各个方面了。她谈了她曾多么痛恨他参加嗜酒者互戒会的聚会，尤其痛恨他的助帮人，她认为他们的婚姻能维持到今天就是个奇迹，更别说他们实际上过得还挺幸福了。她说嗜酒家庭互助会对她有很大帮助，并敦促我去参加几次聚会。

我只听进去了一半。我仍然相信我很好，而且，我忍受了罗比这么多年，我认为他欠我很多。我感觉他应该努力为此弥补我，而不是一直去参加那些聚会。我都不了解他坚持戒酒有多难，而且他不敢跟我说，因为我会告诉他该怎样做——好像我对戒酒很在行似的！

大概就在这个时候，我们的一个儿子开始在学校偷东西，还出现了其他问题。罗比和我去开家长会，结果不知怎么的，大家都知道了他是个参加嗜酒者互戒会的戒酒者。指导老师强烈建议我们的儿子参加嗜酒家庭青少年会，还问我有没有加入嗜酒家庭互助会。我感觉自己被逼到了墙角，但是，这个女人对于像我们这样的家庭很有经验，她对我很温和。我们的三个儿子都开始参加嗜酒家庭青少年会，但是我仍没有加入嗜酒家庭互助会。我继续进行着离婚程序，并且带着孩子们一起搬进了一所公寓。到了确定细节问题的时候，孩子们平静地告诉我，他们想和爸爸一起生活。我要崩溃了。离开罗比之后，我把自己的全部精力都放到了他们身上，现在他们却选择他而不是我！我不得不放他们走。他们的年龄足够大了，有自己做决定的权力。于是，我只剩下孤零零一个人。我以前从来都没有过孤单一人。我一下子变得恐惧、抑郁，并且歇斯底里。

过了几天完全不正常的生活后，我给罗比助帮人的妻子打了电话。我想责备她的丈夫和嗜酒者互戒会造成了我所有的痛苦。她听我冲她尖叫了很长时间。然后，她来到我家，坐在我身边，我一直不停地哭。第二天，她带我去了嗜酒家庭互助会的一次聚会，尽管我非常生气和害怕，但还是认真听了。我开始慢慢明白自己有多么病态。头三个月，我每天都参加聚会，后来很长一段时间是每周去三四次。

你知道，在那些聚会上，我真的学会了嘲笑那些自己以前很严肃地对待的事情，例如，试图改变他人，支配并控制他人的生活。而且，我听到别人谈论照顾自己而不是把所有注意力都集中在酗酒者身上有多么难。我也是如此。我一点都不知道自己需要怎样才能幸福。我一直相信只要其他人一变好，我就会幸福。我在那儿看到一些很美丽的女人，她们中有些人的伴侣还在酗酒。她们学会了放开手，过自己的生活。但是，我也听到她们都说，放弃我们照顾所有事、所有人，并且像母亲一样照顾酗酒者的老习惯有多么难。听她们中的一些人谈论她们怎样克服孤独和空虚，也帮助我找到了自己的方法。我学会了不再为自己感到难过，学会了感激我在生命中真正拥有的一切。很快，我就再也不一连哭好几个小时了，而且我发现自己手头上有大把的时间，于是我找了份兼职工作。这对我也有帮助，我开始感觉自己独自做一些事也挺好。没过多久，罗比和我就开始谈论复婚了。我极其迫切地想马上回到原来的生活；但是，他的助帮人建议他再等一阵子。助帮人的妻子也这样建议我。我当时不理解，但是嗜酒者互戒会的其他人都认同他们俩的看法，所以我们就推迟了。我现在明白了那样做的必要性。对于我来说，很重要的一点是，我必须等到内心的自我完整成形以后，才能回到罗比身边。

起初，我是那么空虚，感觉就像是风吹透了我的身体。但是，随着我为自己做出的每一项决定，那个空虚的地方就会被填充一点儿。我必须弄明白我是谁、我喜欢什么、不喜欢什么、我对自己和自己的人生有什么要求。要搞清楚这些事情，我必须有时间独处，没有其他人让我考虑或担心，因为当身边有其他人的时候，我更喜欢支配那个人的生活，而不是过我自己的生活。

当我们开始考虑复婚的时候，我发现自己一有点小事就给罗比打电话，想跟他见面讨论每一个细节。每次打电话给他，我都能感到自己在退步，所以，最后，当我需要跟人说话的时候，我就去参加聚会，或给和我一起参加聚会的人打电话。这就好像是给自己断奶一样，但是，我知道自己必须学会让我们之间的事情顺其自然，而不能总是插上一手，并试图强迫事情按照我想要的方式进行。这种克制对我来说非常困难。我觉得，让我不插手罗比的事情，比让罗比戒酒还要难。但是，我知道自己必须这样做。否则，我在各方面就又会退回到原来的旧角色。这很好笑：我终于意识到，只有我喜欢上独自生活，才能准备好回到婚姻生活中去。差不多过去一年时间后，孩子们、罗比和我又都回到了一起。他从来都没想过离婚，即使现在我也不明白为什么。我对他和孩子们控制得太厉害。不管怎么说，我好起来了，而且更能放得开他们了，我们现在真挺好的。孩子们参加嗜酒家庭青少年会，罗比参加嗜酒者互戒会，我参加嗜酒家庭互助会。我想，我们每个人都比以前更健康了，因为我们现在每个人都在过自己的生活。

詹妮丝的故事不需要补充太多。她强烈地需要被人需要，需要有一个能力不足的软弱男人，需要控制那个男人的生活，这一切都是她否认和回避其内心无法避免的空虚的方式，这是由她童年时期的家庭环境造成的。我们在前面提到过，在功能失调的家庭里，孩子们会感到自己对于家庭问题和解决这些问题负有责任。这些孩子试图“拯救”家庭的方式基本上有三种：做个隐形孩子，做个坏孩子，做个好孩子。

做个隐形孩子，意味着从来不要求任何东西，从来不惹麻烦，从来不提任何要求。选择这种角色的孩子会小心翼翼地避免给已经压力重重的家庭添加任何负担。她会待在自己的房间里，或者当自己是墙上的照片；她的话很少，即便说话也态度含糊。在学校里，她不好不坏——事实上，几乎没人记得她。她对家庭的贡献是就当自己不存在。对于自己的痛苦，她是麻木的，她什么也感觉不到。

做个坏孩子，是做那种叛逆者、少年犯、惹别人生气的人。这种孩子牺牲了她自己，认可自己是家里的替罪羊，是家里的问题所在。她让自己成为家里的痛苦、愤怒、恐惧和沮丧的焦点。她父母的关系可能在瓦解，但是，她给了他们一个可以一起谈论的安全话题。他们可以问：“我们要拿琼妮怎么办呢?”而不是问：“我们要拿我们的婚姻怎么办?”这是她试图“拯救”家庭的方式。而且，她只有一种感觉：愤怒。愤怒掩盖了她的痛苦和恐惧。

做个好孩子就是像詹妮丝这样，在社会上有成就，她取得成就的目的是弥补家庭问题，填补内心空虚。表面上的快乐、聪明、热情，是为掩盖内心的紧张、恐惧和气愤。表面良好变得比感觉良好更重要——比所有感觉都重要。

詹妮丝后来变得需要把照顾一个人作为自己的又一项成就，而罗比是个可选项，他既重现了她父亲的酒瘾，又重现了她母亲的被动依赖。他（以及他离开后的孩子们）成了她的事业、她的工作，她逃避自身感觉的方式。

没有丈夫或儿子当她的关注焦点，她必然会崩溃，因为他们成了她用来避免感觉自己的痛苦、空虚和恐惧的主要手段。没有他们，她的感觉就压垮了她。詹妮丝总是把自己看做强者，一个给身边的人提供帮助、鼓励和建议的人，但是，实际上她的丈夫和儿子对于她的重要性，超过了她对于他们的重要性。即便他们缺少她的“力量”和“成熟”，但他们在没有她的情况下也能正常生活，而她不能在没有他们的情况下正常生活。

这个家庭最后之所以完好无损地保存了下来，主要归功于他们的好运气，遇见了一位有经验的心理咨询师，以及罗比的助帮人及其妻子的坦诚和智慧。这些人都认识到，詹妮丝的心理疾病并不比罗比的酗酒症轻，而且她的康复跟罗比的康复一样重要。

露丝：28 岁，已婚，有两个女儿

在我们结婚前，我就知道山姆的性能力有问题。我们有两次曾经想做爱，却一次都没成，但我们两个人都把问题归咎于我们还没有结婚。我们都有非常强的宗教信仰——事实上，我们是在宗教大学的晚课上认识的，交往了两年才开始尝试发生性关系。当时我们已经订婚，并定下了婚期，所以，我们没有在意山姆的性无能，而把这当做是上帝在保护我们免于在婚前犯罪。我认为山姆只是一个非常腼腆的年轻人，一旦我们结了婚，我就能帮助他克服那一点。我期待着能到那时引导他。但我的引导并没有成功。

在我们的新婚之夜，山姆做好了一切准备，但他没能勃起，他轻声问我：“你还是处女吗?”我没有马上回答，他说：“我觉得不是。”然后，他就起身去了卫生间，并把门关上了。我和他都哭了，一个在门里，一个在门外。那是漫长、悲惨的一夜，是很多个这种夜晚中的第一个。

我在认识山姆之前曾经订过婚，对方是一个我甚至不太喜欢的男人，但有一次他把我迷住了，我们做了爱。在那以后，我感觉自己必须嫁给他才能补偿我自己。他最后厌倦了我，就离开了。认识山姆的时候，我仍然带着他的戒指。我猜，在那段经历以后，我是想单身一辈子，但山姆那么善良，而且在性方面从来不给我压力，所以我有安全感和被接受的感觉。我能看出来山姆在性方面甚至没有我成熟，而且比我更保守，这让我感觉自己能控制局面。再加上我们共同的宗教信仰，让我确信我们是完美的一对。

在我们结婚以后，由于内疚，我承担起了治疗山姆性无能的所有责任。我把能找到的每本书都读了，但他一本都不看。我把那些书都留着，希望他能看一看。我后来发现他确实把它们全读了，是在我看不到的时候。他也在疯狂地寻找答案，但我并不知情，因为山姆不想谈论那种事。他问我愿不愿意只做朋友，我撒谎说愿意。对于我来说，最糟糕的事情不是我们的生活中缺少性，反正我对那方面也不太在意，最糟糕的是我的内疚，从某种角度来说，我感觉是我一开始就把一切都毁了。

我还没有尝试过心理治疗。我问他去不去。他说他绝不会去。我当时已经痴迷了，觉得是我剥夺了他享受美妙性生活的权利，如果他娶的不是我，他就能够享受到。我仍然感觉心理治疗师也许能告诉我一些书本上遗漏的有用内容。当时，我拼命地帮助山姆。而且，我仍然爱他。我现在意识到，我当时对他的爱在很大程度上其实是对他的内疚和怜悯，但是也有真正的关爱。他是个温柔善良的好男人。

不管怎样，我按照预约第一次去找计划生育组织推荐的一位专门研究人类性行为的治疗师。我去那里只是为了帮助山姆，我就是这样跟她说的。她说，她帮不了山姆，因为他没来，但是她可以跟我谈一谈，说说我对于自己跟山姆之间发生和没发生的事情有什么感觉。我根本没准备谈我的感觉。我甚至不知道自己有任何感觉。在我们谈话的整整头一个小时里，我都在努力把话题转回到山姆身上，她则温柔地把话题引到我和我的感觉上。这是我第一次发现我能这么熟练地回避自己。我决定再来见她，主要是因为她对我那么真诚，即便我们不是在努力解决我所确信的真正问题所在——山姆。

在我们第二次和第三次面谈之间，我做了个栩栩如生、令人困扰的梦，我在梦里被一个我看不清脸的人追逐和威胁。当我把这个梦告诉我的治疗师时，她帮我破解了这个梦，最后我意识到那个威胁我的人是我的父亲。这是一个漫长过程中的第一步，使我想起了在我 9 ~15 岁之间的那些年里，我父亲曾经常对我进行性骚扰。我已经完全把我生命中的这部分经历埋藏了起来，当记忆开始重现的时候，我每次只能让它在我的意识中浮现出来一点点，因为这太有毁灭性。

我的父亲常常在夜里外出，很晚才回来。在这种时候，我猜母亲是为了惩罚他，把他锁在他们的卧室外。他应该睡在沙发上，但是过一会儿，他就开始进来到我的床上。他哄我、威胁我，让我永远不要告诉别人，我从没说出去过，因为我觉得太羞耻。我确信我们之间的事情是我的错。我们在家里从来不谈论性的事情，但仍然用某种方式表达了一种基本态度：性是肮脏的。我当然感觉肮脏，而且我不想让任何人知道。

15 岁的时候，我找了个工作，在夜里、周末和夏天上班。我尽量不在家，而且还给自己的房门加了把锁。我第一次把父亲锁在外面的时候，他站在门外使劲敲我的门。我假装不知道发生了什么事，这时我母亲醒了，问他在做什么。他居然说："露丝把她的门锁上了！"我母亲说："是吗？睡觉去！"事情就这样结束了。我的母亲没有追问。父亲再也没有进过我的房间。

我鼓足全部勇气才在自己的房门上装了锁。我怕锁没有用，怕父亲会进来，怕他因为我想把他锁在外面而生气。但是，我更担心的是有人发现我们之间的事情，我几乎宁愿这种情况继续下去，也不愿意冒被别人发现的风险。

17 岁的时候，我离开家去上大学，18 岁时遇到了那个跟我订婚的男人。我和另外两个女孩子合住一套公寓。有一天晚上，她们请了些我不认识的朋友过来。我早早就上了床，主要是为了避开即将出现的抽大麻的场面。尽管实际上所有学生都蔑视学校有关饮酒和吸毒的严格规定，但我从来都不习惯身边有人吸毒或饮酒，自己也不会那样做。我卧室的门紧挨着洗手间的门，而且都是在长长走廊的尽头。参加派对的一个小伙子找洗手间，却误入了我的卧室。当他发现自己进错门以后，并没有离开，而是问我能不能聊聊。我无法说不。很难解释为什么，但我就是说不出来。他坐在床边跟我说话。然后，他让我转过身去，说要帮我按摩一下后背。很快，他就上了我的床，跟我做爱了。就这样，我最后跟他订了婚。不管他当时抽没抽大麻，我都觉得他几乎和我一样保守，而且我认为他跟我一样，相信发生了性行为就意味着我们必须在一起。我们约会了大约四个月，然后，正如我说过的那样，他就慢慢地离开了。我是在过了一年多之后遇到山姆的。因为他和我从来没有谈论过性，我就认为我们是因为宗教信仰才回避了这个话题。我没有认识到这种回避是因为我们都在性方面受过严重伤害。我喜欢帮助山姆的感觉，喜欢和他一起为让我怀孕而努力克服问题的感觉。我喜欢感觉自己对他有帮助、理解、耐心——并且控制着局面。任何能够削弱这种完全控制感的事情，都会让我想起父亲在那么多年的那么多个夜晚逼近我并抚弄我时的所有那些感觉。

当我和父亲之间的事情开始在治疗中浮现出来的时候，我的治疗师强烈敦促我去参加女儿联合会，这是一个受过父亲性虐待的女儿们建立的自助团体。我抗拒了很长时间，但最后还是参加了。这样做对我是件好事。了解到有那么多女人有跟我类似的经历，而且常常比我的经历更糟糕，既是一种安慰，也有助于疗伤。这些女人中有几个也是嫁给了在性方面有问题的男人。那些男人也成立了个自助团体，山姆鼓足勇气加入了他们。

山姆的父母曾执迷于把他培养成一个——用他们的话说——“纯洁、干净的男孩”。如果他坐在餐桌旁的时候把手放在大腿上，父母就会命令他把手放在桌子上，“这样我们能看到你在干什么”。如果他在洗手间里呆得时间太长，他们就会使劲敲门并大喊：“你在那里干什么呢?”这种监督是持续不断的。他们搜查他的抽屉，找色情杂志，检查他的衣物，看有没有污渍。他变得非常害怕有任何性感觉或性体验，以至于最终他即使努力也做不到了。

随着我们开始好转，我们作为一对夫妇的生活在某种程度上变得更困难了，我仍然有一种强烈的需求，要控制山姆的所有性表达（就像他父母曾经的做法一样），因为他在性方面的任何主动行为都会令我感到威胁。如果他主动伸手摸我，我就会退缩，或者我会转过身去，或走开，或开始说话，或开始做其它事情以避免他求欢。躺在床上的时候，我无法忍受他靠在我身上，因为那会让我想起父亲逼近我的太多回忆。但是，他的康复需要他能完全掌控他的身体和感觉。我不得不停止控制他，以便他能真正体验自己的性能力。但是，我对自己被征服的恐惧感，仍然是个大问题。我学会了说，"我现在害怕"，而山姆会回答："你需要我做什么?" 通常这就足够了——只要知道他关心我的感受，并且愿意倾听我。

我们做了这样一个约定：两个人轮流负责我们的性爱。双方都可以对自己不喜欢或不想做的任何事情说不，但基本上要有一个人精心安排整个性爱过程。这是我们想到的最好的主意，因为这满足了我们双方必须掌控自己身体的需要，以及掌控我们在性方面怎样对待自己身体的需要。我们真正学会了相互信任，学会了相信我们能用自己的身体付出爱并接受爱。我们还在团体中得到了支持。每个人的问题和感觉都那么相似，这真的有助于我们正确地看待自己付出的努力。有一天晚上，我们两个团体一起见了面，我们用整个晚上讨论各自对"性无能"和"性冷淡"这两个词的反应。有泪水、有欢笑，还有非常多的理解和分享。这极大地减轻了我们的羞耻感和痛苦。

也许是因为山姆和我到那时已经彼此分享了很多，而且彼此非常信任，我们可以过真正的夫妻生活了。我们现在有两个美丽的女儿，而且我们跟她们在一起很开心，我们自己也很幸福，彼此相处也很快乐。我对山姆已经很少像母亲那样了，而更多地是他的伴侣。他不再那么被动，更加坚定自信了。他不再需要我向外界隐瞒他的性无能，我也不再需要他控制性欲。我们现在有了很多选择，我们自由地选择彼此！

露丝的故事说明了否认和控制需要的另一种表现。像很多受到伴侣身上的问题困扰的女人一样，露丝在嫁给山姆之前就确切地知道他有什么问题。因此，她对于他们无法进行性生活并不惊讶。事实上，这种失败可以说是一种担保，担保她永远不会再次对自己的性感到失去控制。她能做一个引导人、控制者，而不是做那个对她来说性的另一个角色：受害者。

这对夫妻也很幸运，他们得到的帮助是针对他们的问题量身定制的。对于她来说，最合适的支持团体就是女儿联合会，这是父母联合会的一个分支，其目的是帮助发生过乱伦关系的家庭康复起来。幸运的是，这些乱伦受害者的丈夫们成立了一个相应的团体，在这种理解、接受并分享经历的氛围中，这些受过伤害的人都能谨慎地向着健康的性表达方式迈进。

对于这一章中的每个女人来说，康复需要她面对曾经试图逃避的过去和现在的痛苦。她们在小时候都形成了一种生存方式，包括否认并试图获得控制。成年以后，这些方式对女人产生了不好的影响。事实上，她们的防御方式是造成她们痛苦的主要因素。

对于爱得太多的女人来说，否认——被慷慨地说成“忽视他的缺点”或“保持积极的心态”——方便地回避了一个事实，那就是他的缺点能让她担当起她熟悉的角色。当她的控制需要被伪装成“有帮助”和“给予鼓励”的时候，就又让人忽略掉了这种互动中所暗含的她自己对优越感和权力的需要。

我们需要认识到，否认和控制，不论被称作什么，最终都不能改善我们的生活或情感关系。相反，否认机制引领我们进入的情感关系会让我们重演过去的那种挣扎，控制的需要会让我们停留在那种关系中，去奋力改变别人，而不是改变自己。

现在，回到本章开头强调过的童话故事。正如前面提到的，《美女和野兽》的故事表面上看起来承载了一种不朽的信念：只要女人全心全意地去爱一个男人，她就有力量改变这个男人。按照这种解释，这个童话似乎赞同用否认和控制作为达到幸福的方式。美女通过毫无疑问地爱那个恐怖的怪兽（否认），似乎具备了改变（控制）他的力量。这种解释似乎很准确，因为它符合我们的文化所指定的性别角色。但是，我认为，这种过分简单化的解释在很大程度上遗漏了这个悠久童话的重大意义。这个童话之所以不朽，是因为它包含了一种深刻的纯哲学规律，一个告诉我们怎样智慧、美好地生活的重要道理。这个故事中似乎有一张秘密地图，只要我们足够聪明地破解了它，并且有足够的勇气去遵循它，这个地图就会将我们引向丰富的宝藏——让我们“从此以后幸福地生活下去”。

那么，《美女与野兽》的主旨是什么呢？答案是*接受*。接受是否认和控制的对立面。接受意味着愿意承认现实，并且容许那种现实的存在，没有改变它的需要。这其中有一种幸福，这幸福不是来自于操控外界环境或他人，而是来自我们内心形成的平静，即便是面临挑战或困难。

别忘了，在那个童话故事里，美女没有要求野兽改变。她如实地赞美他，接受他的样子，欣赏他的优秀品质。她没有试图把怪兽变成王子。她没有说，“当他不再是个动物时，我就会幸福了。”她没有为他的样子而怜悯他，也没有试图改变他。道理就在这里。由于她的接受态度，他能自由地变成他最好的自己。他的真实自我碰巧是个英俊王子（而且是她的完美伴侣），象征着当她接受的时候，她得到了极大回报。她从此以后和王子幸福地生活在一起，意味着她得到的回报是丰富的、圆满的人生。

真正接受一个人的全部，不试图通过鼓励、操控或强迫来改变他，是爱的一种非常高级的形式，而且，我们之中的大多数人很难做到。在我们改变他人的全部努力的背后，基本上是一种自私的动机，是相信他的改变会让我们幸福。想要幸福并没有错，但是，把幸福的源头放在自身以外的地方，放在别人的手中，意味着我们逃避了改善自身生活的能力和责任。

具有讽刺意味的是，正是这种接受的做法让另一个人改变了，如果他选择去改变的话。让我们来看一下这是怎样起作用的。比如，如果一个女人的丈夫是工作狂，她因为他长时间不回家而恳求他，跟他争吵。通常会产生什么结果呢？他不在她身边的时间并不会减少，甚至可能会增加，因为他感觉他很有理，他有权利为了逃避她无休止的抱怨而这样做。换句话说就是，当她责骂、恳求并试图改变他的时候，她实际上使他认为他们之间的问题不是他对工作的沉迷，而是她的唠叨——事实上，她想要改变他的冲动，也许跟他的工作冲动一样，是造成两人之间情感疏远的同等因素。当她努力迫使他靠近她的时候，实际上把他推得更远。

工作狂和所有其他强迫症行为一样，是一种严重的紊乱症。在她丈夫的生活中，沉湎于工作是出于某种目的，很可能是为了保护他免于体验他所恐惧的亲近和亲密，并预先阻止各种不舒适情感的涌现，主要是焦虑和绝望。（沉迷于工作是来自功能失调家庭的男人们所经常采用的逃避自己的方式，正如爱得太多是来自同类家庭的女人们的主要逃避方式。）他的逃避代价是，单调的生活让他不能享受生活中的很多乐趣。但是，只有他能决定这种代价是否太高，并且只有他能选择为了改变而采取任何必要的手段，承担任何必要的风险。他妻子的任务不是改正他的生活，而是改善她自己的生活。

我们中的大多数人有能力让自己比现在更开心、更满足。我们常常不要求那种幸福，因为我们相信他人的行为在阻碍我们追求幸福。我们为了改变他人而谋划、设计、操控，而且在付出的努力不奏效时，会感到气愤、泄气或抑郁，但我们都忽视了自我改进的义务。试图改变他人是一种令人沮丧和抑郁的过程，但是，用我们的力量影响改变自己的生活则是个令人振奋的过程。

对于工作狂的妻子来说，为了自由地使她自己的生活令人满足，无论她的丈夫怎么做，她都必须相信他的问题不是她的问题，她没有能力、没有义务、没有权利改变他。她必须学会尊重他做自己的权利，即便她希望他会变得不一样。

一旦这样做，她就自由了——不再为他不在身边而气愤，不再为无法改变他而内疚，不再有不断努力改变她改变不了的局面的负担。当她的愤恨和内疚减少之后，她可能就开始感觉更喜欢他了，因为他身上有她确实欣赏的品质。

当她能放弃试图改变他的努力，并把她的精力转向发展自己的兴趣时，不论他做什么，她都会体验到一些幸福和满足。她可能最终会发现她的追求足以令她感到满足，以至于她能在丈夫不怎么陪伴自己的情况下，独自享受丰富的、有回报的人生。或者，当她越来越不依赖他来获取自己的幸福时，她可能会认定，对一个总是不在家的伴侣的奉献是没有意义的，于是，她可能会选择摆脱这种没有回报的婚姻的束缚，过好自己的生活。只要她为了自己的幸福而需要他改变，以上两条路就都不可能出现。在她接受他这个人之前，她好像假死了一样动弹不得，只有等到他改变，她才能开始过自己的生活。

当一个爱得太多的女人不再为改变生命中的男人而奋斗时，他就得考虑自己行为的后果了。既然她不再沮丧、不开心，而是变得对人生越来越兴奋，这就跟他的生活形成了更鲜明的对比。他可能会选择努力摆脱自己的沉迷，并在身体和情感上变得更愿意陪伴她。或者他也可能不这样选择。但是，不论他选择怎么做，一个女人如果接受生命中这个男人的全部，她就会自由，她就能用这样或那样的方式过她自己的生活——从此永远幸福。

第 8 章

一种成瘾助长另一种成瘾

生活中有太多痛苦
也许唯一能避免的痛苦
是试图回避痛苦所造成的痛苦
——*R. D.* 莱恩[①]

在爱得太多的女人当中，最糟糕的是情感关系成瘾者——“对男人上瘾的人”。她们因为痛苦、恐惧和渴望而虚弱不堪。好像这还不够糟糕，我们可能不只对男人上瘾。为了阻隔来自童年的深层感受，我们中的一些人还形成了对成瘾物质的依赖。在青年时期或后来的成年时期，我们可能开始滥用酒精或其他药物，或爱得太多的女人的典型成瘾物质——食物。我们吃得过多或过少，或时而过多、时而过少，是为了屏蔽现实，分散自己的注意力，麻痹自己内心深处的巨大情感空虚。

并不是每个爱得太多的女人都暴食、酗酒或滥用药物，但是，对于我们当中那些有这种行为的人来说，如果想从情感关系成瘾中

---

① R. D. Laing，当代英国著名的存在主义精神病学家，作家和医生，反精神病学派的代表人物。

康复起来，就必须同时克服物质滥用成瘾。理由如下：我们越是依赖酒精、毒品或食物，就会越感到内疚、羞愧、恐惧和自我憎恶。我们会变得越来越孤独，越来越孤立，于是，我们可能就拼命地需要跟一个男人的情感关系似乎保证会带来的安慰。因为我们对自己感觉太差，所以我们就希望一个男人能让我们感觉好一些。因为我们无法爱自己，所以我们需要他能让我们相信自己是可爱的。我们甚至对自己说，有了合适的男人，我们就不会再需要那么多食物、酒精或药物了。我们以滥用成瘾物质相同的方式来利用情感关系：为了带走我们的痛苦。当某种情感关系辜负我们的时候，我们会更加疯狂地滥用成瘾物质以寻求解脱。当不健康情感关系的压力加剧了我们对于某种物质的生理依赖，而生理成瘾的混乱感觉加强了对于男女关系的情感依赖时，就会形成一种恶性循环。我们以自己身边没有男人或者跟自己在一起的男人不合适，来解释自己的生理成瘾，并为其找借口。反过来，继续滥用成瘾物质会通过麻木我们的痛苦并剥夺我们改变的动力，使得我们忍受不健康的情感关系。我们将一种成瘾归咎于另一种成瘾，我们用一种成瘾应付另一种成瘾，于是，我们在两种成瘾中越陷越深。

只要我们一心想逃离自己，逃避自己的痛苦，我们的病就好不了。我们越是努力逃避，并且逃避的方式越多，我们就越会把成瘾和痴迷混合起来，就会病得越重。我们最终会发现自己解决问题的方法已经变成了最严重的问题。强烈需要解脱却做不到，有时我们就会开始有点发疯。

“我来这里是因为我的律师让我来的。”跟我第一次见面时，布兰达说话像耳语一样小声。“我……我……嗯，拿了些东西被抓住了，他认为我最好找个心理治疗师咨询一下……”她继续密谋般地悄声说：“如果他们认为我正在别人的帮助下解决自己的问题，我到法庭上的时候会给人更好的印象。”

我几乎都来不及点头，她就很快继续说：“只是，嗯，我不认为我真的有问题。我从那家小药店拿了两样东西，忘了付钱。这太糟糕了，让他们以为是我偷了东西，但其实只是一时疏忽而已。整件事最糟糕的是我很尴尬。但是，我没有任何真正的问题，不像有些人那样。”

布兰达代表了心理咨询中一种最难对付的挑战：她是一个没有足够动力为自己寻求帮助的患者。事实上，她否认自己需要任何帮助，她之所以到我这里来，是因为一个认为咨询对她有利的人介绍她来的。

当她一口气说个不停的时候，我发现自己屏蔽了她滔滔不绝的话语，而研究起这个女人。她个子挺高，至少有一米七八，拥有时尚模特般的瘦削身材，体重至多不超过 52 公斤。她穿着雅致简洁的深珊瑚色丝质裙子，沉甸甸的象牙和金制饰品非常显眼。她有蜂蜜色的金发和海绿色的眼睛，本来应该是个美女。所有要素都全了，但是有一些不对头的地方，缺了点什么。她长期紧锁双眉，在眉间形成了一道深深的竖纹。她屏着呼吸，鼻孔张大。她的头发虽然经过认真修剪和整理，却干枯发脆。她的皮肤虽然带有迷人的棕褐色，却像纸一样没有光泽，而且缺少血色。她的嘴本来又大又丰满，但她总是噘着嘴唇，使之看起来又薄又紧。当她微笑的时候，就好像是在小心地把牙齿上的帘子拉开，而当她说话的时候，又经常咬着嘴唇。她的肤质、发质和极度的瘦弱，让我开始怀疑她有自我催吐行为，以及贪食症和（或）厌食症。

进食紊乱的女人还会经常出现强迫性偷窃行为，所以这是另一个线索。我还强烈怀疑她有酒瘾拖累症。在工作中，我见过的几乎每一个有进食紊乱症的女人，父母中都有一方或双方酗酒（尤其是那些有贪食症的女人），或者是父母中一个人酗酒，另一个人有进食强迫症。有强迫进食症的人和酗酒者常常结为夫妻，这并不令人惊讶，因为许多强迫进食症患者是酗酒者的女儿，而酗酒者的女儿倾向于嫁给酗酒者。强迫进食症患者会决心通过她的意志力控制她的食物、她的身体和她的伴侣。布兰达和我肯定有很多方面需要努力。

“跟我谈谈你自己。”我尽量温柔地要求道，尽管我知道她即将怎样回答我的问题。

我很肯定，那一天她接下来给我讲的大部分都是假的：她很好，她很幸福，她不知道在药店里发生了什么事情，她根本记不起来了，她以前从来没有拿过任何东西。她说，她的律师非常好，就像我一样明显是个好人。她说，她不想让任何其他人知道这件事，因为不会有人能像那个律师或我一样理解她。她费尽心机地奉承我，是想让我认为她没有任何真正的问题；想让我支持她的荒诞说法：逮捕她是个错误，只是命运中的一个巧合的小麻烦罢了。

幸运的是，在她跟我第一次见面和她的案子判决之间还有很长一段时间，而且，由于她知道我和她的律师有联系，她就继续努力做一个“好客户”。她每次都如约到来，而且过了一段时间，她几乎不由自主地慢慢开始变得更诚实了。在这个过程中，幸亏她体验到了不用再生活在谎言里的那种轻松感。为自己而参加治疗，很快就至少跟治疗会对案件判决造成影响同样重要了。等到她被判刑的时候（缓期六个月，全额赔偿，在当地女子俱乐部提供 40 小时的服务），她正在为让自己变得诚实而努力，其努力程度丝毫不亚于她以前为掩饰自己是个什么样的人，以及做过什么事情而付出的努力。

布兰达的真实状况是在我们第三次约谈的时候才透露的，刚开始她非常犹豫和谨慎。她显得特别疲惫和憔悴，当我说到这一点时，她承认那个星期她睡眠不好。我问她是什么事情引起的。

起初，她把问题归咎于即将到来的判决，但这种解释听起来不完全是真的，所以我追问道：“这星期还有什么其他事情让你烦恼吗？”

她停顿了一会儿，使劲咬着自己的嘴唇，从咬上嘴唇到咬下嘴唇，又咬回上嘴唇。然后，她几乎是突然说道：“我终于让我的丈夫离开了，但是我现在很后悔，我睡不着觉，也无法工作，现在神经极度衰弱。我恨他所作的事情，那么明目张胆地跟工作上认识的那个女孩子到处跑。但是，没有他的日子，比忍受那一切还要难。现在我不知道该怎么办，我想知道这是否完全是我的错。他总说是我的错，说我太冷淡、跟他太疏远，不够女人。我猜他是对的。我爱生气，还很内向，但那是因为他批评我批评得太多了。我总是跟他说，‘如果你想让我对你热情，你就必须按照你希望我成为的那种女人对待我，对我说好听的话，而不是说我有多么糟糕、麻木、没有吸引力。’”这时，她马上变得害怕起来，眉毛甚至都高高地挑到了额头，她开始否认自己刚刚透露的那些事情。她挥动着修剪过指甲的手，说道：“我们不是真的分居，只是暂时不在一起了。鲁迪其实没那么苛刻，真的，我猜他那样说我也没错。有时候，我下班回家时挺累的，就不想做饭，尤其是因为他不喜欢我做的饭。他更喜欢他母亲做的饭，于是他会离开家去他母亲那儿，凌晨两点多才回来。反正我努力也从来没效果，我就不想太努力了。但是，情况还不算太糟。很多女人过得更惨。”

“两点之前他在做什么？他不可能是一直呆在他母亲家里。”我问。

“我一点都不想知道。我猜他是跟他的女朋友出去了。但我不在乎。我更喜欢他丢下我一个人在家。很多时候，当他终于回到家时，他也只是想吵架。我最后要求他离开的原因，不只是他一直出轨，更多是因为跟他争吵让我第二天上班的时候感觉太累。”

这是一个决心不感受或显露自己情感的女人。那些情感简直是在嘶喊尖叫着想被人听到，结果却只是激起她在生活中制造更多的困境来淹没那些情感。

在我们第三次约谈以后，我打电话给她的律师，叮嘱他认真地向布兰达重申她继续找我咨询的重要性。我和她正一起冒险尝试，我不想失去她。在我们第四次约谈开始的时候，我就直奔主题了。

“跟我说说你和食物的情况，布兰达。”我尽量和气地问道。她警觉地睁大了绿色的眼睛，那蜡黄的脸更没有血色了，她明显地向后躲了一下。然后，她的眼睛眯了起来，脸上露出了令人消除戒备的微笑，说道：

“你是什么意思，我和食物？这是个愚蠢的问题！”

我把自己从她外表上看出来让我警觉的东西告诉了她，还跟她谈了进食紊乱的病因。了解到许许多多的女人都有这种病症，有助于布兰达正确地看待自己的强迫行为。结果，没有用我原来担心的那么长时间，她就开始谈自己的问题了。

布兰达的故事漫长而复杂，而且，她花了很长时间才把现实和自己需要扭曲、掩盖、假装的部分区分开。她已经变得太善于掩饰，以至于困在了自己用谎言织成的网里。她努力让自己以完美形象展现给外界，一个能掩饰她的恐惧、孤独和内心的极度空虚的形象。她很难评估自己的处境，以采取措施满足自己的需要。而这造成了她的强迫性偷窃、强迫性进食、呕吐后再进食，以及强迫性撒谎，拼命试图掩饰自己的一举一动。

布兰达的母亲曾经也是个强迫性进食者，从布兰达开始记事的时候，母亲就一直极度超重。她的父亲结实、瘦削，精力充沛，早已对妻子的外形和她对宗教的反常狂热感到厌烦，早已公开表示不在乎这个婚姻了。家里没有人不知道他有不忠行为，但从来没有任何一个人谈论这件事。知情是一回事，承认又是另一回事，这会触犯家里心照不宣的约定：不说出来、不承认的事情，对于我们作为一个家庭来说就不存在，因此就不会伤害我们。这也是布兰达在自己的生活中严格遵循的一条规则。如果她不承认任何事情出了问题，那么就什么问题都没有。只要她不把问题说出来，问题就不存在。难怪她固执地抓住那些给她造成破坏性影响的谎言和捏造的事情不放手。难怪她那么难以接受治疗。

在成长过程中，布兰达像父亲一样结实瘦削，而且，她非常宽慰，自己可以吃得很多，却不会像她母亲那样发胖。15 岁的时候，她的身体突然开始显现吃得太多的后果。18 岁时，她的体重达到了 108 公斤，她比以前更绝望、更不开心。以前她曾是爸爸最宠爱的孩子，但是，现在他开始对她这个年轻女孩说一些不客气的话，说她终究会变得跟她母亲一模一样。说实话，如果不喝酒的话，他不会那样说，但事实是，他这时大部分时间都喝酒，即便是在家的很少时间里他也喝。妈妈继续祈祷、赞颂主，爸爸继续喝酒并四处鬼混，而布兰达继续暴饮暴食，尽量不让自己感觉到内心不断增强的恐慌。

当她因为上大学而第一次离开家的时候，她感到极其孤独，渴望父母的安慰，虽然她也非常痛恨父母。就在这时，她有了一个不可思议的发现。有一次，在自己的房间里狂吃东西时，她意识到自己可以把吃进去的几乎所有东西都吐出来，可以狂吃而不受体重增加的惩罚。她很快就对这种能够控制自己体重的感觉着迷了，以至于她开始禁食，并且吃下什么都吐出来。她的强迫性进食紊乱症，从暴食阶段进入到了厌食阶段。

在接下来的几年里，布兰达经历了几次肥胖和极度瘦弱的交替。在此期间，她从没有一天不体验自己对食物的沉迷。每天早上醒来的时候，她都希望今天会和昨天不同，每天晚上上床睡觉的时候她都决心明天要“正常”起来，结果却常常会在半夜醒来狂吃一通。布兰达没有真正理解发生在自己身上的事情。她不知道自己有进食紊乱症，这种病症常常出现在酗酒者的女儿以及强迫性进食者的孩子身上。她不明白她和母亲都受着一种对某些食物——主要是精制碳水化合物——过敏成瘾症的折磨，这几乎跟他父亲对酒精的过敏成瘾一模一样。即便只摄入最少量的成瘾物质，他们也没有一个人能够不被激起想要摄入更多的强烈渴望。像她父亲和酒精的关系一样，布兰达跟食物，特别是含糖的烘烤类食品之间的关系，是一场漫长持久的斗争：控制那种物质，或被那种物质所控制。

在上大学的时候第一次“发明”了自我催吐的方法之后，布兰达多年来一直都这么做。她越来越与人隔绝、行事隐秘，越来越沉迷其中，越来越极端，而且，从很多方面来说，这种行为被她的家庭和她的病症加剧了。布兰达的家人不想听到她说任何无法让他们用“哦，那挺好，亲爱的”来回答的事情。家里没有空间容纳痛苦、恐惧、孤独、诚实，没有空间容纳关于她自己或她的生活的真相。因为他们始终逃避真相，无疑她也应该如此，而不应该破坏现状。

有父母作为沉默的同谋，她更深地潜进了她的谎言生活中，她确信，如果能让自己表面上显得很好，内心的一切就会很好——或者至少不会变差。

即使她的外表能长期处于控制之下，内心的混乱却无法忽视。尽管她竭尽全力让外表看起来很好——名牌服装、最新潮的妆容和发型——但这却不足以平息她的恐惧，填补她的空虚。一部分是由于她拒绝承认所有的情感，一部分由于她强加在自己身上的营养不良对神经系统的破坏，导致布兰达的精神状态困惑、焦虑、病态和沉迷。

在寻求从自己的内心混乱状态解脱出来的过程中，布兰达模仿母亲的方式，从学校的一个狂热宗教团体寻求安慰。正是大四时期在这个圈子里，她认识了未来的丈夫，鲁迪。他是那种黑马类型的男人，他的神秘感强烈地吸引了布兰达。布兰达习惯了那些不能说的秘密，而鲁迪有很多秘密。他讲的事情和无意中透露的名字，都暗示他曾在其家乡新泽西参与过非法赌博的犯罪团伙的活动。他隐约提到了他曾赚到和花掉的巨额金钱，豪华轿车和艳俗的女人，夜店、酗酒以及毒品。现在他来到这里，摇身一变，成了一个认真的学生，生活在保守的中西部大学校园，积极参加年轻人的宗教团体，把自己阴暗的过去抛之身后，努力追寻更美好的东西。他甚至和家人断了联系，这暗示他是被迫匆匆离家的，但是，布兰达被他隐瞒起来的神秘的过去，以及表面上试图做出改变的真诚努力深深打动了，她不需要他详细解释自己以前的行为。毕竟，她也有自己的秘密要保守。

所以，这两个人都将自己隐藏了起来，装成了别人，他是一个伪装成唱诗班青年的逃犯，她是个掩藏在时髦衣妆下的强迫性进食者，他们自然而然地坠入了爱河——带着各自的幻象。布兰达的伪装被别人爱上了，她的命运就此决定。现在，她必须继续欺骗，而且是在有人更近距离地观察她的情况下。这让她压力更大、更紧张，更需要进食、呕吐、隐藏。

鲁迪不沾烟酒和毒品，直到他听家人说他们搬去了加利福尼亚。他显然是觉得他和他在新泽西的过去之间的地理距离已经足够远，可以安全地回到家人身边并恢复原来的生活方式了，他便收拾好行囊，带着新婚妻子布兰达一路西行。几乎是在他刚跨过州界的时候，他的人格就开始改变，恢复到了认识布兰达以前的面目。布兰达的伪装持续的时间更长一些，直到她和鲁迪开始和他的父母住在一起。由于家里人太多，她无法再自由地自我催吐。她的贪食症更难隐藏，又在当时环境的压力下获得了更大的动力，布兰达的体重开始攀升。她很快就胖了二十多公斤，鲁迪漂亮的金发妻子变成了一个持续变胖、浑身赘肉的家庭主妇。鲁迪感觉上当了，他很生气，就把她扔在家里，自己去外面喝酒，找那些像曾经的布兰达一样，外表跟自己般配的女人。她在绝望中吃得比以前更多了，她向自己和鲁迪承诺，只要有一处属于他们自己的住处，她就能瘦下来。当他们最终有了自己的别墅时，布兰达的体重确实开始急剧下降，就像过去增重的时候一样快。但是，鲁迪很少在家，他注意不到她的变化。她怀孕了，四个月后的一个夜晚，鲁迪不在家，她流产了。

到这时，布兰达都确信一切都是她的错。那个曾经健康快乐，跟她有共同价值观和信仰的男人，现在像是变了个人，变成了一个她不了解、不喜欢的人。他们为他的行为和她的唠叨而争吵。她努力不唠叨，希望他的行为会改变。但他没改变。她不像她的母亲那样胖了，但他还是像她父亲一样在外面鬼混。她在安排好自己生活方面的无助感，令她很恐慌。

布兰达十几岁的时候就偷过东西，不是那种跟朋友们一起向成年人的世界发起攻击的偷窃，而是独自一人秘密地偷窃，她从来都很少使用偷来的东西，甚至很少留着它们。现在，由于跟鲁迪的婚姻不幸福，她又开始偷了，象征着从世界上拿回没有给她的东西：爱、支持、理解和接受。但是，她的偷盗只是让她更封闭，给了她一个需要保守的秘密，又一个让她羞愧和内疚的根源。同时，外在包装再一次成了她最好的防护工具，可以防止人们看穿她是什么样的人——一个被动、恐惧、空虚和孤独的人。她又瘦了下来，她坚持工作主要是为了挣钱买自己想要的昂贵衣服。她给一些服装品牌做模特，希望这会让鲁迪为她骄傲。在到处炫耀自己的妻子是模特的同时，他实际上从来都懒得去看她的任何一场服装秀。

因为布兰达向鲁迪寻求欣赏和认可，而他没有给她，这让她本来已经微不足道的自尊变得更低。他给她的越少，她想从他身上得到的就越多。她努力让自己的外表完美，但是，跟鲁迪外遇中的那些深色头发的女人相比，她感觉自己缺少她们可以轻松散发出的某种神秘的吸引元素。她更努力地强迫自己变得再瘦一些，因为更瘦就意味着更完美。她在家务方面也成了个完美主义者，并且很快就完全沉迷于各种强迫行为：清洁、偷窃、暴食、呕吐。当鲁迪在外面饮酒作乐的时候，布兰达就在家里打扫房间直到深夜，一旦听到他的车开进地下车库，她就内疚地迅速跳上床装睡。

鲁迪抱怨她对房子的过分讲究，每次晚上回家，不论早晚，他都会攻击性地故意破坏她认真打扫后的效果。结果，布兰达就迫不及待地等着他离开家，以便她能打扫并整理他弄乱的房间。当他晚上出去饮酒狂欢的时候，她会感觉松了口气。一切变得越来越疯狂。

她在药店被捕无疑是件好事，因为这引发了一场危机，迫使她来做心理咨询。此时，她开始审视自己的生活变成了什么样子。很久以来，她一直想离开鲁迪，但无法放弃那种想要通过完善自己来修复两人关系的强烈愿望。具有讽刺意味的是，她越是要跟他分开，他就越热切地追求她，给她送花、打电话，出乎意料地拿着音乐会门票出现在她的工作场所。在他这样做时，她那些第一次见到他的同事，还认为布兰达离开这么一位专心爱她的男人很愚蠢呢。有两次，她充满希望地跟他和解，但每次都是以痛苦的分手作结；她才明白，鲁迪只想拥有他得不到的人。一旦他们作为夫妻生活在一起，他很快又开始追求女色。在第二次分手期间，布兰达告诉他，她认为他有酗酒和毒品问题。他开始寻求帮助，以证明他没有这方面的问题。他过了两个月戒除毒品和酒的清醒生活。他们又复合了，但是过了几天，在他们和好后的第一次争吵后，他就又出去喝酒，整夜没回家。发生了这件事，布兰达才在心理治疗帮助下明白了他们两个人都深陷其中的行为模式。鲁迪是利用他精心造成的跟布兰达之间的关系波动，来为自己对酒精、毒品和女人的成瘾嗜好进行伪装，并证明自己行为的正当性。同时，布兰达利用两人关系产生的严重紧张气氛，作为她沉迷于暴食以及其他强迫行为的借口。双方都利用对方逃避面对自己和自己的成瘾症。当布兰达终于认识到这一点时，她就能够放弃自己对这段婚姻的幸福所抱的希望了。

布兰达的康复包括三个非常重要而必需的因素。她要继续进行心理治疗，要参加嗜酒家庭互助会来克服伴随自己一生的酒瘾拖累症，以及最终在放弃后的解脱中全身心地投入到过量进食者互戒会。她在该团体中得到了处理自身进食紊乱症所需要的帮助和支持。对于布兰达来说，参加过量进食者互戒会是最重要的康复因素，也是她起初最极力抗拒的一个方面。她的强迫进食、呕吐和饥饿构成了她最严重、最根深蒂固的问题，是她的主要成疾过程。对食物的沉迷让她消耗了全部精力，她没有精力跟自己和生活中的其他人达成任何形式的健康关系。除非她能停止对自己体重、食物摄入、卡路里、节食等等的沉迷，否则，她对除食物以外的其他任何事物都无法感受到真实的情绪，也无法诚实地对待自己或他人。

只要进食紊乱症麻木着她的感觉，她就无法开始关心自己，无法明智地为自己做决定，也无法真正过自己的生活。相反，食物就是她的生活，而且从很多方面来说，那是她唯一想要的生活。虽然她控制进食的斗争令人绝望，但这比她面对自己、家人和丈夫的斗争威胁要小。尽管她时刻在为自己应该吃什么、不吃什么设立限制，但她从来没有为别人对她的所言所行设立过限制。为了康复，她必须明确一个点，在那里，别人要走开，而她作为一个独立自主的人，要开始。她还必须允许自己对他人生气，而不是只对自己生气，这曾是她长期以来的状态。

在过量进食者互戒会，布兰达多年以来第一次开始坦诚起来。

毕竟，那些人理解、接受她这种人和她的做法，对他们撒谎又有什么意义呢？作为对她的诚实的回报，她的同伴们对她的接受给她带来了治愈的力量。这给了她勇气，把那种诚实带到过量进食者互戒会以外的更大范围，带给她的家人、朋友以及未来可能的伴侣。

嗜酒家庭互助会帮助她理解了她问题的根源在于她的家庭，并教给她方法去理解父母的强迫性紊乱症，以及他们的疾病是怎样影响她的。在那里，她学会了用更健康的方式跟父母相处。

当他们最终离婚后，鲁迪又再婚了，甚至在婚礼的前一天晚上，他还打电话坚称他真正想要的人只有布兰达。那次交谈加深了布兰达对鲁迪的了解，认清了他无法兑现他的承诺，他需要不断找办法逃避自身所处的任何情感关系。像她的父亲一样，他是个四处游荡的人，但喜欢有一个妻子和一个家。

布兰达很快也认识到，自己有必要在空间和情感上跟自己的父母家保持相当大的距离。她两次回家，都短期恢复了自己的暴食和洁癖症，这让她吸取了教训，认识到她还不能跟自己的家人在一起，否则又会求助于自己处理紧张情绪的老办法。

保持健康已经成了她的第一要务，但是，她一直很惊奇，这个挑战的难度居然这么大，自己应对这种挑战的技能居然这么少。用愉快的工作、新的友情和兴趣来充实自己的生活，是一个循序渐进的缓慢过程。由于她对快乐、舒适和平静所知甚少，她必须严格避免产生那种会让她感受到过去所熟悉的疯狂状态的问题。

布兰达继续参加着过量进食者互戒会、嗜酒家庭互助会，并且在她感觉需要的时候，偶尔还进行心理治疗。她再也不像以前那样过瘦或过胖了。“我正常了！”她喊道，开心地笑话着自己，她知道自己永远都不会正常。她的进食紊乱症是需要她重视的终生疾病，尽管这种病症已经不再威胁她的健康或理智。

布兰达的康复仍不稳定。她需要花很长时间才能觉得新的、健康的生活方式是正确的，而不是被迫的。她可能会再次恢复强迫性进食，或沉迷于不健康的情感关系，以此逃避自己和自己的感觉。

因为她知道这一点，所以，布兰达现在跟男人交往非常小心。例如，她从不为了约会而错过过量进食者互戒会或嗜酒家庭互助会的聚会。康复对她来说非常宝贵，她不会做出威胁到自身康复的事情。用她的话说就是："我已经开始练习不再保留秘密，因为我最开始病得那么重就是这样造成的。现在，当我新结识一个男人的时候，如果我和他之间看起来可能会有进展，我总会告诉他我的病症，以及匿名互助项目在我生活中的重要性。如果在知晓我的实情后，他接受不了或不能理解，我会认为这是他的问题，不是我的问题。我再也不会为了取悦男人而彻底审查自己有什么问题了。我现在优先考虑的事情大不一样了。我的康复必须排在第一位。否则，我就没有多余的东西给其他人。"

第9章

为爱而死

我们每一个人，都满怀恐惧。
如果你结婚是为了消除自己的恐惧，
你只会让自己的恐惧和他人的恐惧结合；
你们两个人的恐惧占据了婚姻生活，
你会流血受伤，并把那称之为爱情。

——米歇尔·文图拉

舞动在婚姻地带的阴影

玛戈一根接一根地抽着烟，她耸着的双肩夹得很紧，两腿交叉，前后快速地摆动着，每摆一次还颠一下脚。她僵直地坐在那儿，前倾着身子，透过候诊室的窗子，凝视着世界上最美的景色之一。圣塔·芭芭拉（位于美国加利福尼亚南部海岸线上的一座旅游型城镇）的红瓦屋顶，沿着海上那些蓝色和紫色的山丘逶迤而上，但是，夏日午后这种略带粉色和金色的景致，却没有将其西班牙式的宁静带到她的脸上。她看起来像是个很匆忙的女人，而她的确是。

当我给她指路时，她鞋跟嗒嗒响着快步走进我的办公室，坐了下来，还是坐在椅子的边沿上，目光犀利地看着我，问道："我怎么知道你能不能帮我？我从来没跟人谈过我的生活。我怎么知道我花的时间和金钱是否值得呢？"

我知道她也是在试图问我，"如果我让你知道我真正是什么样的人，我怎么知道我能否信任你会在意我？"所以，我尽量在回应中同时回答这两个问题。

"心理治疗确实需要付出时间和金钱。但是，人们的生活中如果不是发生了非常可怕或痛苦的事情，并且他们已经努力处理过却还是不能解决的话，他们甚至永远都不会进行第一次约谈。没有人是随便来拜访心理治疗师的。我确信你在决定来之前已经考虑很长时间了。"

我的话说得很严密，似乎让她缓和了一些，她轻轻叹了口气，身子向后靠了靠。

"我或许在 15 年前，甚至更早的时候就应该来咨询了。但是，我怎么知道自己需要帮助呢？我以为自己做得挺好。从某些方面来说，我过去和现在都做得挺好。我有一份好工作，做为一名房产过户公证人，我的收入相当不错。"她突然停下了，然后又若有所思地继续说道："有时候，我似乎过着双重生活。离开家去上班的时候，我聪明、高效、受人尊敬。人们征求我的意见，让我承担很多责任，我感觉自己成熟、能干、自信。"她抬头看着天花板，吞咽了一下，以控制自己的声音。"当我回到家的时候，我的生活像是一部劣质的长篇小说。这种生活太糟糕了，如果它是一本书的话，我都不愿意读。太烂了，你知道吗？但是，我就困在那种生活里。我已经结过四次婚了，而我现在只有 35 岁。只有 35 岁！天呐，我感觉自己特别老。我开始担心自己永远都收拾不好自己的生活，而且时间快不够用了。我不像以前那么年轻了，也不像以前那么漂亮了。我害怕没人想要我，害怕我已经用光自己所有的机会，不得不孤单地变老了。"她说这话的时候，额头上露出了因为担忧而出现的皱纹，衬托着她声音里的恐惧。她又吞咽了几次，并用力地眨着眼睛。"我很难说哪次婚姻是最糟糕的。它们全都给我带来了灾难，只是方式不同。

"20 岁的时候，我嫁给了我的第一任丈夫。我认识他的时候就知道他挺野的。结婚前，他就到处拈花惹草，结婚后仍然如故。我以为结了婚他会有所改变，但他还是老样子。我们的女儿出生的时候，我确信他会因此少出去鬼混，但结果恰恰相反。他呆在外面的时间甚至更多了。在家时，他很刻薄。他冲我嚷嚷，我能应付，但是，当他开始无缘无故地任意惩罚女儿小秋的时候，我开始干预了。当干预不管用时，我带着女儿离开了家。这可不容易，她那么小，而我必须找个工作。他从没给过我们一点抚养费，而且，我太害怕他找我们的麻烦，所以我没有找地检署或任何机构向他索要生活费。我不能搬回父母家，因为那个家就像我的婚姻一样。我父亲经常虐待我母亲和我们所有这些孩子。在成长的过程中，我一直在逃离那个家。我最终是为了从那个家逃离而结的婚，所以，我肯定不会回去。

“我离开后整整花了两年时间才鼓足勇气跟我的第一任丈夫离了婚。我不太能放下那段感情，直到我有了另一个男人。处理我的离婚案的律师德维恩，后来成了我的第二任丈夫。他比我大很多，也是刚离婚。我不认为自己是真的爱他，但我希望自己能爱上他，我觉得他是可以照顾我和小秋的人。他一再说他想重新开始自己的人生，跟他真正爱的人一起开始新的家庭。我猜我是被他对我的那种感觉奉承了。我在离婚判决后的第二天就嫁给了他。我确定，一切都会好起来。我把小秋送进了一所好幼儿园，我自己也回到学校去读书。我下午陪女儿，晚上做好晚餐就去学校上晚课。德维恩晚上和小秋一起在家，处理一些法律文书。后来，有一天上午，我和小秋单独在一起的时候，她对我说了一些话，让我意识到德维恩对她进行了可怕的性侵犯。我当时还怀疑自己怀孕了，但我装作一切正常的样子等到了第二天，当德维恩去上班以后，我带着女儿和我们的一切能塞进车里的东西离开了。我给他写了张字条，告诉了他小秋跟我说的话，并警告他不要试图找我们，否则大家都会知道他对她做了什么。我非常害怕他会设法找到我们，让我们回去，所以我决定，如果我真的怀孕了，我也不会告诉他，也永远不向他要任何东西。我只是希望他别找我们。

“当然，他查到了我们的住址，并寄了封信给我，信中对小秋只字未提，反而责备我对他冷淡、漠不关心，晚上去学校的时候把他一个人丢在家里。我曾经内疚了很长时间，觉得小秋的事都是我的错。我以为我为女儿营造了一个安全的环境，但却只是令她置身险境。”回想起那段经历时，玛戈的脸上满是焦虑不安的神情。

“幸运的是，我找到了住处，是跟另一个年轻母亲合住。她和我有很多共同点。我们都结婚很早，而且都来自不幸的家庭。我们的父亲很相像，我们的第一任丈夫也很像。不过，她只有一任前夫。”玛戈摇了摇头，继续说：“不管怎么样，我们经常替对方照顾孩子，都能继续上学，继续外出。我感到以前从来没有这么自由过，尽管检查结果表明我已经怀孕了。德维恩仍不知情，我从没告诉过他。我记得他讲过的那些律师的事情，他说他能用合法的手段找别人的麻烦，我知道他也会让我有麻烦。我不想再跟他有任何干系。在我们结婚前，他的那些话让我觉得他很强大，现在只会让我惧怕他。

“我的室友苏西指导我自然分娩，顺产生出了第二个女儿，达拉。这听起来挺疯狂，但那是我生命中最美好的时光之一。我们那么穷，上学、工作、照顾孩子、在廉价旧货店买衣服、用政府发的食品券买食品。但我们是按自己的方式自由生活。”她耸了耸肩，“可是，我是那么焦躁不安。我想要生活中有一个男人。我不断希望自己能找一个人把我的生活变成我想要的样子。我现在仍然有那种感觉，所以我来到这里。我想学会怎么找到一个对我有益的人，目前为止，我在这方面一直做得不太好。”

玛戈绷紧的脸庞虽然瘦削得令人难过，却仍然很漂亮。她恳求地看着我。我能帮她找到那个完美先生并把他留在她身边吗？——这就是写在她脸上的问题，是她来进行心理治疗的原因。

她继续讲述她的传奇经历。她的婚姻循环赛的下一位选手是乔治。他开着白色奔驰敞篷车，他的谋生之道是提供可卡因给蒙特西托的一些富人。从一开始，她就跟乔治过着过山车一般的刺激生活。

很快，玛戈就搞不清他随意提供给她的毒品所带来的感觉，和她对这个神秘、危险的男人的爱恋之间的区别了。突然之间，她的生活变得放荡而刺激。她的身体和情感都难以适应。她的脾气变得更暴躁，因为一点琐事就会责骂孩子们。她跟乔治之间的频繁争吵开始升级成了打架。玛戈不停地向室友抱怨他的不体贴、不忠诚和违法行为；当苏西最终给她下最后通牒——要么忘了乔治，要么从房子里搬出去——的时候，玛戈感到很震惊。苏西不想再听、再看他们的生活。这种生活对玛戈不好，对孩子们也不好。玛戈一气之下投入了乔治的怀抱。他让她和她的两个女儿搬进他的住处，他的大部分毒品交易都在那里进行；他明白这种安排不会长久。很快，他就因为贩毒被捕了。在审判之前，乔治和玛戈结了婚，尽管他们那时争吵得很激烈。

她说自己之所以决定第三次结婚，是因为乔治向她施压，说如果她成为他的妻子，就没人要求她做不利于他的证词了。考虑到他们之间的激烈争斗，再加上检察官的坚持，她很有可能动心作证。他们一结婚，忘恩负义的乔治就拒绝和她发生性关系，他说感觉自己落入了圈套。这次婚姻最终被宣告无效，是在玛戈认识第四个男人之后。他比她小四岁，从来没有工作过，因为他一直都待在学校。在她和乔治灾难性的婚姻结束后，她害怕独自一个人生活，她对自己说，这个严肃认真的学生正是她需要的人。玛戈上班挣钱养家，直到他离开她去加入一个宗教社团。在这个第四次婚姻期间，玛戈从一个亲戚那里继承了一大笔遗产，她让这个丈夫花这笔钱，希望这种姿态能表明她对他的忠诚、信赖和爱（他一直怀疑这一点）。他把她的大部分钱捐给了那个宗教社团，然后，他向玛戈清楚地表明，他不再想跟她结婚了，也不想让她跟他一起加入那个宗教社团，责备她的“世俗”造成了他们婚姻的失败。

玛戈被这些事情深深地伤害了，不过，她仍然不顾一切地渴望认识第五个男人，确信只要她这一次能找到对的男人，就会有好结果。她来做心理治疗的时候，面容憔悴、双目无神，害怕自己的容貌不再如前，不再对男人有吸引力。她完全不知道自己长久以来的模式都是在跟让人无法忍受的男人相处，那些男人她并不信任，甚至都不喜欢。尽管她承认自己到目前为止在选择丈夫时都运气不好，但她不知道自己的需要是如何把她带进每一次婚姻灾难中的。

她提供的情况令人担忧。除了太瘦之外（就算偶尔有胃口，她也会因为胃溃疡而觉得进食很痛苦），玛戈还表现出了与压力有关的其他神经症状。她很苍白（她证实自己贫血），指甲被咬得很严重，发质干枯发脆。她描述了与疹子、痢疾和失眠有关的问题。相对于她的年龄来说，她的血压相当高，而她的能级水平低到了令人担忧的程度。

“有时候，我用尽全身的力气才能起床去上班。我已经把自己所有的病假都用于呆在家里哭。孩子们在家的时候，我哭会觉得内疚。等她们去上学的时候再放声大哭，我才能感到彻底释放。我真不知道自己还能再继续这样下去多长时间。”

她说，她的两个孩子在学校都有问题，无论是学习成绩还是与人交往。在家时，两个女儿总是吵架，而她也爱对她们发脾气。她仍然经常求助于可卡因来“提神”，这是她和乔治在一起的时候就已经习惯的方法，但她无论从经济上还是从身体上都已经承受不起这种提神了。

然而，所有这些因素对玛戈造成的困扰，都比不上她现在没有情感依靠的困扰。从十几岁时开始，她的生活中一直都有男人在身边。小的时候她是跟父亲斗争，成人后，她用这样或那样的方式跟自己的每一任丈夫斗争。她现在单身四个月了，只是因为到目前为止她的经历太凄惨，所以，她才不愿意出去找男人，而宁愿维持现状。

许多女人感觉自己需要男人是因为现实的经济压力，需要男人在经济上支持她们。但是，玛戈不是这么回事。她有自己喜欢的高收入工作。她的四任丈夫没有一个在经济上支持过她或她的孩子。她需要一个男人是因为其他方面的原因，因为她对情感关系上瘾，而且是糟糕的情感关系。

在她成长的家庭里，她的母亲、她的兄弟姐妹和她自己都受到虐待。家里穷，没有安全感，有很多苦恼。这种童年的情感压力在她的心理状态上留下了深深的印记。

起初，玛戈有潜在的严重抑郁症，有类似经历的女人经常会出现这种情况。具有讽刺意味的是，由于这种抑郁，以及她能够对每一任伴侣扮演自己熟悉的角色，玛戈才会被那些让人无法忍受的男人吸引：这种男人暴虐、不可预测、不负责任或无同情心。在这种关系中，会有很多争吵，甚至暴力，突然的离去与和解，以及这些事情间歇期的紧张和恐惧。可能还存在严重的金钱问题，甚至法律问题。非常戏剧化，极度混乱，异常兴奋，刺激得很。

听起来令人精疲力竭，不是吗？从长期看来当然如此，但是，就像吸食可卡因或利用其他强力刺激一样，从短期看，这种情感关系会提供一种强有力的逃避方式，一种分散注意力的好方法，而且当然能非常有效地掩盖抑郁问题。当我们异常兴奋的时候，不论是正面的兴奋还是负面的兴奋，我们几乎就不可能感到抑郁了，因为肾上腺素会释放到较高水平并刺激我们。但是，过多地受到强烈刺激会让身体的回应能力疲惫不堪。结果造成比以前更深的抑郁，而且，这种抑郁不仅有情感基础，还有身体原因。① 许多像玛戈这样的女人，因为童年时期有生活在持续、严重的紧张状态中的情感经历（而且，还因为她们通常可能会从一个酗酒或者有其他生物化学缺陷的父母身上，遗传一种易于形成抑郁症的生物化学弱点），甚至在青少年或成年时期开始谈恋爱以前就已经基本上处于抑郁状态了。这种女人可能会下意识地寻求一种艰难而富于戏剧性的情感关系所提供的强烈刺激，以激发她们的腺体释放肾上腺素——这种做法类似

① 抑郁有两种，外因性和内因性。外因性抑郁的发生是对外界事件的反应，并且跟悲伤有紧密联系。内因性抑郁是生物化学的不适当作用的结果，表面上看起来跟强迫性进食或酗酒、吸毒有遗传性联系。事实上，它们可能都是相同或相近的生物化学紊乱的不同表现。

于用鞭子抽打一匹疲惫而过度劳累的马，以便让这只精疲力竭的可怜畜生再多走几英里。因此，当不健康的情感关系中的强烈刺激被去除时——或是因为这种关系结束，或是因为那个男人开始从自己的问题中康复起来，用更健康方式跟她相处——这种类型的女人往往会陷入抑郁中。当她的身边没有男人的时候，她要么试图让上一次失败的关系重新开始，要么疯狂地找寻另一个难以相处的男人以便自己将注意力集中在他身上，因为她迫切需要他所提供的刺激。如果她的男人开始用更健康的方式认真地对待他自己的问题，她也许会突然发现，自己渴望的是一个更令人兴奋、更刺激的人，一个能让她避免面对自己的感觉和问题的人。

这明显跟吸毒和戒断很相似。为了逃避自己的感觉，她确实需要"专心于"一个男人，将他当做她逃避自己的毒品。为了康复，她必须得到支持，以克制自己，并允许痛苦的感觉涌现出来。这一次，她的情感和身体都需要治愈。把这种过程比作海洛因成瘾者突然完全禁止使用毒品，一点也不夸张。其中的恐惧、痛苦和不适是同样的，而且，想要再找一个男人的诱惑，跟想要再注射一针的诱惑同样强烈。

一个把自己的情感关系当做毒品的女人，会跟任何一个化学品成瘾者一样，完全否认这个事实，而且她会强烈抗拒和害怕放下自己的沉迷，放弃跟男人之间那种令情感极度激动的交往方式。但是，通常情况下，如果有人和善而坚定地让她面对问题，她会在某种程度上意识到自己对男人成瘾所造成的影响，明白她受到了自己所无法控制的模式的支配。

治疗有这种问题的女人的第一步，是要帮助她认识到她跟所有的成瘾者一样，正处于可识别的发病过程中，不治疗就会越来越严重，如果接受专门的治疗就会有很好的效果。她需要知道自己对不值得的情感关系中的痛苦和熟悉感上瘾，要明白这是一种源自童年时期紊乱的情感关系的疾病，许许多多的女人都受着这种疾病的折磨。

等待玛戈这样的女人自己搞明白她是个爱得太多的女人，她的病正变得越来越严重，并且最终会要她的命，是不妥的。这就好像是听患者描述了任何其他疾病的所有典型症状后，期待患者自己能猜出病情和治疗方法一样。说得更透彻一些，按照玛戈的病情以及跟病情相伴的否认机制，玛戈不可能自我诊断病情，正如病得同样严重的酗酒者不可能准确地自我诊断一样。这两种人都无望独自康复或者简单地在一位医生或治疗师的帮助下康复，因为康复要求她们放弃似乎能缓解痛苦的做法。

单靠治疗所提供的支持，不足以替代酗酒者对酒精的依赖，或替代对情感关系成瘾的女人对男人的依赖。当一个成瘾的人试图停止的时候，那个人的生活中会形成一个巨大的真空——而每星期一两次跟心理治疗师约谈一小时，不足以填满这个巨大的真空。因为当对物质或人的依赖被中断的时候，成瘾者会产生严重的焦虑，必须能随时获得支持、安慰和理解。这最好由经历过同样的痛苦戒断过程的同类人提供。

用传统疗法治疗任何一种成瘾症，还有另一个不足之处，那就是不论成瘾者对物质还是对情感关系成瘾，传统疗法都倾向于把成瘾只看做是一种症状，而不是把它当作主要的发病过程，没有认识到必须首先解决这个发病过程，才能继续治疗并取得进展。相反，传统疗法主要致力于发现这种行为的“原因”，往往允许病人继续成瘾行为。这种方法绝对是落后的，往往一点效果都没有。当一个人已经处于酗酒状态时，基本问题是对酒精成瘾，而这是必须处理的问题；也就是说，必须首先停止饮酒，其他方面才能够开始改善。寻找饮酒的根本原因，希望发现“原因”后酗酒会停止，是不起作用的。酗酒的“原因”是病人有酗酒症。只有首先直接处理酗酒症，才能有康复的机会。

对于爱得太多的女人来说，她的主要疾病是她对无回报的情感关系的痛苦和熟悉感上瘾。确实，这源自于童年时期所形成的伴随一生的模式，但是，为了开始康复，她必须首先处理目前的模式。

不论她的伴侣有多么病态、残忍或无助，她必须在医生或治疗师的帮助下明白，她的每一个试图改变、帮助、控制或责备他的企图，都是她的疾病的表现，而且她必须停止这些行为，才能改善生活中的其他方面。努力改变自己，才是她唯一合理的做法。在下一章，我们将概括介绍情感关系成瘾的女人为了康复所必须采取的具体步骤。

下面的表格描述了酗酒者和情感关系成瘾的女人的行为和康复过程的特点，清楚地表明了这两种疾病行为的相近性。表格无法真正传达的是，患有其中任何一种疾病的人为康复而付出的努力也是多么的相近。从对情感关系的依赖（或爱得太多）中康复起来的难度，丝毫不亚于从酗酒症中康复的难度。对于遭受着这些疾病的人来说，能否康复是生死攸关的问题。

患病特点

酗酒者	对情感关系成瘾的女人
沉迷于酒精	痴迷于情感关系
否认问题的严重程度	否认问题的严重程度
为了掩盖大量饮酒的事实而撒谎	为了掩盖情感关系的实情而撒谎
为了隐藏酗酒问题而逃避他人	为了隐藏情感关系问题而逃避他人
反复尝试控制饮酒	反复尝试控制情感关系
无法解释的情绪波动：愤怒、抑郁、内疚	无法解释的情绪波动：愤怒、抑郁、内疚
怨恨	怨恨
失去理性的行为	失去理性的行为
暴虐	暴虐
由于醉酒而发生意外	由于全神贯注于一个人而发生意外
自我憎恶/给自己找理由	自我憎恶/给自己找理由
由于酗酒而导致身体疾病	由于跟压力有关的不适而导致身体疾病

康复特点

酗酒者	对情感关系成瘾的女人
承认自己无法控制疾病	承认自己无法控制疾病
不再把问题推到他人身上	不再把问题推到他人身上
把注意力转向自己，为自己的行为负责	把注意力转向自己，为自己的行为负责
向同类人寻求康复帮助	向同类人寻求康复帮助
开始处理自己的感觉，而不是逃避	开始处理自己的感觉，而不是逃避
形成一个好朋友圈，培养健康的兴趣	形成一个好朋友圈，培养健康的兴趣

如果病情比较严重，要想康复，通常就需要正确地识别出我们所患疾病的具体病程，以便得到合适的治疗。如果我们咨询专业人士，他们对我们的责任之一，是掌握具体的常见病的征兆和症状，这样他们才能诊断出我们的疾病，并采用最有效的现有手段进行相应的治疗。

我想充分说明一下“疾病”的概念之所以适用于爱得太多的理由。这是有难度的，如果你不愿意接受这种说法，我希望你至少能明白，对某种物质成瘾的疾病，例如酗酒症，与那些爱得太多的女人对她们生活中的男人的成瘾非常相似。我完全相信，爱得太多的女人所受的折磨，不是像一种疾病过程，它就是疾病过程，需要特定的诊断和特定的治疗。

首先，我们研究一下“疾病”的确切含义：偏离健康状态，伴随一系列越来越严重的特定症状，这些症状在该疾病的患者身上都可以得到确认，并且会对特定形式的治疗有反应。

这个定义不要求必须存在某种病毒、微生物或其它病原体物质，只要求患者以该疾病所独有的可识别、可预测的方式生病，并且有可能在采用某种合适的干预后康复。

然而，对于许多医疗行业的人来说，如果某种疾病在早期和中期阶段只是表现在行为方面而非生理方面，他们就很难认为它是种

“疾病”。这也是大多数医生不认为酗酒是一种疾病的原因，除非患者到了身体状况明显恶化的酗酒症晚期。

将爱得太多看做一种疾病也许甚至会更难，因为这种成瘾不是对某种物质，而是对某个人。但是，妨碍我们将它看做一种需要治疗的病理状态的最大障碍，是医生、心理咨询师以及我们所有其他人对女人和爱所怀有的某些根深蒂固的观念。我们往往相信痛苦是真爱的表现，拒绝痛苦就是自私，并且相信如果一个男人有问题的话，女人就应该帮助他改变。这种态度促成了酗酒症和爱得太多这两种疾病的长期存在。

酗酒症和爱得太多这两种疾病在早期阶段都不明显。到了极具破坏性的明显阶段时，人们想做的也是检查、治疗生理表现——酗酒者的肝脏或胰腺，情感关系成瘾的女人的神经或高血压——而不去准确地评估整体状况。重要的是，应该在造成这些“症状”的疾病过程的整体背景下看待它们，而且，为了终止其对情感和身体健康的持续破坏，我们必须尽早确认这些疾病的存在。

第 188 页和第 189 页的图表描述了酗酒和爱得太多这两种疾病的恶化进程之间的相似性。两个图表都表明，无论是对影响大脑的化学物质成瘾，还是对不幸福的情感关系成瘾，最终都会逐渐破坏成瘾者生活的方方面面。这种影响会从情感方面发展到生理方面，不仅会涉及到其他人（孩子、邻居、朋友、同事），而且，通常还会给那些情感关系成瘾的女人带来其他疾病过程，例如强迫性进食、强迫性偷窃或强迫性工作狂。图表还描述了对化学物质成瘾的人和对情感关系成瘾的人康复过程的相似性。值得提到的是，酗酒症的恶化和康复图表更多地代表男性酗酒者的情况，而情感关系成瘾的图表更多地代表了女人的疾病过程和康复。因性别不同而产生的差异并不大，而且，或许在看这两个图表的时候，我们能很容易地想象到性别差异的情况。不过，详细探究这种差异并不在本书的讨论范围之内。本书的主要目的，是更清楚地理解爱得太多的女人是怎样生病的，以及她们怎样才能好起来。

还要记住，玛戈的故事并不是依据这个图表来叙述的，建立这个图表也不是为了反映她的故事。有过好几个伴侣的玛戈，所经历的这种疾病的发展阶段，跟其他只有一个伴侣的爱得太多的女人所经历的阶段是相同的。如果情感关系成瘾或爱得太多是一种跟酗酒相似的疾病，那么，其发展阶段和进程是可以同样被识别和预测的。

在下一章，我们会详细研究图表中的康复方面，但是现在，让我们把注意力先主要集中在图表所描绘的一些感觉和行为上，它们表明了爱得太多这种疾病的出现和恶化过程。

正如本书中的每一个故事所表明的那样，在爱得太多的女人长大的家庭里，她们或非常孤独、孤立，或被排斥，或过分承担不适当的沉重责任，并由此变得过度为别人付出、过度牺牲自我；或者她们遭遇了危险的混乱状态，而形成了一种想要控制身边的人、控制身边环境的强烈需要。这自然会造就一个需要为别人付出或控制别人的女人，或者既需要为别人付出，又需要控制别人，而只有当她的伴侣至少能允许——如果不是怂恿的话——这种行为时，她才能这样做。她不可避免地会让自己和一个至少在他的生活中对某些重要方面不负责任的男人恋爱，因为这样的男人明显需要她的帮助、付出和控制。然后，她通过自己爱的力量和劝说去改变他的奋争就形成了。

正是在这个很早的时刻，随着她开始否认跟一个男人的关系的实际情况，就预示了这种关系后期的疯狂性。要记住，否认是一种无意识的过程，会自动自发地起作用。她对未来的梦想，以及为实现那个目标而付出的努力，扭曲了她对真实情况的感知。两人关系中的每一次失望、失败和背叛，不是被她忽视，就是被她牵强地解释过去。“没有那么糟糕”、“你不明白他实际上是什么样的人”、“他不是有意的”、“不是他的错”。这只是爱得太多的女人在其病程中的这个阶段常用短语中的几个例子，她们用这种话为她的伴侣和两人的关系辩护。

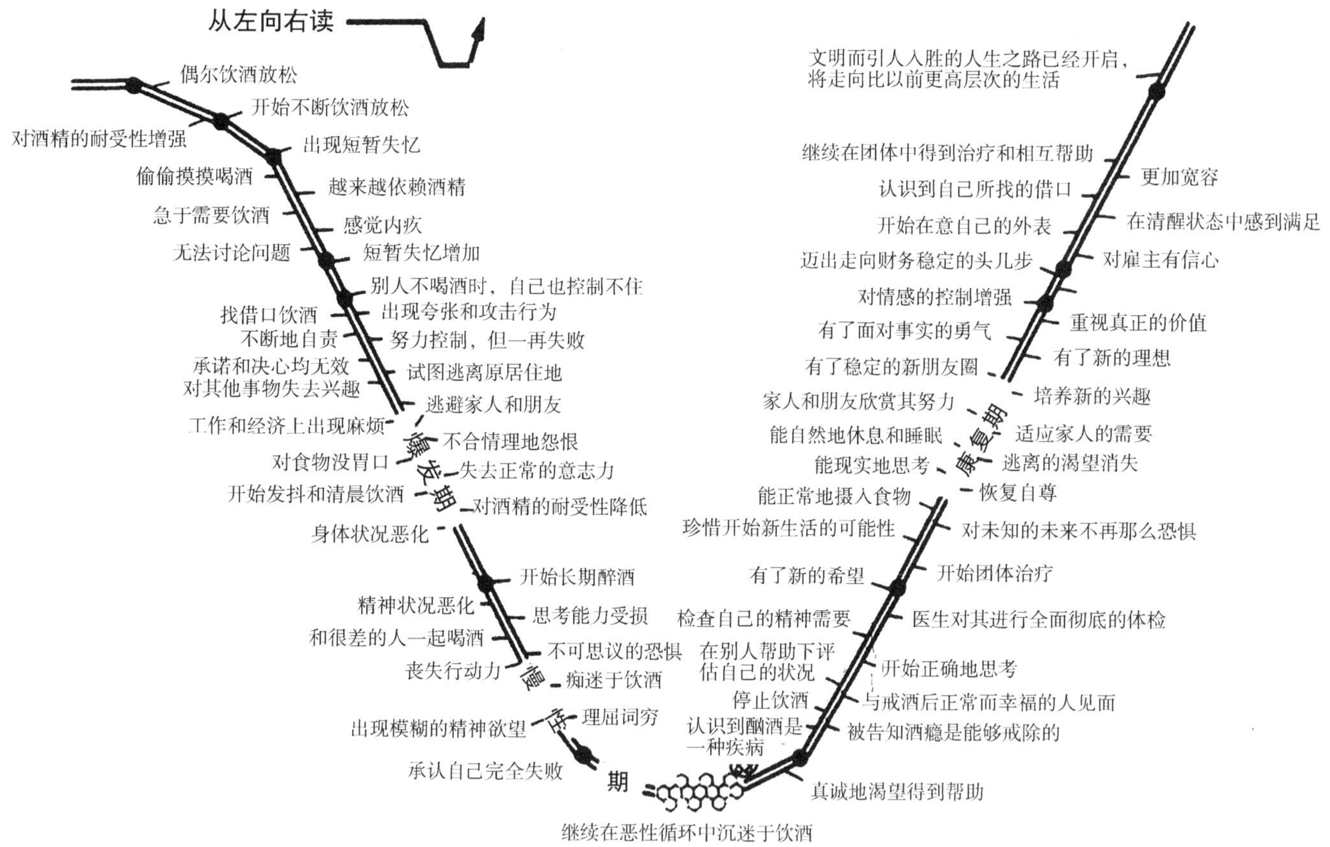

从左向右读

偶尔饮酒放松
开始不断饮酒放松
对酒精的耐受性增强
出现短暂失忆
偷偷摸摸喝酒
越来越依赖酒精
急于需要饮酒
感觉内疚
无法讨论问题
短暂失忆增加
别人不喝酒时，自己也控制不住
找借口饮酒
出现夸张和攻击行为
不断地自责
努力控制，但一再失败
承诺和决心均无效
试图逃离原居住地
对其他事物失去兴趣
逃避家人和朋友
工作和经济上出现麻烦
爆发期
不合情理地怨恨
对食物没胃口
失去正常的意志力
开始发抖和清晨饮酒
对酒精的耐受性降低
身体状况恶化
开始长期醉酒
精神状况恶化
思考能力受损
和很差的人一起喝酒
不可思议的恐惧
丧失行动力
慢性期
痴迷于饮酒
理屈词穷
出现模糊的精神欲望
承认自己完全失败
继续在恶性循环中沉迷于饮酒
真诚地渴望得到帮助
认识到酗酒是一种疾病
被告知酒瘾是能够戒除的
停止饮酒
与戒酒后正常而幸福的人见面
在别人帮助下评估自己的状况
开始正确地思考
检查自己的精神需要
医生对其进行全面彻底的体检
有了新的希望
开始团体治疗
珍惜开始新生活的可能性
对未知的未来不再那么恐惧
能正常地摄入食物
恢复自尊
康复期
能现实地思考
逃离的渴望消失
能自然地休息和睡眠
适应家人的需要
家人和朋友欣赏其努力
培养新的兴趣
有了稳定的新朋友圈
有了新的理想
有了面对事实的勇气
重视真正的价值
对情感的控制增强
迈出走向财务稳定的头几步
对雇主有信心
开始在意自己的外表
在清醒状态中感到满足
认识到自己所找的借口
更加宽容
继续在团体中得到治疗和相互帮助
文明而引人入胜的人生之路已经开启，将走向比以前更高层次的生活

酒精成瘾及其康复

从左向右读
小时候在功能失调的家庭里养成了过于负责、过分照顾他人的行为
强烈需要控制他人；选择喜欢让她控制的不负责的男人
喜欢那些需要她的人
正如曾努力好好“爱”她病态的父母一样，努力好好“爱”她的男人
开始否认情感关系的现实
对男人的情感依赖增强
努力避免惹恼男人
产生内疚感
急于跟男人讨论问题
开始怀疑自己的感知
愈加关注男人的行为
找借口为男人的行为向他人辩解
沉迷于掩盖问题
产生失败感
出现对男人的攻击行为，渴望报复
为跟男人争吵而不断自责
控制男人的努力一再失败
因男人不履行承诺和决定而愤怒、怨恨
试图和男人一起逃离原居住地
对其他事物失去兴趣
爆发期
逃避家人和朋友
工作和经济上出现麻烦；承担起男人的责任
不合情理地怨恨
强迫性过量进食或对食物没胃口
出现神经紊乱
出现医学问题，开始使用镇静剂
可能形成对酒精或药物的依赖
身体状况恶化
开始长期抑郁
出现婚外情，工作狂，或痴迷于家庭之外的其他兴趣
思考能力受损，意志消沉
怨恨“正常人”
莫名的恐惧，偏执
丧失行动力
慢性期
完全痴迷于男人
对男人和孩子更加暴力
用尽了一切试图控制男人的方法
威胁自杀或企图自杀
自己和孩子都出现严重的情感问题
承认自己完全失败
继续在恶性循环中痴迷于男人
愿意寻求帮助
真诚地渴望得到帮助，无论男人怎么做
认识到“爱得太多”是一种疾病
被告知无论男人是否得到帮助，她都能康复
面对自己的无力感
开始团体治疗
与康复的爱得太多的女人见面
开始正确地思考
有了新的希望
专注于自己而不是男人
珍惜开始新生活的可能性
在药物、酒精或食物成瘾问题上获得帮助
对未知的未来不再那么恐惧
定期参加团体集会
自尊恢复
能现实地思考
康复期
逃离的渴望消失，更能说“不”
团体中的朋友欣赏她的努力
不再纵容男人不负责任
形成健康的利己心态
有了稳定的新朋友圈
理想和精神的重生
在别人帮助下评估自己的状况
欣赏自己的进步
情感控制能力增强
控制他人的需要降低
迈向自立
重获对孩子的信心
开始在意自己的外表
满足感不再依赖于男人的行为
认识到了自己原来找的借口
对自己生活的责任感增强
继续在团体中得到治疗和相互帮助
文明而引人入胜的人生之路已经开启，将走向比以前更高层次的生活
“爱得太多”的过程及康复

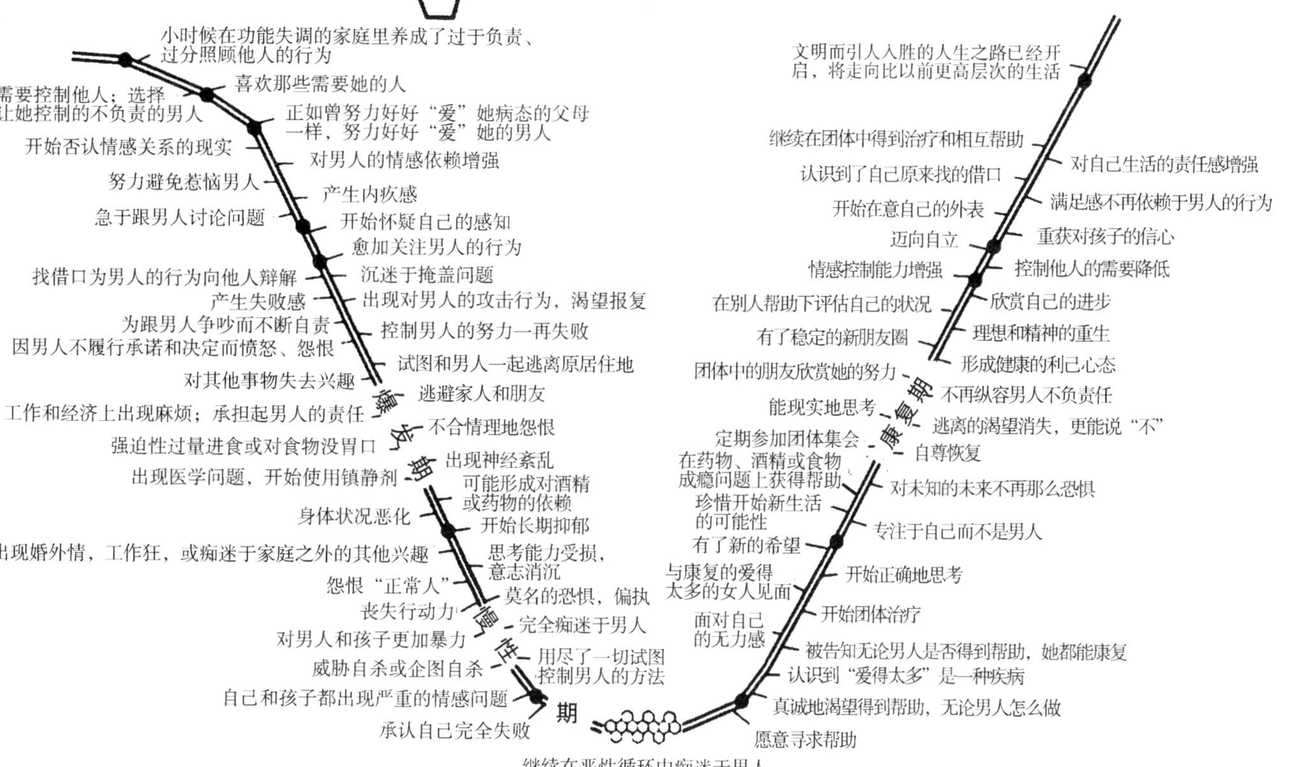

当这个男人令她失望、辜负她的时候，她却在情感上变得对他更加依赖。这是因为她已经变得只专注于他、他的问题、他的幸福，以及或许是最重要的——他对她的感觉。随着她继续努力改变他，他吸引了她的大部分精力。他很快就变成了她生活中所有好事的源泉。如果和他在一起感觉不好，她就会为了让感觉变好而努力改正他或自己。她不从其他方面寻找情感满足。她太忙于努力让两人之间的关系顺利起来。她确信，如果她能让他幸福，他就会对她好一点，然后她也会幸福。在她取悦他的努力中，她变成了他的幸福的守护神。他每一次不高兴，她都将之当做自己的失败并感觉内疚——为她没能缓解他的不快乐而内疚，为没能纠正他的不足而内疚。但是，也许她最内疚的是自己不快乐。她的否认机制告诉她，他并没有什么真正的问题，所以过错一定都在她身上。

在绝望中——她判断这源于微不足道的问题和对小事的抱怨——她开始觉得自己极其需要跟自己的伴侣认真谈谈。接下来，他们会长谈（如果他愿意跟她谈的话），但是，真正的问题往往得不到处理。如果他酗酒，她的否认机制会阻止她认识到这一点，她会恳求他告诉自己为什么他那么不开心，因为她认为他的酗酒问题不重要，但他的不开心肯定很重要。如果他不忠的话，她会问为什么她在他眼里不够女人，她相信这种状况是她的过错，而不是他的错。如此等等。

情况变得越来越糟。但是，因为她的伴侣害怕她可能会泄气离开他，而他需要她的支持——在情感、经济、社会交往或经验上的支持——他会告诉她，她错了，问题都是她想象出来的，他说他爱她，说他们的境况正在改善，但因为她太消极而没有注意到。于是她相信了他，因为她太需要相信他了。她接受了他的看法，认为是她在夸大他们的问题，并变得离现实更远了。

他已经成了她的晴雨表、她的雷达、她的情感测量仪。她始终注视着他。她的所有感觉都由他的行为引起。在她赋予他支配她的情感的能力的同时，她站到了他和世界之间。她试图让他看起来比实际更好，试图让他们作为一对儿显得比实际更幸福。她牵强地解释他的每一次失败、她的每一次失望，当她把真相向外界隐瞒起来的时候，她也向自己隐瞒了真相。由于无法接受真实的他，无法接受他的问题是他的、而不是她的，她会深深地感觉自己所有试图改变他的积极努力都失败了。她的沮丧以愤怒的形式爆发出来，他们会争吵，有时还会打架；这是由她挑起的，因为他似乎在故意阻挠她为他尽的最大努力，她感到自己无能为力，所以气愤不堪。正如她曾经原谅他每一次辜负自己一样，她现在把一切都看成是她自己的问题。她感觉自己是唯一努力让关系变好的人。当她纳闷自己的愤怒从何而来，想知道为什么她在他眼里不够可爱，不足以让他愿意为她、为他们而改变的时候，她变得更加内疚。

她会更坚定地让他产生她想要的变化，她现在愿意尝试任何方法。他们互相保证。如果他不喝酒，或不晚回家，或不四处鬼混，或随便什么保证，她就不对他唠叨。他们两个人都无法坚守这种相互的承诺，而她会隐约感到自己失去了控制——不仅失去了对他的控制，也失去了对自己的控制。她无法停止争吵、责骂、哄骗、乞求。她的自尊严重下降。

也许他们会搬家，认为他们的问题是朋友、工作、家人造成的。也许搬家后情况会有一阵子好转——但只是一阵子。很快，所有的旧模式又都恢复了。

到这时，她对这种痛苦的争斗已经精疲力竭了，没有时间或精力做任何其他事情。如果有孩子的话，孩子们在情感上肯定是被忽视的，即便日常的生理需要不会同样受到忽视。社交活动也停止了，因为有太多的刻毒和秘密需要隐瞒，使得他们出现在公开场合纯粹成了一种折磨。缺少与社会的接触，让爱得太多的女人更加与世隔绝。她失去了跟现实之间的又一个重要联系。她的情感关系成了她的全部世界。

曾几何时，这个男人的不负责任和困苦吸引了她。当时，她确信自己能改变他、修正他。现在，她发现自己担起了他应该自己承担的负担。当她给他钱，完全接管对他们孩子的责任时，她既为这种转变而深深地怨恨他，同时也陶醉于由此而产生的她对他的控制感。

如果你还记得那个图表的话，你会注意到，我们已经进入所谓的“爆发期”，这是迅速恶化的阶段，先是情感，后是身体。痴迷于自己情感关系的女人，如果原先没有饮食紊乱症，现在就可能在其他问题的基础上增加饮食紊乱问题。为了报偿自己的所有努力，也为了努力压抑内心的强烈愤怒和怨恨，她可能开始把食物当做镇静剂。或者，她可能会因为胃溃疡或胃部慢性不适而郑重其事地忽略食物，也许还有一种殉难心态：“我没有时间吃。”或者，她可能为了弥补自己对自己生活的整体失控感，严格控制进食。她可能会开始滥用酒精或其它“消遣药品”，而且很常见的是，处方药会变成她应付自己无法承受的情景的保留剧目。如果医生没能正确地诊断出她不断恶化的紊乱症，就可能会因为给她提供镇静剂以抑制由于其生存状况和心态而产生的焦虑，而加重她的病情。提供此类极有可能成瘾的药物给处于这种状况中的女人，就相当于给她猛灌了几口松子酒。不论是松子酒还是镇定剂，都只能暂时减轻痛苦，什么问题都解决不了，甚至还会引起更多的问题。

不可避免的是，当一个女人的病情恶化到这种程度的时候，不只会有情感问题，身体也会出问题。任何与长期遭受严重压力相关的紊乱症都可能出现。正如前面提到的，她可能会对食品、酒精或其它药物形成依赖，还可能有消化问题或溃疡，以及各种皮肤问题、过敏、高血压、神经性痉挛、失眠症，以及便秘或痢疾，或便秘和痢疾交替出现。她可能开始出现间歇性抑郁，或者像经常出现的情况那样，如果她以前就有抑郁问题，现在的抑郁发作时间会更长，并且严重到令人担忧的程度。

这时，身体开始在压力的作用下崩溃，就进入到了慢性期。慢性期的标志也许是思考能力严重受损，这个女人根本很难客观地评估自己的处境。爱得太多暗含着一种隐性的逐渐恶化的精神失常，到了这个阶段，这种失常就完全表现出来了。她这时完全不明白自己在生活中有什么选择。她所作的大多数事情都是对自己伴侣的反应，包括外遇、沉迷于工作或其他兴趣，或者热心于一些“事业”，而在那些事业中，她又试图帮助（控制）身边其他人的生活和状态。可悲的是，即便她转向情感关系以外的人和兴趣，这时也成了她的痴迷的一部分。

她已经变得极其嫉妒那些没有像她一样问题的人，而且，她越来越经常发现自己将挫折感发泄在身边的人身上——越来越猛烈地攻击她的伴侣，甚至常常攻击她的孩子。到这时，作为以内疚感控制伴侣的最后一种尝试，她可能会威胁要自杀，或者真的企图自杀。不用说，到这个时候，她和她身边的每一个人都已经病得很重了，情感的病态是肯定的，而且常常还会有身体上的疾病。

考虑一下受着爱得太多疾病折磨的女人的孩子会受到怎样的影响，也是很有启发的。你在本书中看到的很多故事中的女人，都是在这种家庭环境中长大的。

当爱得太多的女人最终认识到她为改变自己的男人已经尝试了每一件事情，而且所有的努力都已经失败时，或许她就能明白自己必须得到帮助。通常，她会转向其他人（或许是一个专业人士）寻求帮助，想再做一次改变自己男人的努力。至关重要的是，她所寻求帮助的人要让她认识到，她才是那个必须改变的人，她的康复必须从自己开始。

这非常重要，因为正如我们已经清楚地表明的那样，爱得太多是一种进行性疾病。一个像玛戈这样的女人，已经踏上了自己的死亡之路。或许她会死于一种与压力有关的疾病，例如心脏衰竭或中风，或任何其他由压力导致或恶化的身体疾病。或许，她会死于暴力，这已经成了她现在生活中的很大一部分；或许她会死于一次事故，如果她不这么为痴迷分心的话，这种事故可能就不会发生。她可能很快死去，也可能在逐渐恶化中煎熬很多年。无论死亡的表面原因是什么，我都想重申：爱得太多会置你于死地。

现在让我们回到玛戈的故事，她被生活中的变故搞得灰心丧气，至少开始了试探性地寻求帮助。玛戈实际上只有两个选择。她需要有人向她明确地描述出来，然后她必须在两者之间做出选择。

她可以继续寻找完美伴侣。考虑到她对恶意、不值得信任的男人的偏爱，她会不可避免地更容易被一个她所熟悉类型的男人吸引。要么，她可以开始采用非常艰难和要求更高的做法——清醒地认识到自己不健康的相处模式，同时客观地审视那些被她加在她与各种男人之间的相互“吸引”之中的因素。她可以继续在自身之外寻找能让她幸福的男人，也可以在同类人的帮助和支持下，开始一个缓慢而辛苦的过程（但最终回报更大），学习爱自己，关怀自己。

可悲的是，绝大多数像玛戈这样的女人会选择继续她们的成瘾做法，寻找那个能让她们幸福的魔法般的男人，或者无休止地试图控制、改善跟她们在一起的男人。

与建立自己的内生资源、学会用自己的内心而不是外界填补空虚所需的自我控制相比，在自身以外寻找幸福的源头似乎轻松得多，感觉熟悉得多。但是，如果你有足够的智慧，不想再疲惫不堪或受够了绝望的折磨，并希望自己好起来，而不是想要修正自己的男人或者找一个新男人，如果你真正想要改变自己，那么，后面就是康复的步骤。

第 10 章

康复之路

如果一个人的爱有成果，他一定也爱自己；
如果他只能爱别人，那么他根本就不能爱。
——艾瑞克 · 弗洛姆
爱的艺术

读了前面这么多女人的故事，她们跟男人之间不健康的相处模式是如此相似，也许你现在相信这是一种疾病了。那么，合适的治疗方法是什么呢？落入其魔爪的女人怎样才能康复呢？她怎样开始摆脱跟“他”之间无休止的争斗，并学会把精力用于为自己创造一个丰富而完满的生活呢？她怎样才能让自己区别于许多没有康复的女人，那些从未能把自己从深陷的泥潭和情感关系令人不满意的凄惨生活中解脱出来的女人呢？

当然，一个女人能否康复，并不取决于其问题的严重程度。在康复以前，不论当时的状况或过去的经历有什么具体的细节差异，爱得太多的女人的特征都是非常相似的。但是，一个克服了爱得太多模式的女人，跟康复之前的自己相比会有深刻的不同，就好像是变了一个人。

或许，直到今天为止，是运气或命运决定了这些女人之中哪些人能找到出路，哪些人找不到。然而，我观察到的情况是，所有康复的女人最终都为康复而采取了某些步骤。她们常常在没有指导原则的情况下，通过一次又一次的试错，最终仍然遵循了我将要为你描述的康复程序。而且，在我的个人生活和职业生涯中，我从来没见过一个采取这些步骤的女人没成功康复的，我也从来没见过一个不采取这些步骤就能康复的女人。这可能听起来像是在打包票，确实是在打包票。遵循这些步骤的女人就会好起来。

这些步骤很简单，但并不轻松。它们都同等重要，并且是按照典型的先后顺序列出来的：

1. 寻求帮助
2. 把自己的康复作为生活的第一要务
3. 找一个由能够理解你的同类人所组成的支持团体
4. 通过每天的练习，发展你的精神世界
5. 停止支配和控制他人
6. 学会不对博弈上钩
7. 勇敢面对自己的问题和缺点
8. 培养自己欠缺的方面
9. 变得“自私”一点
10. 跟他人分享你的体验和你的知识

我们将逐一探究每个步骤的含义、要求、必要性以及可能的影响。

1. 寻求帮助

含义

寻求帮助的第一步可能包括任何做法，从去图书馆借阅一本相关书籍（这可能需要巨大勇气；你可能感觉好像每个人都在盯着自己），到跟心理治疗师约谈。这可能意味着给某个热线打匿名电话，谈谈你一直试图保守的秘密；或者联系你所在社区专门处理你所面对的问题的机构，不论你的问题是酒瘾拖累症、乱伦的经历、男友或丈夫殴打你，还是其它。这可能意味着找到自助团体的聚会地址，并鼓足勇气去参加；或者参加成人教育班，或去一个处理你这种类型问题的咨询中心。这甚至可能意味着给警察打电话报警。基本上，寻求帮助意味着做点什么事情，迈出第一步，伸出求助之手。重要的是要理解，寻求帮助不是要用你想这样做的想法去威胁你的男友或丈夫。这种举动往往是试图胁迫他改变，以便你不必公开他是一个多么恶劣的人。不要扯上他。否则，寻求帮助（或用寻求帮助威胁他）只会成为支配、控制他的又一次尝试。要尽量记住，你这样做是为了你自己。

有什么要求

要寻求帮助，你必须至少暂时放弃能独自处理问题的想法。你必须面对现实：你的生活状态一直在变差，而不是变好，而且要意识到，虽然尽了最大努力，你还是未能解决问题。这意味着，对于情况已经多么糟糕，你必须很诚实。不幸的是，只有当生活给我们一次打击或一系列打击，让我们跪倒在地，喘不过气来的时候，有些人才能诚实起来。由于这通常是一种暂时的状况，当我们恢复正常的时候，我们会努力回到从前的旧模式——强势、支配、控制、独自承担。不要安于暂时的缓解。如果你是从阅读一本书开始，那么，你就需要在读完书后遵循书中的步骤，这很可能需要你联系书中所推荐的一些能提供帮助的地方。

如果你和一个专业人士作了预约，就要搞清楚这个人是否理解你的具体问题的前因后果。例如，如果你曾是乱伦的受害者，一个没有受过专业训练并在这方面没有专业知识的人，对你的帮助就不如一个理解你的经历并知道这种经历可能会怎样影响你的人。

你去见的人要能问一些跟本书中所提的问题相似的关于你的家庭史的问题。你或许想知道你有可能选择的治疗师是否同意爱得太多是一种进行性疾病这样一个前提，并且接受本书介绍的治疗方法。

我有很强的个人偏见，认为女人应该找女性咨询师。我们有共同的基本经验，知道在这个社会中身为女人意味着什么，这会产生一种特别深的理解。并且，我们能避免那种几乎无法避免的男女游戏，我们可能忍不住想跟男性治疗师玩玩，或者，很不幸，他可能忍不住想跟我们玩玩。

但是，只是找一个女性咨询师并不够。她还必须能依据你的经历中的具体特点，知道最有效的治疗方法是什么，并且愿意推荐你参加合适的同类人支持团体——确实，要求你在治疗中参加这种团体，是治疗师必须尽的一个义务。

例如，如果一个酒瘾拖累症患者不参加嗜酒家庭互助会，我就不为她咨询。如果她在几次来访后仍不愿意参加，我会跟她做个约定：如果她愿意加入嗜酒家庭互助会，我就会继续和她见面，否则就不行。我的经验告诉我，如果不参加嗜酒家庭互助会，酒瘾拖累症患者就不会康复。相反，她们会重复自己的行为模式，继续不健康的思考方式，仅靠心理治疗不足以将其扭转。但是，在心理治疗和嗜酒家庭互助会的共同作用下，康复会快得多；这两方面彼此互补的效果非常好。

你的心理治疗师应该提出类似的要求，让你参加适合你的自助团体。否则的话，她可能就是在纵容你抱怨自己的处境，而不是要求你尽最大努力帮助自己。

一旦你找到好的心理治疗师，你必须坚持去向她咨询，并听从她的建议。没有人能只拜访专业人士一两次就改变伴随一生的模式。

寻求帮助可能需要你花钱，也可能不需要。许多机构的收费标准是根据你的支付能力而浮动的，而且，收费最高的治疗师和最有效的治疗方法之间并没有相关性。许多能力超强、热诚奉献的治疗师都在为这种机构工作。你要找的是一个有经验、有专业知识，而且相处起来感觉舒适的人。要相信自己的感觉，如果必要的话，情愿多见几个治疗师，以找到适合你的那一个。

为了康复而专门去参加治疗，并不是绝对必需的。事实上，如果找的治疗师不对，可能会弊大于利。但是，一个了解爱得太多病程的人，带给你的帮助是无法估量的。

如果你有男友或丈夫，寻求帮助并不要求你愿意终结目前的关系，在整个康复过程中的任何时刻也没有这种要求。当你遵循 1 ~ 10 这些步骤时，你和他的关系自然会变化。当女人们来见我的时候，她们常常想在自己还没准备好之前就切断与男友或丈夫的关系，这意味着她们要么会重修旧好，要么会开始新的同样不健康的关系。如果遵循这 10 个步骤，她们对于是留是走的看法就会改变。和他在一起将不再是问题所在，离开他也不再是解决办法。相反，和他之间的关系，将成为在怎样过自己的生活的整体背景下必须处理的许多值得考虑的问题之一。

为什么必要

寻求帮助之所以必要，是因为你已经艰难地尝试过，你尽了最大的努力仍然没有长期效果。虽然它们可能偶尔带来过暂时的缓解，但整体状况仍在不断恶化。其中比较棘手的一点，是你很可能还没意识到问题已经变得多么糟糕，因为你在生活中肯定一直在否认现实。这种疾病的性质就是如此。例如，我曾无数次地听我的女病人们说，她们的孩子不知道家里出了任何问题，或者说她们在夜里争吵的时候孩子们都睡着了。这是很常见的自我保护性否认的一个例子。如果这些女人面对她们的孩子正在受着真正折磨的现实，她们会被内疚和懊悔压垮。另一方面，她们的否认使得她们很难看清问题的严重性，并得到必要的帮助。

要理所当然地认为你的处境比你目前允许自己承认的程度更糟糕，而且你的疾病正在恶化。要明白你需要适当的治疗，你无法独自康复。

可能的影响

最让你害怕的一个影响是，如果你有男友或丈夫，你们的关系可能会结束；尽管从任何方面来说都不一定会结束——如果你遵循这些步骤，我保证这种关系要么改善、要么结束。这种关系和你都不会再像以前那样了。

另一个让你害怕的可能影响，是秘密会泄露出去。一旦一个女人真诚地寻求帮助，就很少会为此感到后悔，但在这样做之前的恐惧感是非常强烈的。不论一个女人所面临的只是令人不愉快、不舒服的问题，还是给她造成严重伤害，甚至威胁生命的问题，她是否选择寻求帮助都是有可能的。正是她的恐惧程度，有时还有她的自尊，决定着她是否寻求帮助，而不是她问题的严重性。

对许多女人来说，伸出求助之手甚至似乎都不是个选项：求助就感觉好像是在一种已然危险的处境中再冒不必要的风险。当挨打的妻子被问到为什么不报警时，经典答案是："我不想让他生气。"一种害怕把事情弄得更糟的深深的恐惧，以及坚信自己仍能控制局面（多么讽刺啊），在某种程度上阻止了她向权威部门求助，或向其他能帮助她的人求助。还有一种相对不太普遍的情况是，一个沮丧的妻子可能不想破坏现状，因为她丈夫对她的冷漠"没那么糟糕"。她对自己说，他基本上是个好男人，他没有她在朋友们的丈夫身上看到的许多缺点，于是她会忍受没有性生活，忍受他令人泄气地对待她的每次热情，或者忍受他们一起在家的时候他把全部注意力都放在看体育比赛上。这并不是她对他的容忍。这是她缺乏信心，如果自己不愿意继续耐心等待他从来也没有给予过的关注，她不相信这段关系还能继续下去；更确切地说，她是不够相信自己值得获得比现在更多的幸福。这在康复过程中是一个关键理念。你值得比目前过得更好吗？你愿意做点什么事情让自己过得更好？从第一步开始，去寻求帮助。

2. 把自己的康复作为第一要务

含义

把自己的康复作为第一要务，意味着你要下定决心，不论需要你做什么，你要愿意采取那些必要的步骤帮助自己。如果这听起来很极端，就想一下为了让他改变，帮助他康复，你愿意努力多长时间。然后，把那种精力转到自己身上。这里的神奇之处在于，虽然你的全部辛苦和努力不能改变他，你却能用同样多的精力改变你自己。所以，要把你的力量用在能起好作用的方面——用于你自己的人生！

有什么要求

这要求你对自己全身心地投入。这可能是你有生以来第一次把自己看得真正很重要、真正值得你关注和关爱。你可能很难做到这一点，但是，如果你经历了按时约谈、参加支持团体等过程，你就会在他人的帮助下学会怎样珍惜、促进自己的幸福。所以，只要你参加一段时间，康复过程就会开始。很快，你会感觉好很多，你会想要继续下去。

为促进这个过程，你要愿意多了解有关自身问题的知识。例如，如果你成长于酗酒家庭，就要读一些有关该主题的书籍，参加一些相关讲座，搞清楚那种经历对以后生活的影响。对这些知识的了解，可能会让你感觉不舒服，有时候甚至会很痛苦，但这跟你在不了解过去的经历怎样控制着你的情况下，继续按旧模式生活的不适感相比就差远了。有了解，就有了选择的机会。所以，你越了解，选择的自由度就越大。

还有一项要求是，你愿意为康复继续花时间，可能还包括继续花钱。如果你不想为自己的康复花钱、花时间，如果这看起来像是一种浪费，请想一下你已经花了多少时间和金钱，试图逃避维持或结束自己所处的情感关系带给你的痛苦。如果你诚实看待的话，你很可能会发现，如果把你在保持病态关系上花费时间和金钱的方式列一张清单的话，它会长得让你非常不舒服——饮酒，使用毒品，暴食，为完全摆脱而旅行，不得不更换你在愤怒中毁坏的（你的或他的）东西，缺勤，打昂贵的长途电话给他或你希望能理解自己的某个人，给他买昂贵的礼物来弥补，给自己买礼物帮自己忘却，日夜为他哭泣，忽视自己的健康直到病情严重。康复，需要你投入至少一样多的努力才能好起来。而且，作为一种投资，这肯定能给你相当大的回报。

全身心地投入到自身的康复中，还需要你在治疗过程中极大地减少或完全停止自己对酒精或其它药物的使用。在此期间，使用影响大脑的化学物质，会妨碍你完全体验自己显露的情感，而只有通过深切地体验这些情感，你才能从释放这些情感中得到治愈。对这些情感感到不适或恐惧，可能会促使你用这种或那种方式减轻它们（包括把食物当作药物），但是，我强烈建议你不要这样做。心理治疗的大部分效果产生于你不在团体中或不跟治疗师谈话的时候。从我跟病人打交道的经验来看，只有当大脑在不被改变的正常状态下处理信息时，在治疗约谈中或约谈之间大脑所建立起来的联系才能有持久的价值。

为什么必要

之所以必要，是因为如果你不这样做的话，你永远不会有时间康复。你会忙于所有那些让你保持病态的事情。

就像学习一门新语言常常需要反复接触那种与熟悉的说话、思考方式不同的新声音和新句型一样，如果接触不够频繁或只是零星接触的话，根本不可能掌握那种语言。康复也是一样。偶尔半心半意地摆出为自己做点事情的姿态，不足以影响已经确立的思考、感觉和相处方式。单单通过习惯的力量，这些旧模式就会在不进行治疗的时候自我恢复。

为了正确看待这件事，考虑一下如果你患了癌症，有人给你康复的希望，你会愿意努力到什么程度。为了从爱得太多中康复，你也得愿意努力到同样程度，因为这种疾病破坏你的生活质量，甚至很可能摧毁你的生命。

可能的影响

跟治疗师约谈或参加团体活动，要成为你优先安排的事项。它们比下列事情更重要：

- 邀请跟你共同生活的男人吃午饭或晚餐
- 跟你的男人见面详细讨论事情
- 避免他批评或生气
- 让他（或任何其他人）开心；得到他（或任何其他人）的赞许
- 旅行一段时间，暂时逃离一切（以便你回来的时候能忍受更多同样的痛苦）

3. 找一个由能够理解你的同类人组成的支持团体

含义

找一个由能够理解你的同类人组成的支持团体，可能需要一定的努力。如果你目前或曾经跟一个酗酒或吸毒的男人一起生活，你要去参加嗜酒家庭互助会，如果你的父母酗酒或吸毒，嗜酒家庭互助会也是能给你帮助的最佳去处。如果你曾被强暴，或者在身体或性方面受到过其他虐待，可以选择与此相应的、适合你的咨询和支持机构。

同类人的支持团体不是女人们随意聚在一起，谈论男人对她们做的所有恶劣事情或生命中的不幸遭遇。团体是一个你努力让自己康复的地方。谈论过去的创伤是很重要，但是，如果你发觉自己或他人在叙述长长的故事时带有很多“他说……然后我说……”，那么你很可能是偏离了正确的轨道，甚至可能加入了错误的团体。单靠同情不能带来康复。一个好的支持团体会致力于帮助所有参与者好起来，并包括一些已经达到一定康复程度的成员，能跟新来的人一起分享自己是凭着什么原则康复起来的。没有比嗜酒家庭互助会做得更好的了。不论你的生活是否跟酗酒问题有关，你可能都想参加一次或几次集会，看一下康复原则是怎样起作用的。这些原则对于我们所有人都基本相同，不论我们过去或现在身处什么环境。

有什么要求

你需要向自己和团体承诺，至少参加六次聚会再判断这个团体是否对你有帮助。这是必要的，因为你需要这么长时间才能开始感觉自己好像是团体的一份子，如果有一些术语的话，你也需要这么长的时间才能学会，并开始明白康复的过程。如果你去参加嗜酒家庭互助会，它们常常是每周有几次聚会，你要尽量别在每周都参加同一天的聚会。不同的小组会有不同的特点，虽然形式基本相似。要找一两个特别适合你的小组并坚持参加，当你感觉需要的时候可以参加更多的聚会。

经常参加聚会是有必要的。尽管你的出席对其他成员很重要，但这是为了你自己好。为了接受团体给你的帮助，你必须到场。

理想情况下，你会感到对别人某种程度的信任，但即便你仍然不能鼓起信心，你也能做到诚实。谈谈你对人、对团体、对治疗过程的不信任；具有讽刺意味的是，你的信任感会由此开始增强。

为什么有必要

当其他人分享自己的故事时，你将能够认同她们和她们的经历。她们会帮助你记起自己阻截在意识之外的事情——包括一些事件和感觉。你会更了解自己。

随着你发现自己与他人取得认同，并且能不顾她们的缺陷和秘密而接受她们，你将更能接受自己的那些特点和感觉。这是形成自我接受的第一步，是康复的一项绝对至关重要的条件。

当你准备好的时候，你将跟大家分享自己的经历，在这样做的过程中，你会变得更诚实，不再那么隐秘、害怕。当团体接受了你曾经那么无法接受的事情或感觉时，你也会更加接受自己。

你会看到其他人在生活中运用的一些有用的技巧，你也可以在自己身上尝试。你还会看到人们的一些尝试不起作用，你能在她们的错误中吸取教训。

在团体中，除了同情和经验分享，幽默对康复也是至关重要的。在发现自己又一次试图支配别人的时候，一个理解的微笑；当一个人跨越了某个重要障碍时，一个开心的欢呼；为大家共有的特征而放声大笑——都有真正的治疗作用。

你会开始感觉自己好像有了归属。对于来自功能失调家庭的人来说，这是极其重要的，因为童年的经历会产生极其强烈的隔绝感。跟那些理解、分担你的经历的人在一起，会产生你所需要的安全感和幸福感。

可能的影响

秘密会泄露。是的，不是每个人都知道，但是确实会有一些人知道。当你走进嗜酒家庭互助会时，大家就有一种不言而喻的假定：你曾在某个时间、某个地方受到过酗酒的影响。你出现在当地的妇女保护机构，加入在那里举行活动的支持团体，就在某种程度上表明你曾遭受过家庭暴力……等等。

由于害怕其他人会知道，使得许多人不去寻找能挽救她们的生活或情感关系的帮助。要记住，在所有正当的支持团体里，你的出席以及在那里讨论的事情都不会被泄露出去。你的隐私是受到尊重和保护的。如果不是这样，你就需要去找一个这样的团体。

从另一方面来说，就算只去一次也意味着有人会知道你有问题。希望你读了这么多内容以后能够明白，让其他一些人，尤其是跟你有同样问题的人，了解、分担你的问题，是让你摆脱痛苦的隔绝状态的一种方法。

4. 通过每天的练习，发展你的精神世界

含义

对于不同的人，这意味着不同的事情。有些人会立即对这个念头产生反感，很可能想知道自己能不能跳过这一步。你不接受关于“上帝”的任何想法。对于你来说，这类信仰似乎是不成熟的、幼稚的，而你很成熟，一点都接受不了这种事情。

你们之中的另一些人也许已经坚定地向上帝祈祷过，但他似乎没有听。你已经告诉过他什么出了问题、什么需要改正，可你仍然很凄惨。或者，你也许已经努力祈祷了很长时间，却看不到任何效果，于是你愤怒了，放弃了，或感觉被出卖了，纳闷自己因为做了什么可怕的事情而正在受到惩罚。

不论你是否信仰上帝——如果你信仰的话，不论你与上帝是否像上面所说的那种关系——你都能练习这个步骤。你可以用任何方式发展你的精神世界。即便你是个彻底的无神论者，或许也能从安静的散步中，或凝视落日或某种自然景色中得到快乐和安慰。只要是能让你超然地在更广阔的视角上看待问题的事情，就符合这个步骤要达到的目的。找到那些能带给你和平与宁静感觉的事情，并且每天至少投入半个小时的时间。不论你的处境有多么令人沮丧，这样做都会给你宽慰感，甚至舒适感。

如果你不确定宇宙中是否真有那种更高的力量，你可能也想试着表现出好像你相信一样，即便你并不相信。开始把自己无法掌控的情况转交给比自己更强大的力量，会给你带来极大的解脱。或者，如果这样做你会感觉自己好像被逼着做不想做的事情，那么，把你的同类人支持团体作为更高的力量如何？这种团体当然比你们之中的任何一个人单独的力量更强大。要让自己利用整个团体得到力量和支持，或者承诺在遇到困难的时候，联系团体中的某个成员帮助你渡过难关。要知道你不再是孤军奋战了。

如果你有自己的信仰，定期做礼拜，而且经常祈祷的话，发展自己的精神世界可能意味着相信自己生活中发生的事情有其自身的

原因和结果，相信上帝在掌管你的伴侣，而不是你在掌管。花些时间安静地沉思和祈祷，请求得到指导怎样过自己的生活，同时放开身边的人，让他们过自己的生活。

不管你有什么宗教倾向，发展你的精神世界基本上意味着放下你的固执，别再非要让事情按照你认为应当的方式发生。相反，你必须接受现实：你可能并不知道在某个具体的情形中对自己或伴侣最好的做法。可能有一些结果和解决方法是你从来没有考虑过的，或者你最恐惧或最努力阻挡的事情可能正是让情况开始好转所必不可少的。固执，意味着你相信你自己有所有的答案。放下固执，意味着愿意保持镇静，开放心胸，等待外界给自己的指引。这意味着学会放下恐惧（所有的“万一”）和绝望（所有的“但愿”），并把它们换成你自己对生活的积极想法和说法。

有什么要求

这需要意愿，而不是信仰。信仰常常会伴随意愿而来。如果你不想有信仰，很可能就不会有，但是你仍可能找到比以前更多的宁静。

发展你的精神世界，还需要你用“肯定语”克服旧的思考和感觉方式，并替换掉旧的信念体系。不论你是否相信有更高的力量，“肯定语”都能改变你的人生。要使用附录二里面的一些肯定语，或者你自己能编出来一些就更好了。这些话语应该是完全积极肯定的，并要反复默念，或者有可能的时候就大声说出来。为了给你开个头，这里有一句：“我不再受苦。我的生活充满了欢乐、成功和满足。”

为什么有必要

没有精神世界的发展，你就几乎不可能放弃支配和控制他人，不可能相信一切皆有注定的结果。

精神练习能使你平静，帮助你把视角从受害者心态变得振奋起来。

这是你在危机中的力量之源。当你的感觉或处境令你无法承受的时候，你需要向比自己更强大的力量之源寻求帮助。

没有精神世界的发展，你就几乎不可能放下固执，如果不放下固执，你就不可能采取下一个步骤。你将不能停止支配和控制你生命中的男人，因为你会仍然相信这样做是自己的责任。你将不能把对他的生活的控制让给比你更高的力量。

可能的影响

你摆脱了令人无法承受的修正一切、控制生命中的男人和防止灾难发生的责任。

你有了寻求解脱的方法，这不要求你操纵任何其他人做你想要他做的事情，或成为你想让他成为的人。没有人必须为了让你感觉好而改变。由于你能得到精神滋养，你的生活和你的幸福变得更受你自己的控制，也更不容易受他人行为的破坏了。

5. 停止支配和控制他人

含义

停止支配和控制他，意味着不帮助，不提建议。让我们愉快地设想，你正在帮助、劝告的这个成年人有不逊于你的能力，可以为他自己找到一份工作、一间公寓、一个心理治疗师、一次嗜酒者互戒会的聚会，或他需要的其它任何事情。他可能没有你那么强的动力去为自己找寻这些东西，或解决自己的问题。但是，当你承担起责任，试图为他解决他的问题时，他就摆脱了对自己的人生所负的责任。然后你在负责他的幸福，而当你为了他而付出的努力失败时，你将成为那个受他责备的人。

让我给你举个例子，说明这是怎么发生的：我经常接到妻子们或女友们打来的电话，她们想为自己的男友或丈夫安排一次约谈。我总是坚持让那些男人自己跟我约时间。如果那个被认为是病人的他没有足够的动力选择自己的心理治疗师，并为自己约时间，他怎么会有动力坚持参加治疗，并为自己的康复而努力呢？在我作为心理治疗师的早期职业生涯中，我曾接受过这种预约，结果只会接到妻子们或女友们再次打来一个电话，说他已经改变主意不想见治疗师了，或者说他不想见一个女性治疗师，或者说他想见一个有其他资质的治疗师。这些女人接着会问我能不能介绍一个别的治疗师，让她们打电话给这个人再给他预约一次。我学会了再也不接受那些替别人做的预约，反而会要求那些妻子或女友来见我，为了她们自己。

不支配或控制他，还意味着要跳出鼓励或赞扬他的角色。你很可能是在用这些方法试图让他做你喜欢的事情，而这意味着它们成了你操纵他的工具。赞扬和鼓励很接近于敦促，当你这样做的时候，你又是在试图控制他的生活。想想，你为什么称赞他做的某件事。是为了帮助他提升自尊吗？这是操纵。是为了他继续做你夸奖他的事情吗？这是操纵。是为了让他知道你为他感到多么骄傲吗？那会成为他的负担。要让他从自己的成就中培养自己的骄傲。否则，你就会危险地接近他母亲的角色。他不需要再有个母亲（不论他的母亲有多么差），而且更确切一点说，你不需要他当你的孩子。

这意味着你不要再盯着他了。少关注他在做什么，多关注你自己的生活。有时候，当你开始放手时，你的伴侣可能会“增加赌注”，以保持你对他的关注和对结果的责任感。他的情况可能会突然从不好变成更糟。随他去！他的麻烦是他自己应该解决的，不是你的。要让他对自己的问题承担起全部责任，他解决了问题也全是他自己的功劳。你要置身事外（如果你忙于自己的生活，并发展自己的精神世界，你就能更轻松地把视线从他身上移开）。

这意味着一种分离，要求你把自己从他的感觉，尤其是从他的行为及其结果中解脱出来。你必须允许他处理自身行为的后果，你不要从他的任何痛苦中解救他。你可以继续关心他，但不再照顾他。你要允许他找到他自己的路，正如你在努力找寻你自己的路一样。

有什么要求

这需要你学会什么也不说、什么也不做。这是你在康复过程中面临的最困难的任务。当他的生活无法收拾的时候，当你想把每件事情都接管过来，想要提建议、鼓励他，尽你所能去控制局面的时候，你必须学会不介入，给这个人足够的尊重，以便让这种奋斗成为他的奋斗，而不是你的。

这要求你面对自己的恐惧，你害怕如果放弃控制一切，他会出事、你们的关系会出事——你要努力消除自己的恐惧，而不是操控他。

这要求你在害怕的时候用精神练习支撑自己。当你学着放开自己必须控制一切的感觉时，你的精神世界的发展就尤其重要。当你开始放弃控制生活中的其他人时，真的会产生像身体从悬崖坠落一样的感觉。当你不再试图控制他人的时候，你自己失去控制的感觉会强烈到令人惊恐的程度。这时，你的精神练习会有帮助，因为你能把对所爱之人的控制权交给更高的力量。

这需要你看清事实，而不是只想着你希望它是什么样子。当你放弃支配和控制的时候，你也必须放弃“等他改变了，我就会幸福”的想法。他可能永远不会改变。你必须停止试图强迫他。而且，你必须学会无论怎样都幸福。

为什么有必要

只要你专注于改变某个你无力改变的人（我们无力改变任何人，只能改变自己），你就不能把精力放在帮助自己上。不幸的是，我们更愿意改变他人，而不是努力改变自己。所以，我们如果不放弃改变他人，就永远无法着手为改变自己而努力。

你体验到的大部分疯狂和绝望，直接源于你试图支配并控制你无能为力的事情。想一下你做过的所有尝试：没完没了地说教、恳求、威胁、贿赂，可能甚至还有暴力，你试过的所有没奏效的手段。而且，回忆一下你每一次尝试失败后的感觉。你的自尊又降了一级，你变得更加焦虑、更加无助、更加生气。从所有这些问题中解脱出来的唯一方法，就是不再试图控制你无法控制的——他和他的人生。

最后，之所以有必要停止支配和控制，是因为他几乎永远不会在你的压力下改变。本该是他的问题，却似乎开始成了你的问题，结果你会这样继续下去，除非你能放手。即便他确实为了安抚你而承诺改变自己的行为方式，他也很有可能恢复到旧的行为模式，并且常常会带着对你更多的怨恨。要记住：如果他因为你而放弃了一种行为，你也会是他恢复这种行为的理由。

举个例子：一对年轻人来到我的办公室。由于违反了饮酒或毒品的法律，他的缓刑监督官介绍他来找我。他来这儿，是因为他违了法；她来这儿，是因为不管他去哪里她都尽量跟着。她把让他走正道看做是她的职责。正如此类案例中非常普遍的情况那样，他们两个人所成长的家庭里都至少有一个父母酗酒。当他们手牵着手坐在我面前时，他们告诉我，他们要结婚了。

“我认为结婚会对他有帮助。”年轻女子说，她时而带有腼腆的同情，时而带有决然的坚定。“是的，”他怯懦地点点头。“她能让我不那么野，她给我很多帮助。”他的声音中有一丝解脱，而她的女友由于他信赖她、让她对他生活负责而兴高采烈。我不顾他们的希望和他们之间的爱，尽量温和地向他们解释：如果他有酒精或其他毒品问题，而她是他现在减少或停止饮酒或吸毒的原因，那么，她日后也会成为他更频繁或重新开始饮酒或吸毒的原因。我警告他们两个人，将来有一天，他会在争吵的过程中对她说，“我为你戒了瘾，那有什么用呢？你永远不开心，我为什么还要不断努力呢？”他们很快就会被现在看起来把他们聚在一起的这股力量拆散。

可能的影响

他可能变得非常生气，并指责你不再关心他了。这种愤怒来自于他不得不对自己的生活负责而产生的恐慌感。只要他跟你争吵，让你承诺，或试图让你回心转意，他的奋争对象就是向外的，是在与你争，而不是他内心的自己（听起来很熟吗？你也是这样，只要你在跟他争）。

一旦所有的哄劝、争论、威胁、吵架和弥补都停下来，你可能会发现没什么话可说了。这很好。你可以默默地对自己说那些肯定语。

一旦真正放弃支配和控制他，你可能会空出大量精力，然后你就能用它们探索、发展、提升你自己。但重要的是，你要知道自己会一直想再在自身之外寻找自己存在的理由。要抑制住这种倾向，专注于你自己。

公正地说，当你放弃解决他生活中的问题时，情况可能会变混乱，你可能会受到一些不理解你所作所为（或所不为）的人的批评。尽量不要为自己辩护，也不要不嫌麻烦地跟他们详细解释。如果你喜欢，可以推荐他们读这本书，然后就放下这个话题。如果他们坚持的话，就暂时避开他们。

通常，这种批评远没有我们所预期和害怕的那样频繁和激烈。我们是自己最可怕的批评家，并且会把自己对批评的预期投射到周围的人身上，处处见到或听到的都是批评。在这个过程中，要站在自己的一边，世界会魔法般地变成一个更赞同你的地方。

放弃支配和控制他人的另一个可能影响是，你必须放弃自己“乐于助人”的个性，但具有讽刺意味的是，正是这种放弃，常常成为你对所爱的人所能做的最有帮助的事情。“乐于助人”的个性，是为了满足自我。如果你真的想有帮助，就放开他的问题，帮助你自己。

6. 学会不对博弈上钩

含义

用于分析两人之间对话的“博弈”概念，源自被称为相互作用分析的那类心理疗法。博弈是结构化的相互作用方式，用来避免两人过于亲密。每个人在跟别人的互动中有时都会求助于博弈，但是，在不健康的情感关系中，博弈则大量存在。它们是一些固定的回应套路，用来回避信息和感受的真实交流，并让参与者把自身幸福或苦恼的责任交到对方的手中。通常，爱得太多的女人和她的伴侣所扮演的角色，是在拯救者、迫害者和受害者之间的各种变换。在典型的交流中，伴侣中的双方都会多次扮演其中的每一种角色。我们把拯救者角色命名为（R），定义是“试图帮助别人的人”；迫害者的角色命名为（P），定义是“试图指责别人的人”；把受害者命名为（V），定义是“无可指责并无助的人”。下面将说明这种博弈是怎样进行的：

汤姆经常晚回家。夜里十一点半的时候，他刚刚走进卧室，妻子玛丽就开始了。

玛丽（流着泪）：（V）你去哪了？我担心得要命。我睡不着觉，害怕出了什么事。你知道我有多么担心。你怎么能让我就这样躺在这里，都不打个电话让我知道你还活着？

汤姆（安抚）：（R）噢，亲爱的，对不起。我以为你已经睡了，不想打电话吵醒你。别生气。我现在回来了，我保证下次会打电话。等会儿准备睡觉时我帮你揉揉后背，你会感觉好一些。

玛丽（生气起来）：（P）我不想让你碰我！你说下次会打电话！开玩笑。上一次发生这种事情的时候你就说会打电话，你打了吗？没有！你不乎我是不是躺在这儿想着你会在高速上出事。你从来不考虑别人，所以不知道为所爱的人担心是什么感觉。

汤姆（无助地）：（V）亲爱的，不是那么回事。我想着你呢。我是不想吵醒你。我不知道你会生气，我只是想体贴一点。好像不管我怎样做都是错的。如果我打电话的时候你睡着了会怎样？那我就成了个吵醒你的笨蛋了。我怎么做都不对。

玛丽（变温和）：（R）嗯，不是的。只是你对我太重要了；我想知道你一切都好，别在什么地方出交通事故。我不是想让你感觉糟糕；我只是想让你理解，我担心你是因为我太爱你。我很抱歉自己发这么大脾气。

汤姆（感觉到了优势）：（P）好吧，如果你那么担心的话，为什么你看到我回来一点也不高兴？你怎么会对我去了哪里发这么多牢骚？你不信任我吗？我厌倦了无时无刻都得向你解释每一件事。如果你信任我，你就会睡觉，等我到家的时候，你就会很高兴看到我，而不是攻击我！有时候我感觉你就是喜欢吵架。

玛丽（提高嗓门）：（P）高兴见到你！在这儿躺了两个小时，一直纳闷你去了哪里，然后还高兴？如果我不信任你，那是因为你从来没有做过让我建立那种信任的事情。你不打电话，还怪我生气，还指责我在你终于慢吞吞地到家的时候对你不好！为什么你不转过身回到你整晚都待着的那个地方去。

汤姆（安慰她）：（R）看看，我知道你很恼火，我明天还有很多事要做。我给你沏杯茶怎么样？你需要来杯茶。然后我就洗个澡，上床睡觉，行吧？

玛丽（哭泣）：（V）你就是不知道一直等待的感觉，我知道你可以打电话，但是你不打，因为我对你没有那么重要……

可以停下来了吧？正如你可能已经看出来的那样，这两个人可以继续在他们的拯救者、迫害者和受害者这三个角色上不停地交换位置，再继续很多小时、很多天，甚至很多年。如果你发现自己以其中的任何一种角色回应另一个人的话语或行为，就要当心了！你踏入的是一个由控诉、辩驳、责备和反责备组成的无望取胜的怪圈，没有意义，徒劳无功，而且有些丢人。停下吧。别再试图利用友好、生气或无助而让结果变成你想要的样子。改变你能改变的，意味着改变你自己！别再老想着一定要赢。甚至别再想着吵架，别再让他给你一个充分的理由或借口来原谅他的行为或忽视，别再要他一个劲儿地道歉。

有什么要求

这要求你即便非常想用你所知道的能让博弈继续的方式回应对方，也别那样做。你要用一种能结束博弈的方式做出回应。起初，这有点儿棘手，但通过练习，你就能轻松掌握（如果你一开始就能控制住自己玩这种博弈的需要的话，这是上一个步骤——放弃支配和控制——的一部分）。

让我们再看看上面的情景，看玛丽怎样才能避开跟汤姆之间的致命三角。玛丽现在已经开始发展她的精神世界，她知道自己不会试图支配和控制汤姆。由于她正在致力于关心自己，当天色开始变晚，而汤姆还没回家的时候，她没有让自己紧张不安并一门心思地想这事，而是打电话给支持团体的一个朋友。她们谈到了她不断增强的恐惧感，这帮助她平静了下来。玛丽需要有人倾听她的感受，她的朋友满心理解地听她诉说，但没给她任何建议。挂掉电话以后，她练习了自己最喜欢的一个肯定语："我的生活受神指引，我的平和、安全、宁静每天、每个小时都在增强。"因为没有人能同时怀有两种不同的想法，玛丽发现，当她使自己的大脑中充满那种肯定语中的安抚性词语时，她变得平静了，甚至放松了。等汤姆十一点半回家的时候，她已经睡着了。他进屋的时候吵醒了她，她马上感到烦恼和愤怒的感觉又回来了，所以，她自己重复了两三遍肯定语，然后说："嗨，汤姆。我很高兴你回家了。"汤姆早就习惯了这种情况下的争吵，现在她漫不经心地打招呼，让他感觉有点儿不知所措。"我本来要打电话给你的，但是……"他开始找辩解的借口。等到他说完，玛丽说："你愿意的话我们可以早上再谈。我现在太困了。晚安。"如果汤姆因为晚回家而感觉内疚，跟玛丽吵一架实际上会消除他的内疚。然后，他就可以对自己说，她是个唠唠叨叨的泼妇，而问题就会变成她的唠叨，而不是他的晚回家。像现在这样一来，他还是很内疚，她也没有因为他的做法而痛苦。事情理应如此。

当你们两个人都在扮演拯救者-迫害者-受害者的角色时，有点像是打乒乓球。球向你飞过来的时候，你不断地把球打回去。为了不陷入这种博弈，你必须学会让球从你身边飞过去，飞出球桌外。一个最好的方法，是让自己学会说“哦”。例如，在回应汤姆的借口时，玛丽可以只回答“哦”，然后继续睡觉。如果你不陷入拯救者-迫害者-受害者之类的交流中所暗含的争斗，会让你有一种力量感。不上钩，保持自我中心和尊严，你会感觉很美妙。而且，这还意味着你在自我康复之路上又迈进了一步。

为什么有必要

首先要明白，我们所扮演的博弈角色并不只限于言语交流。它们可以扩展到我们的生活方式中。我们每个人都有一个自己特别喜欢的角色。

也许你的角色是拯救者。对于许多爱得太多的女人来说，照顾（支配和控制）另一个人是她们熟悉而舒适的角色。由于她们的过去是混乱和（或）贫困的，她们选择这条路作为保持安全感并赢得某种程度自我接受的一种方式。她们对自己的朋友和家人都扮演这种角色，而且，常常在工作中也如此。

或者，你可能发现自己扮演的是迫害者的角色，一个总想发现缺陷、将它指出来并努力矫正的女人。这个女人必须一次又一次地再造与童年时击败自己的那种黑暗力量的抗争，希望自己现在作为成年人能在战斗中跟对手更加势均力敌。源自童年的愤怒，以及试图拿现在向过去复仇，使她成了一个斗士、一个爱吵架的人、一个辩论者、一个泼妇。她需要惩罚别人，她要求别人道歉、补偿。

最后，你也可能成为三种角色中最无能为力的角色——受害者。除了忍受他人反复无常的行为之外，你看不到其他选择。也许，当你是个孩子的时候，除了当受害者你没有其它选择，而现在，你对这种角色是这么熟悉，以至于你实际上能从中获得力量。在软弱中有一种暴行；它的货币是负罪感，这是受害者的情感关系中的流通货币。

不论在对话还是生活中扮演其中的任何一种角色，你的注意力都不会集中在自己身上，而且会让自己停留在童年的恐惧、愤怒和无助中。如果你不放弃所有这些限制性的角色、这些痴迷于身边其他人的方式，你就无法发展自己成为一个完整进化的人类的潜力，一个能掌控自己生活的成年人。只要陷在这些角色、这些博弈里，你就会觉得似乎是其他人在阻碍你实现幸福这个目标。一旦你放弃了这种博弈，你就面临着承担对自己的行为、自己的选择和自己的人生的完全责任。事实上，当这种博弈停止时，你的选择（无论是你已经做出的选择，还是现有的其他选择）会变得更明显，更难以避免。

可能的影响

你现在必须培养跟你自己和他人交流的新方式，以表明你愿意为自己的生活负责。要少说“如果不是因为……”，多说“现在我选择……”。

当你开始练习这个步骤的时候，你会需要运用放弃支配和控制他人所腾出来的全部精力，以避免自己陷入博弈中（即使宣称“我没有在博弈”也是一种博弈）。通过练习，这会变得越来越容易，而且过一段时间后，它就会自我强化。

你需要学会没有激烈争吵所带来的兴奋感的生活，学会没有你参与其中的费时耗力的戏剧性事件所带来的刺激的生活。这不容易做到。许多爱得太多的女人把自己的感觉埋藏得太深，以至于她们需要吵架、分手和复合所带来的兴奋感才能感觉自己还活着。要小心！把注意力全部集中于自己的内心生活，起初可能会很无聊。但是，如果你能忍受住这种无聊，它就会转变成自我发现。而且，你会为实行下一个步骤做好准备。

7. 勇敢地面对自己的问题和缺点

含义

面对你自己的问题，意味着在放弃支配和控制他人并放弃那种博弈之后，现在没有什么能分散你对自己的生活、自己的问题、自己的痛苦的关注了。这是你需要开始在精神世界、支持团体和心理治疗师（如果你有的话）的帮助下，深刻地审视自己的时刻。这个过程并不一定需要有治疗师参加。例如，在匿名互戒项目中，拥有一定康复经验的人可能成为新人的助帮人，这些助帮人常常会帮助他们的助帮对象做这种自我审视。

这还意味着你需要认真审视自己目前的生活，既要审视让你感觉好的事情，也要审视让你感觉不舒服或不开心的事情。要把这些事情写下来，列成一份清单。你还要审视过去，检查所有的美好记忆和糟糕记忆，以及你的成就、失败，还有受到伤害的时候和你伤害别人的时候。要全部审视，也需要写下来。要关注那些特别困难的事情。如果性是其中一个方面，要把完整的个人性经历写出来。如果男人始终是你的一个问题，就从你最开始跟男人的交往写起，也要写一份完整的经历。父母呢？要用同样的方式，从头开始写。写太多了，是的，但这非常有助于你理清自己的过去，并开始认清你跟自己、跟他人的奋争的模式和重复的主题。

当你开始这个过程后，要在停止前尽量完整地做完。等以后问题突然出现的时候，你还会想再用这个技能。也许，起初你会把注意力集中在情感关系方面。过了一段时间后，你可能想把自己的工作经历写出来，写下自己在每一份工作开始前、工作中和结束后是什么感觉。要让你的记忆、思想和感觉自然流露。写的过程中，不要检查内容之中有什么模式，写完再检查。

有什么要求

你将不得不写很多，要花必要的时间和精力完成它。对于你来说，书写可能不是一个轻松或舒适的表达方式。然而，这是练习勇敢面对自身问题和缺点的最好方式。不要担心做得不完美，甚至担心做得不好。只要按照你认为合理的方式去做就行。

你所写的所有内容，都要对自己完全诚实、坦白。

一旦你竭尽全力完成了这个过程，就要跟一个关心你并且你也信任的人分享它。这个人应该理解你正在为康复所做的事情，而且，对于你所写的关于你的性经历、你与男人关系的经历、你跟父母相处的经历、你对自己的感觉以及你生活中的大事，不管是好事还是坏事，这个人都能够纯粹只是倾听。你选择的这个倾听者应该明显具有同情心，而且能理解你。这个人从一开始就应该明白，你不需要评论。不要建议，不要鼓励，只是倾听。

在康复的这个阶段，不要让你的伴侣当那个听你讲述这一切的人。你还需要很长很长时间，才可以选择是否跟他分享自己所写的内容，但现在还不合适。你是在让一个人听你写下来的内容，以便你能体验讲述自己的故事并被人接受的感觉。这不是为了抚平情感关系中的褶皱。其目的是自我康复；就是这样。

为什么有必要

我们大多数爱得太多的女人总是沉湎于责备他人造成了我们生活中的不幸，同时否认这是我们自己的过错，是我们自己的选择。这种方式像癌症一样危害我们的生活，必须要连根拔除，而办法就是仔细、努力、诚实地看待我们自己。只有把你的问题和过错（以及你的优点和成功）看做是你的，而不是跟他有某种联系的事情，你才能采取步骤改变需要改变的事情。

可能的影响

首先，你将很可能放下心中埋藏的对过去许多事件和感觉的隐隐的内疚感。这会帮你扫清道路，让你允许自己的生活呈现出更多的欢乐和更健康的心态。

然后，由于已经有人听到了你最糟糕的秘密，而你并没有因此被摧毁，你会开始在这个世界上感觉更安全。

当你不再责备他人，并为自己的选择承担起责任的时候，你就能自由地采纳各种选择了，而在你把自己看作受害者的时候，你看不到这些选择。这会让你做好准备，开始改变自己的生活中对你没有好处、令你不满意或满足的方面。

8. 培养你需要发展的任何方面

含义

培养你需要发展的任何方面，意味着不要等待他改变，你才好好生活。这还意味着不要等待他的支持——无论是在经济上、情感上或实际事务上——你才开始或改变你的事业，或你才回到学校或做你想做的其他事情。不要依靠他的合作来制定你自己的计划，而要当做除了自己之外你无人可以依靠。要考虑到所有意外事件——照顾孩子、金钱、时间、交通——而不把他当做可以利用的资源（或借口）。如果在读到这里的时候，你抗议说，你的计划没有他的合作就不可能实现，那么，请你自己考虑一下，或跟一个朋友做一次头脑风暴，如果你连认识都不认识他，你会怎样做。你会发现，当你停止依靠他，而利用你的所有其他选择时，你的生活很有可能会颇见起色。

培养你自己，意味着积极追求你的兴趣爱好。如果太长时间以来你都忙于关注他，根本没有自己的生活，那就开始通过各种不同的方式寻找真正吸引你的东西吧。对于大多数爱得太多的女人来说，这并不是一件容易的事。长久以来，你把那个男人当做你的事业，当你把注意力转向自己并探索什么东西对你自己的成长有好处的时候，你会感觉不舒服。你要愿意每个星期至少尝试一种全新的活动。要把生活看做瑞典式自助餐①，让自己拥有很多不同的体验，以便你能发现真正吸引你的东西。

培养你自己，还意味着冒险：遇到不认识的人，走进多年没进过的教室，独自旅行，找一份工作……做你知道自己需要做，但却一直没鼓起勇气做的事情。这是勇往直前的时刻。生活中没有

---

① 瑞典式自助餐以菜肴丰富多样而著称。——译者注

错误，只有教训，所以，你要走出来，让自己学习生活想要教给你的东西。要将你的支持团体作为获得鼓励和反馈的一个源泉（不要向你的伴侣或你那功能失调的家庭寻求鼓励。他们需要你保持不变，这样他们就能保持原样。不要依靠他们，那会破坏你和你的成长）。

有什么要求

首先，为了发挥你的潜力，扩展你对于自己是谁、能做什么事的看法，每天要做两件你不想做的事情。当你宁愿假装不介意的时候，要维护自己的权利；在你想把一个不满意的东西扔掉时，要把它退回去。拨打一个你不愿意打的电话。在与别人的互动中，学会多照顾自己，少关注他人。为了让自己高兴而敢于说不，而不是为了让他人高兴而说是。清楚明白地提出你的要求，哪怕要冒被拒绝的风险。

然后，要学会给你自己一些时间、关注、礼物。保证每天给自己买点什么，可以成为教你学会爱自己的很好的一课。礼物的价格可以不贵，但老实说，越不实用、越不必要的礼物越好。这是自我放纵的一种练习。我们需要认识到，自己可以成为自己生活中好事的源头，而这是个好的开始方式。但是，如果你在自己身上花钱无度，如果你事实上是为了缓解自己的愤怒或抑郁而强迫性地购物和花钱，那么，这一课就需要改变方向了。要用新的体验款待你自己，而不是积累更多的物品（和更多的债务）。要去公园散散步，或徒步爬爬山，或去动物园逛一逛。也可以停下来欣赏落日。关键是要想想你自己，想想你当天想要什么礼物，然后要允许你自己既体验接受，又体验付出。我们往往非常擅长为他人付出，但是在给予自己方面却非常缺少练习。所以，开始练习吧！

在采取这些步骤的过程中，你将时不时地需要做一些非常困难的事情。当你不再把注意力集中在别人身上的时候，你将不得不面对自己心中出现的可怕的空虚感。有时候，这种空虚很深，你几乎能感觉到风吹透了心中空缺的那块儿地方。要让自己感受这种空虚，不论它有多么强烈（否则你会为分散自己的注意力而寻找另一种不健康的方式）。要欣然接受这种空虚感，并要明白你不会总有这种感觉，而且，通过保持平静并感觉它，你就会开始用自我接受的那种温暖感觉填充它。要让你的支持团体帮助你。她们的接受，跟你自己的项目、活动一样，也能帮你填充那种空洞。我们的自我意识是通过我们为自己做的事情，以及我们培养自身能力的方法所形成的。如果你的所有努力都是为了其他人，你肯定会觉得空虚。现在轮到你了。

为什么有必要

如果你不最大限度地发挥自己的天资，你总是会沮丧。然后，你会把这种沮丧怪在他的头上，但其实这是因为你没有过好你自己的生活。开发了自己的潜力，你就不会再责备他，而且会把你的生活责任公平地放在它应该所在之处——你自己身上。

你选择从事的项目和活动，会让你忙得无法关注他在做或没做什么。如果你目前没有男人，这会给你一个健康而有益的选择，以免你总是怀念自己的上一个男人，或等待你的下一任男人。

可能的影响

首先，你将不需要为了平衡自己的生活而找一个跟你相反的伴侣。解释如下：像大多数爱得太多的女人一样，你很可能过于认真和负责。除非你积极培养自己活泼快乐的一面，否则就会被那些具有你所欠缺的特点的男人吸引。一个无忧无虑、不负责任的男人作为泛泛之交是很有魅力的人，但要做情侣，就很糟糕了。尽管如此，到你能允许自己更自由轻松地生活之前，你将会需要他在你的生活中制造乐趣和兴奋。

另外，培养自己会让你成熟起来。当你实现了你的所有潜力，你也会对你的责任、你的选择、你的人生负起全部责任，这样，你就会欣然接受成年状态。除非我们对自己的生活和幸福负起责任，我们就不是完全成熟的人，而是在成人躯壳内的一个依赖他人的、恐惧的孩子。

最后，发展自己，会让你成为一个更好的伴侣，因为你是一个能充分展现自己、有创造力的女人，而不是没了男人就不完整（并因此而害怕）的女人。具有讽刺意味的是，你越不需要伴侣，你就越能成为好伴侣——而且，你会吸引更健康的伴侣（更健康的伴侣也会吸引你）。

9. 变得“自私”一点

含义

正如第 4 步的“精神世界”一样，这里的“自私”也需要详细解释一下。“自私”让你想起的很可能正是你不想成为的那种人：冷漠、残忍、不替他人着想、以自我为中心。对于一些人来说，自私可能意味着所有这些缺点，但要记住，你是一个有着爱得太多经历的女人。对于你来说，变自私点是为了放下自我牺牲而采取的一种必要练习。让我们看一下，对于爱得太多的女人来说，健康的自私意味着什么：

- 你要把你的幸福、你的渴望、你的工作、游戏、计划和活动放在第一位，而不是最后一位——放在满足所有其他人的需要的前面，而不是后面。即使你有孩子，也请你每天在自己的生活中加入一些纯粹对自我有益的活动。
- 你期望甚至要求你们的情感状况和双方关系要让你感觉舒适。你不试图改变自己以适应不舒服的情况或关系。
- 你相信，你的愿望和需要是非常重要的，满足它们是你的职责。同时，你给他人权利承担起满足他们自己的愿望和需要的责任。

有什么要求

随着你开始把自己放在第一位，你必须学会容忍他人的愤怒和不赞同。由于在此之前你一直把别人的幸福放在比自己的幸福更重要的位置，所以他们必然会有这些反应。不要争论、道歉或证明自己。要尽量保持心平气和，保持愉快，并继续做你的事情。你在生活中做出的改变，要求你身边的人也得改变，他们自然会抗拒。但是，除非你相信他们是在生气，否则这种愤怒持续的时间就不会长。这只是他们在试图把你推回到你原来的无私行为中，重新为他们做他们能够、也应该自己做的事。

你必须认真倾听内心有关什么对你有益、合适的声音，并按这种声音去做。通过倾听你自己的暗示，你才能形成健康的自我之心。到目前为止，你很可能一直是心灵感应般地收集到其他人想让你怎样做的暗示。要把那些暗示屏蔽掉，否则它们会继续淹没你自己的想法。

最后，变得自私点，要求你认识到自己很有价值，你的天分值得展现，你的满足和他人的满足同样重要，你最好的自己是你给这整个世界，尤其是那些跟你最亲近的人的最棒的礼物。

为什么有必要

如果没有这种对自己的坚定承诺，你容易变得很消极，你发展自己就不会是为了发挥自己的最大潜能，而只是为了他人的利益。尽管变得自私（也意味着变诚实）会让你成为一个更好的伴侣，但这不是你的最终目标。你的目标必须是成就最好的自己。

克服你遭遇到的所有困难还不够。你还有自己的生活要过，自己的潜力要发掘。当你获得了对自己的尊重，并开始尊重你的渴求和愿望时，你自然而然就会这样做。

为你自己和你的幸福承担起责任，会给那些因为你的不快乐而感觉内疚、感觉对此负有责任的孩子们（他们总是有这种感觉）极大的自由。当一位母亲为了孩子或家庭牺牲了她的生活、她的幸福、她的满足的时候，一个孩子永远也无望能平衡或偿付这份债。看到一位家长全身心地拥抱生活，孩子也会这样做，正如看到一位家长受苦会让孩子认为生活中只有痛苦一样。

可能的影响

你的情感关系会自动地变得更健康。没有人会再为他们没表现出真我而“归咎”于你，因为在他们面前你不再是别人，而是你自己。

你给了你生活中的人照顾他们自己的自由，而不用再担心你。（例如，你的孩子很可能一直觉得有责任消除你的沮丧和痛苦。当你能更好地照顾自己的时候，他们就解放了，就能更好地照顾他们自己了。）

现在，你可以想说是就说是，想说不就说不。

随着你的角色发生从照顾他人到照顾自己的巨大转变，你的整个情感关系中其他人的行为很可能会发生相应转变。如果这种角色转变让跟你一起生活的男人觉得太难于接受的话，他可能会离开你而去寻找一个与曾经的你相似的人——所以，最终跟你在一起的人可能不是起初的那个。

另一方面，具有讽刺性的是，随着你能更好地爱护自己，你可能会发现自己吸引来了一个能够爱护你的人。随着我们变得更健康、更平衡，我们会吸引到更健康、更平衡的伴侣。当我们不再那么贫乏的时候，会有更多的需要得到满足。当我们放弃超级保姆角色的时候，我们就给他人留出了爱护我们的空间。

10. 跟他人分享你的体验和知识

含义

跟他人分享你的经验，意味着你要记住这是康复的最后一步，而不是第一步。总想帮助别人，总把注意力集中在他人身上，是我们疾病的一部分，所以，如果你还没有为自己的康复付出极大努力，就不要开始这一步。

在你的同类人支持团体中，这意味着跟新来的人分享你过去是什么样子，现在怎样了。这并不意味着向她们提建议，而只需解释什么对你起了作用。这也不意味着你要指名道姓或责备他人。你已经到了康复的这个阶段，应该知道责备他人对你是无益的。

跟他人分享还意味着，当你遇到一个与你背景相似或跟你以前的状况相同的人时，你愿意谈论你自己的康复过程，而不需要强迫那个人做你为了康复所做过的事情。这里不允许支配和控制，正如你以前跟男人的关系中不需要支配和控制一样。

分享可能意味着要抽出一些时间做志愿者，去帮助其他女人，也许是通过接热线电话，或者是一对一地跟某个寻求帮助的人见面。

最后，这可能意味着帮助医疗和心理咨询行业的人，把对你和像你这样的女人有效的治疗方式告诉他们。

有什么要求

你必须说出自己深切的感激之情——为能坚持到现在，为一路上他人的分享给你带来的帮助。

你需要真诚，并愿意放下你的秘密和你“好面子”的需要。

最后，你必须能够做到为他人的付出不是出于你的自我满足。我们以前爱得太多的时候，大部分“付出”实际上都是操纵。现在我们足够自由了，能够自由地付出了。我们自己的需要得到了满足，我们充满了爱。现在，分享这种爱，而不期待任何回报，就成了自然而然的事情。

为什么有必要

如果你相信自己有心理疾病，你还需要认识到，像戒酒的酗酒者一样，你有可能会退步。如果不时刻保持警觉，你可能会恢复旧的思考、感觉和相处方式。跟新来的人一起努力，有助于时刻明白自己曾经病得多么重，以及自己已经取得了多么大的进步。这能防止你否认你的问题曾经有多么糟糕，因为新人的故事会跟你的故事非常像，你会满怀同情地记住她和你过去的生活。

通过谈论这些事情，你给他人带来了希望，也认可了你为自己的康复所经历的所有挣扎的合理性。你会获得对自己的勇气和人生的了解。

可能的影响

你会帮助他人康复，并保持自己的康复。

那么，这种分享从根本上来说就是一种健康的自私行为，你由此通过始终实行那些将让你受用终生的康复原则，而进一步促进了自己的幸福。

第 11 章

康复和亲密：消除距离

对于我们来说，婚姻是旅程，
通往未知目的地……
人们必须共同探索的
不只是对彼此的不了解之处，
也包括对他们自己的不了解之处。

——米歇尔·文图拉

舞动在婚姻地带的阴影

“我想知道的是，我所有的性感觉都跑哪去了？”特露迪还没落座，就一边大步朝我办公室的沙发走着一边说。她开玩笑似地一转头抛出了这个问题，但是，我注意到她的目光在扫过我的时候闪现出了一丝责备。她的左手上戴着一枚熠熠生辉的订婚钻戒，我强烈地预感到了她来见我的原因。我已经八个月没见过她了，今天她看上去比以前好很多，那热情的棕色眼睛亮闪闪的，棕红色的柔美波浪秀发比我记忆中的长了、厚了。她的脸还是那么甜，几乎像小猫一样诱人，但她以前经常交替出现的两种神情——小孤儿似的悲伤或老于世故的冷漠——现在已经被自信女人的光彩所取代。自从跟那个已婚警察吉姆的婚外情结束后试图自杀以来，她已经走过了三年的漫漫长路。

我很高兴看到她的康复过程仍在继续。虽然特露迪还不知道这一点，但连她现在遇到的性方面的问题其实也是她的康复过程所不可避免的。

“跟我说说吧，特露迪。”我催促道，她把身子靠在了沙发上。

“嗯，我生活中出现了一个特别棒的男人。你记得哈奥吗？我上次见你的时候，正在和他约会。”

我非常清楚地记得这个名字。他是特露迪停止治疗时正在约会的几个男青年之一。“他很好，但有点儿无聊。”她当时是这样说的。“我们很谈得来，他给我的印象是可靠、可以信赖。他长得也帅。但是我们没有激烈的火花，所以我猜他不是我生命中的那个男人。”她当时同意了我的观点——她需要练习跟这样一个体贴、可靠的男人相处，所以她决定继续见他一段时间，“只是为了练习。”

这时，特露迪继续骄傲地说着：“他跟我以前交往的男人太不一样了，感谢上帝，而且我们订了九月份结婚……但是我们，嗯，好像有些问题。其实不是我们有问题，是我有问题。我很难真正兴奋起来，因为以前这对我从来都不是问题，所以我想知道是怎么回事。你知道我过去什么样。我以前实际上是向那几个不爱我的男人乞求性爱，但是，由于我不再向男人投怀送抱，我现在就像是个装正经的压抑的老处女了。哈奥又帅、又负责任、又值得信赖，而且真心和我相爱。但我和他一起躺在床上，却感觉自己像块木头。”

我点点头，我知道特露迪现在正面对着一个大多数爱得太多的女人在康复时都必须克服的困难。过去，她们把自己的性爱当作一种工具，来操控一个难以爱上她或令人无法忍受的男人爱上她们，一旦没有了这种挑战，她们在跟一个深情、肯付出的伴侣的性爱中就不知道该怎么办了。

特露迪的不愉快是很明显的。她轻轻地用拳头捶着自己的膝盖，几乎一字一顿地说：“为什么我对他兴奋不起来呢？”然后，她停止了捶打，恐惧地看着我，“是因为我不是真的爱他？是因为我们之间有什么问题吗？”

“你认为你爱他吗？”我问。

“我认为我是爱他的，不过我很困惑，因为一切都跟我以前知道的感觉不一样了。我非常喜欢跟他在一起。我们无话不谈。他了解我的全部经历，所以我们之间没有任何秘密。我在他面前不用任何伪装。我完全是真实的自己，这意味着我跟他在一起的时候很放松，比跟以前任何男人在一起都放松。我不用总是装样子了，这很好，但是有时候，比起让自己放松下来并相信做自己就足以让一个人感兴趣，装样子演戏要更容易些。

“我们有许多共同爱好——驾帆船、骑自行车、远足。我们的价值观几乎一模一样，而当我们真的吵起来的时候，他在争吵中也很公平。事实上，跟哈奥争论几乎是一种乐趣。但刚开始时，即使公开、坦诚地谈论我们的分歧，我也会感到害怕。我不习惯有人那么坦诚直率地说出他的感觉，并期望我也像他那样。哈奥让我不再害怕说出自己的想法或向他提出我的需要，因为他从来没有因为我的诚实而惩罚过我。我们最终总能解决问题，而且之后会感觉更亲密。他是我曾有过的最好的朋友，我很自豪让人们看到我跟他在一起。所以，是的，我认为我爱他。但是，如果我爱他，为什么跟他在床上的时候我会不那么痛快呢？他做爱的方式也没有任何问题。他非常体贴，真心想取悦我。这对我来说非常新鲜。他不像吉姆那样放肆，但是我不认为这是问题。我知道他认为我很美妙，而且真的因我而兴奋，但我这边就没多少感觉。许多时候，我都激动不起来，而且有点儿尴尬。我过去曾经那么疯狂，现在这样真是一点都讲不通，不是吗？”

我很高兴能消除她的疑虑：“特露迪，其实这非常合理。你现在所经历的事情，是许多跟你有相似经历并最终康复起来的爱得太多的女人经历过的，她们刚开始跟那个适合自己的伴侣在一起时，都会发现自己面临你现在的处境。兴奋、挑战、内心纠结的感觉现在就是没有了，而且由于她们以前的‘爱’就是这种感觉，所以她们害怕现在的‘爱’里缺少了某些非常重要的东西——疯狂、痛苦、恐惧、等待和期盼。

“现在，你第一次有了一个稳定可靠的好男人爱慕你，你不必努力让他改变。他已经有了你想要的那种男人所具有的品质，并且他已经承诺和你结婚。问题是，你以前从来没有体验过拥有你想要的东西的感觉。你只知道得不到并疯狂努力去争取的感觉。你习惯了那种渴望和悬念，它们制造了能造成许多心砰砰跳的兴奋感。他会那样吗？他是不是那样呢？你明白我在说什么。”

特露迪笑了，“我以前确实这样。但这跟我的性感觉有什么关系呢?”

“有关系，因为得不到你想要的东西，比得到的感觉更刺激。比如，一个善良、深情、专一的男人，永远不会像吉姆那样让你的肾上腺素猛增。”

“噢，真是这么回事！由于我对哈奥不是总那么痴迷，我就一直质疑我们的关系。我还奇怪自己是不是不太把他当回事儿呢。”特露迪不再生气了。她现在兴奋了起来，像一个正在解开重要谜团的侦探。

我肯定地说：“嗯，你或许确实有点不太把他当回事儿。你知道他会在你身边。他不会抛弃你。你能信赖他。所以就不需要痴迷。痴迷不是爱，特露迪，只是痴迷罢了。”

她点点头，回忆着：“我知道！我知道!”

我接着说，“我们的性在痴迷状态下会非常棒。所有那些强烈的情感——兴奋、焦急的期待，甚至恐惧——都有助于集结成一种强大的被称为‘爱’的东西。其实，这绝对不是爱。然而，所有的歌曲都告诉我们那就是爱，像什么‘没有你我就活不下去，宝贝’之类。几乎没有一个人写有关健康的爱情关系有多么轻松舒适的歌。他们写的全是关于恐惧、痛苦、失去和心痛。所以，我们将之称为爱，而我们不知道当事情不那么疯狂的时候，我们应该怎么做。我们开始放松下来，然后就担心这不是爱，因为我们不痴迷。”

特露迪赞同地说："说的没错。情况就是这样。因为这太舒适了，所以我一开始没把它称为爱——我不习惯任何令人舒服的事情，你知道的。"她咧嘴笑了一下，继续道，"在我们见面的那几个月里，他只是渐渐喜欢上了我。我感觉好像自己可以放松下来，完全做我自己，而他还是不会离开我。单单这一点就令我难以置信。我从来没拥有过一个不离开我的人。我们过了很长时间才开始发生性关系，实际上我们是先了解彼此是什么样的人。我越来越喜欢他，跟他在一起是那么开心、幸福的事情。当我们最后真正上床的时候，我们的性爱非常柔和，而且我感觉自己是那么脆弱。我哭了好几次。我现在有时候还哭，但他似乎不介意。"特露迪垂下了眼睑。"我猜，我在性方面仍然有许多痛苦的记忆：被排斥，感觉很受伤。"停了一会儿，她又说道，"就目前来说，在性方面我比他更烦恼。他为了我们两个人好，希望性能更兴奋一些，但他倒也没抱怨什么。可是我有些抱怨，因为我知道性爱能成为什么样。"

"好吧，"我回答，"告诉我你跟哈奥之间现在怎么样。"

"他爱我。我能从他对待我的方式上看出来。每当我第一次见到他的朋友时，单凭他们跟我打招呼的方式，我就知道哈奥已经跟朋友说过我有多么多么棒。当我们单独在一起时，他是那么充满爱意，那么迫切地想让我开心，但是，我却很拘谨、死板、热烈不起来。我似乎无法对他真正热情起来。我不知道是什么在阻止我……"

"你和哈奥每次开始做爱的时候，你是什么感觉，特露迪？"

她静静地坐在那里想了一会儿。然后，她抬起头看着我，"也许是害怕？"然后又自己回答说："是的，就是害怕。我害怕，真的害怕！"

"害怕什么？"我提示她说。

特露迪默默沉思了更长时间。最后，她说："我不确定。有点像是害怕被了解。噢，这听起来像是圣经里的说法。你知道，圣经里的人总是说'然后他了解了她'。但是，我感觉如果我让哈奥了解我的话，好像他就会真正地了解我，不只是在性方面，也包括其他方面。我似乎无法让自己听他摆布。那太让我害怕了。”

我问了一个显而易见的问题：“如果你让他摆布，会发生什么事呢?”

“噢，上帝，我不知道。”特露迪开始在椅子上扭动身体。“想到这样，我会感觉非常容易受伤，赤裸裸的，没有一点保护。我以前在性方面那么棒，所以感觉现在这样谈论性很傻。但不知怎么，这次不一样。当一个人真正想从各方面亲近我的时候，我却不大容易对他产生性感觉。我像个蛤蚌一样把自己封闭起来，要不然就是在做爱时隐藏起一部分自我。我的行为就好像是个害羞的处女或什么的。”

“特露迪，”我安慰她说，“你在谈到你跟哈奥现在的这种亲密，以及你们所能一起拥有的未来时，你确实非常像个处女。这是全新的，而且你没有跟男人这样相处的经验，其实你跟任何人都没有这种经验。你很害怕。”

“嗯，一点没错，这就是我的感觉——自我保护，好像我将失去某些非常重要的东西一样。”她同意地说。

“是的，你害怕失去的是你所有的铠甲，那是你用来保护自己免于受到真正伤害的。尽管你以前对男人是投怀送抱，但你从来没有真正冒险跟他们任何一个人亲近过。你从来都不必面对跟他们的亲近，因为他们之中没有一个人能跟你亲近。现在你跟哈奥在一起，他最喜欢的就是从各方面跟你亲近，于是你恐慌了。当你们一起聊天并享受彼此的陪伴时，感觉挺好的，但是在性爱中，当你们两人之间每一个可能的屏障都被消除的时候，情况就不一样了。你过去跟其他男友在一起的时候，甚至连性爱都无法消除那些屏障。实际上，这种屏障有助于他们与你保持距离，因为你用性来避免让他们了解真实的你以及你的真实感受。所以，不论你以前有过多少性爱，你和那些男人也从来没有真正增进过对彼此的了解。由于你曾经用性来控制跟男人的关系，我猜测，你现在仅凭不再把性当做工具而只看成性爱，很难放弃这种控制。”

“特露迪，我喜欢你的用词——‘被了解’——因为你现在跟哈奥之间的性就是这种含义。你和哈奥已经分享了那么多关于你们各自的事情，以至于性成了一种加深——而不是回避——你们彼此了解的方式。”

特露迪的眼睛闪着泪光，“为什么非得这样呢？为什么我就是不能放松呢？我知道这个男人不会故意有心伤害我。至少我不认为他会……”当她听到自己话中的自我怀疑时，她迅速扭转了过来。“好吧，你是在说，我只知道怎样对一个不真心想要我，至少不想要全部的我的男人产生性趣，而不能对像哈奥这样觉得我很棒的善良好男人产生性趣，因为我害怕亲近。那么，我该怎么办？”

“唯一的解决办法是进行到底。最重要的是，别老是想着‘我要有性欲’，要让自己只体验性交本身。产生性欲是一种行为，而性交是身体层面的亲密。你需要把自己当时的情况准确地告诉哈奥——你的所有感觉，不论有多么不合理。当你害怕的时候，当你需要退出来的时候，当你准备好再次亲密的时候，都要告诉他。如果需要的话，你可以在做爱过程中掌握更多的控制权，把速度和程度控制在自己的舒适范围内。如果你让哈奥帮你克服恐惧，他会理解的。而且，尽量不要对发生在自己身上的事情做判断。到目前为止，你在爱和信任方面一直都没有太多经验。你要乐于进展得慢一些，渐渐让你愿意把自己全部交给他。你知道，特露迪，在以前的所有性爱中，你很少把自己全部交给一个人，而是经常支配和控制对方，用性来操控他，来实现自我意志。你是在表演，希望得到热情的赞扬。看看你以前的做法和现在正努力想做的之间的差别，一个是在扮演一流的情人，一个是允许自己被别人爱。扮演那个角色会让人极其兴奋，尤其是当你得到观众关注的时候。而允许自己被人爱要困难得多，因为这必须来自于一个非常隐秘的地方——在那里，你爱你自己。如果那里已经有了很多爱，你就更容易觉得自己值得被另一个人爱。如果那里的自爱很少，你就很难接受来自外界的爱。你已经在爱自己这方面努力了很长的时间。现在，你要开始下一步：

信任这个男人，让他来爱你。”

特露迪沉思着说：“我以前跟那几个男人做爱时的疯狂放纵都是我算计好的。我知道这一点。实际上我根本就没有太放开自己，即便那种表演很刺激。所以，我现在必须停止表演，开始做我自己。有趣的是，那样做怎么甚至更难了。被爱……”特露迪若有所思地说，“我知道自己在这方面还有很长的路要走。有时候，我看着哈奥，纳闷为什么他能对我这么着迷。当我不装出引人入胜的很棒的样子时，我不确定自己还有什么令人赞叹的地方。”特露迪睁大了眼睛，“所以我才觉得那么难，对吗？不必装样子。不必做很多特别的事情。不必努力。我一直害怕爱上哈奥，因为我确信自己不知道该怎么爱他。我觉得，除非我对他采用我那些诱人的老套路，否则无论我怎么做都不够，他会觉得无聊。我又不能用那些诱惑动作，因为我们在成为情侣之前已经是非常好的朋友了，如果我突然开始呼吸急促地向他投怀送抱，就完全不合适了。而且，这也没必要。我不用那样做他就已经非常有兴趣了。”

“这就像我们一起做其他事情时一样。我从来没有想过爱能这么容易。只要做我自己就足够了！”特露迪停了片刻，然后羞怯地看着我。“你经常碰见这种事吗？”她问。

“我希望能经常看到，但实际上不太常见。”我回答道，“你现在努力克服的问题，只有那些真正从爱得太多中康复过来的女人才会出现……而大多数女人没有康复。她们把自己的时间、经历、生活，都用来把自己的性当做一种工具，以努力让不爱她们的人爱上她们。这种方法从来都不奏效，但它很安全，因为只要埋头于这种挣扎中，她们就永远不必应付真正的亲密，不必让另一个人在最深层的意义上了解她们。大多数人都非常害怕这一点。所以，当孤独感驱使她们开始一段情感关系时，她们的恐惧会导致她们选择那些永远也不会真正爱上她们的人。”

特露迪问：“哈奥对我是那样吗？选择一个他不能真正亲近的人？”

“有可能。”我答道。

“那么，我现在是在另一头了，成了抗拒亲密的人。这是一种转换。”

“这种事情经常发生。我们都有能力扮演两种角色，你知道。一个是追求者，你以前一直是这种人，一个是保持距离的人，你过去的伴侣经常是这个角色。现在，在某种程度上，你是保持距离的人，一个逃避亲密的人，而哈奥在追求你。如果你停止逃跑，看一看将发生什么事，会很有趣。要知道，在这个过程中，保持不变的往往是你跟另一个人之间的距离。你们可能交换角色，但是距离会保持不变。”

“所以，不管是谁在追赶，谁在逃跑，两个人都不必处理亲密问题。”特露迪说。然后，她轻声小心地说：“问题不是性，是吧？是亲密太令人害怕了。但是，我真的认为我想保持不动，让哈奥追上我。亲密让我害怕，而且感觉像地狱一样危险，但我还是想消除这种距离。”

特露迪说的是，她愿意进入一种罕有人达到过的两人关系的一种状态。避免这种状态的需要，是爱得太多的女人跟爱得太少的男人之间所有争斗的原因。追求者和保持距离者的角色是可以转换的，但是，两个人必须得有罕见的勇气才能完全消除这些角色。我对他们的努力方向给出了我所能提供的唯一建议。

“我建议你把所有这些跟哈奥都谈一谈。你们一起上床时，也要继续交流。要让他知道你在经历什么。你知道，这是一种非常重要的亲密形式。要非常、非常诚实，其他方面自然会好起来。”

特露迪看起来得到了极大的宽慰。“理解这种状况，对我太有帮助了。我知道你是对的，知道这对于我确实是全新的，我还不知道该怎样做。我想自己应该像以前那样疯狂，可也没帮上忙，事实上还造成了更多的问题。但是，我已经用我的心和我的感觉信任了哈奥。现在我只需要让我的身体信任他了。”她微笑着摇摇头。“这些都不容易，不是吗？但这正是不得不做的事情。我会让你知道事情的进展的……谢谢。”

“不客气，特露迪。”我发自内心地说，然后我们拥抱告别。

为了看看特露迪在康复之路上已经走了多远，我们来把她对自己的信念以及她在亲密关系中的相处方式，跟那些已经从爱得太多中康复过来的女人的特点做一下比较。要记住，康复是一个终生的过程，是我们努力的一个目标，而不是一旦康复就一劳永逸了。

下面是已经从爱得太多中康复起来的女人的特点：

1. 她完全接受自己，即便是想要改变自己的某些方面时也是如此。她有基本的自爱和自尊，这是她小心培养、有目的地发展起来的。

2. 她接受别人本来的样子，不试图为了满足她的需要而改变他们。

3. 她了解自己对自己生活的各个方面的感受和态度，包括性方面的。

4. 她珍惜自己的各个方面：她的个性、她的外貌、她的信念和价值观、她的身体、她的利益和成就。她自己证明自己，而不是寻找跟一个男人的情感关系来赋予她自我价值感。

5. 她的自尊足够强，所以她能愉快地与他人相处，尤其是不做作的好男人。她不需要被人需要才能感到自己有价值。

6. 她允许自己开放心胸，并信赖合适的人。她不害怕别人深入了解自己，但是，她也不会让那些不关心她的幸福的人利用她。

7. 她会问：“这种关系对我有益吗？能让我成为我有能力成为的那种人吗？”

8. 当跟一个男人的关系具有破坏性的时候，她能放弃，而不会产生活不下去的沮丧感。她有支持她的朋友圈和健康的兴趣，陪伴她度过危机。

9. 她把自己的平静心态看得比其他一切都重要。过去的所有挣扎、跌宕和混乱都失去了吸引力。她会保护自己，保护自己的健康和幸福。

10. 她知道，成功的情感关系必须是伴侣之间有相似的价值观、兴趣和目标，而且，两个人都要有能力亲密。她还知道自己值得拥有生活带给她的最好的一切。

从爱得太多中康复起来，包括几个阶段。第一个阶段始于我们意识到自己在做什么，并希望自己能不再那样做。接下来，我们愿意为自己寻求帮助，然后为获得帮助而实际迈出第一步。在那之后，我们进入的康复阶段要求我们致力于自身的康复，并且愿意继续我们的康复项目。在此期间，我们开始改变自己的行为、思考和感觉方式。曾经感觉正常和熟悉的事情，开始让我们感觉不舒服、不健康。当我们开始不遵从旧模式，而是着眼于从改善我们的生活、促进我们的幸福的角度做选择时，我们就进入了下一个康复阶段。在整个康复阶段中，自爱都在缓慢而稳步地增强。首先，我们不再怨恨自己了，然后，我们越来越容忍自己。接着，我们对自己的优秀品质很快也越来越欣赏，然后自我接受也得到了发展。最后，真正的自爱得以形成。

如果缺少自我接受和自爱，我们就不能容忍自己被“了解”——正如特露迪说的那样——因为没有这些感觉，我们就不会相信本来的自己值得别人爱。相反，我们会通过向他人付出爱，通过耐心和照顾，通过受苦和牺牲，通过提供刺激的性爱或美妙的饭菜等，来努力挣来爱。

一旦自我接受和自爱开始形成并扎根，我们就准备好了有意识地练习轻松自在地做自己，而不用再努力取悦别人，不用再为了获得他人的赞许和爱而费尽心机地表演。虽然停止表演、放弃这种举动是一种解脱，但也会令我们恐惧。当我们只是自在地存在而不是刻意做什么的时候，会突然产生一种笨拙和极易受伤的感觉。当我们挣扎着相信，本真的自己值得被对我们重要的人爱时，总是想着要为他至少稍稍表演一下；然而，如果康复过程有进展的话，我们也不愿意回到旧的行为和操纵方式中。这正是特露迪现在面对的十字路口：她不能再用自己在性方面的旧方式，但又害怕向前走一步，进入一种更真诚、更少控制的性体验方式（过去所有放纵都是一种极度控制下的表演）。停止表演的最初感觉就像是身体被冻僵了一样。当我们不再愿意处心积虑地制造一种效果时，我们会有一段无所适从的痛苦时间，直到我们真正的爱的冲动有机会被听到、被感觉到并得到发挥。

放弃旧的策略，并不意味着我们对伴侣再也不靠近、再也不爱、再也不照顾、再也不帮助、再也不安慰、刺激或诱惑。但是，随着康复，我们跟对方相处是要表达本质的自我，而不是为了试图在他身上引起回应、制造效果，或让他改变。我们呈现的是真实的自己，不隐藏、不算计、不伪装、不掩饰。

我们担心如果让一个人真正看懂我们、了解我们，我们就会被排斥——我们首先必须克服这种恐惧。然后，当包围并保护着我们的所有情感界限荡然无存的时候，我们必须学会不恐慌。在性方面，这种新的相处方式不仅需要我们在身体上赤裸相见、不设防，还要求我们在情感和精神上同样赤裸相见、不设防。

难怪两个人之间这种程度的相通非常罕见。我们害怕的是，如果没有了这些界限，我们就会溶解消失。

为什么冒这种风险是值得的呢？因为只有当我们真实展现自己的时候，我们才能得到真爱。当我们以真实的自我与人相处的时候，如果我们被爱，就是我们的本质被人爱上了。在个人层面上，没有什么比这更能证明你自己，在情感关系中，也没有什么比这更让你自由的了。但是，必须注意的是，我们的这种行为只有在没有恐惧的环境中才有可能发生，所以，我们必须不仅要克服不敢做真实的自己的恐惧，还必须避开那些会以其行为和态度给我们造成恐惧的人。不管你在康复过程中变得有多么愿意真诚待人，还是会有一些人的愤怒、敌意和攻击行为会阻止你的真诚。对他们不设防就是让他们虐待你。因此，只有对那些与我们的关系沐浴在信任、爱、尊重以及对脆弱的人性怀有共同敬意的人们——你的朋友、亲戚或爱人，你才应该放低你的界限并最终消除界限。

康复过程中经常出现的情况是，随着相处模式的改变，我们的亲密关系和朋友圈也会改变。我们会改变自己与父母和孩子相处的方式。对父母，我们会变得不再那么弱、不再那么气愤，往往也不再那么迎合他们了。我们会变得真诚许多，往往也更宽容，有时还能更真诚地爱。对孩子，我们的控制会减少，担忧和内疚也会减轻。我们会更轻松，更多地欣赏他们，因为我们自己能够放松下来，并更欣赏自己了。我们会感到能够更自由地追求自己的需要和兴趣，孩子们因此也能更自由地这样做了。

我们曾经没完没了地同情过的朋友们，现在可能让我们猛然意识到她们过于痴迷和不健康了，而且，当我们与她们分享那些对我们有益的经验时，我们不会让自己承担起解决她们问题的负担。过去，我们的友谊标准是彼此都不幸，现在换成了更有回报的互利互助。

总之，康复会在很多方面改变你的生活，这几页纸不足以为你一一预测，而且，有时改变会让你不舒服。不要让那种不舒服阻止你。害怕改变、害怕放弃我们所熟悉的认识、做法和状态，会阻碍我们蜕变成一个更健康、更高贵、更真爱自己的女人。

阻碍我们的不是痛苦。我们已经忍受过惊人的痛苦，而且是如果不改变就没有任何希望缓解的痛苦。阻碍我们的是恐惧，对未来的恐惧。我所知道的面对恐惧并跟恐惧作斗争的最好的方法，是跟那些在同一旅途上的同伴旅行者协力而行。要找一个支持团体，在那里，其他成员跟你有同样的过去，并且在向共同的目标进发，或有人已经抵达了你想达到的终点。跟她们一起上路，朝新的生活方式迈进吧。

附录一

怎样创立你自己的支持小组

首先，要了解在你居住的区域已经有什么可利用的资源。社区一般都有列出所有服务机构和帮助来源的通讯地址簿或网站的目录。如果你不知道是否有这种目录，或者不知道怎样找到，可以打电话给图书馆或你社区的紧急救助热线。即便没有这种目录，你所在社区的紧急救助热线应该也能告诉你可能适合你的各种咨询机构和自助团体的名字。此外，现在大多数电话号码薄中都有一个“公共事业”目录，你可以查一下。

但是，不要以为登录一次网站、打一通电话给一个机构或一个专业人士，就会得到你所需要的所有信息。一个大型社区里的任何专业人士都很难跟该区域所能提供的所有资源都保持联系，而且不幸的是，许多专业人士对于目前可利用的资源所知甚少，这很可悲。

你自己要做点准备工作。要拨打需要拨打的所有电话，如果想匿名的话就匿名。看看你需要的团体是不是已经存在了。浪费时间做别人已经做好的事情，或跟一个已经运转并且能吸收你加入的团体竞争，都是没有意义的。如果你准备参加“过量进食者互诫会”或“嗜酒家庭互助会”，或为家暴受害妇女服务的庇护团体或为强暴幸存者提供紧急救助的团体，你要愿意花一些时间，并且不要怕麻烦，因为这也许需要你到比较远的地方去参加他们的集会。你的付出不会白费，你会受益匪浅。

如果在努力寻找过以后，你确信自己需要的团体并不存在，你可以自己发起一个。

发起这样一个团体的最好方法，或许是在报纸的个人广告版发布广告。广告可以像这样：

姐妹们：爱上一个人就迟早意味着情感痛苦吗？一个针对那些跟男人之间的关系迄今为止都是灾难的女人的免费自助小组，现在正在创建。如果你想要克服这个问题，请致电（你的名字和电话号码）询问集会的信息和地址。

只要发布几次这种广告，应该就能招满一个小组了。这个小组理想的情况是有 7 ~ 12 个成员，如果必要，人数少一些也可以开始。

记住，第一次集会上的那些女人之所以来参加，是因为她们面临严重的问题，并且正在寻求帮助。所以，不要把集会的大部分时间用来谈论怎样组织将来的集会，尽管这也很重要。最好的开始方式是分享你们的故事，因为这样做会建立起一种直接的情感联系和归属感。爱得太多的女人们相似点多于不同点，这是所有人都会感觉到的。所以，要把分享你们的故事作为最优先做的事情。

第一次集会可以按照下面这个议程进行，时间别超过一个小时。

1. 准时开始。这会让每一个参加者知道，她们将来参加集会的时候必须准时到。

2. 介绍你自己就是登广告的人，并要说明，你希望这个小组能发展成一个为你和在场的每一个人提供持续支持的来源。

3. 要强调聚会中所说的一切都不能泄露到外面，在这里见过的人或说过的话，都永远不应该在其他地方谈论。建议在场的每个人只用名字（不带姓氏）介绍自己。

4. 向大家说明，每个人都谈谈自己参加这个小组的原因，或许对大家都有帮助。也许，每个人可以最多用五分钟的时间谈谈自己决定来这里的原因。要强调，不是要求必须谈那么长时间，而是说每个人都可以用那么长时间。自愿发言的人可以先说自己的名字，并简要地说一下自己的故事。

5. 当每一个想要分享自己故事的人都讲完后，回到那些在轮到她们时不想谈的人，温柔地问她们现在是否想谈。不要强迫任何一个人。要说明，每一个女人都是受欢迎的，不论她有没有准备好谈自己的处境。

6. 现在，谈谈你希望这个小组能遵守的指导原则。我推荐以下原则，应该复印出来发给每一位参加者：

- 不要提建议。欢迎所有人分享她们的经验，以及那些有助于她们感觉好起来的有效果的事情，但是，任何人都不应该建议别人该做什么。如果有人总是喜欢提建议，其他人应该温和地向她指出来。
- 小组活动的主持人应该每周轮换，每次聚会要由不同的成员主持。主持人的责任包括：按时开始，选择讨论话题，集会结束时省出几分钟时间用于事务性的事项，在聚会结束之前选出下个星期的主持人。
- 每次聚会持续的时间应该是一定的。我建议一个小时。没有人能在一次聚会上解决自己的全部问题，而且重要的是不要试图那样做。聚会应该准时开始，准时结束（时间短点比长点好。大家如果想延长聚会时间的话，可以以后再延长）。
- 聚会地点尽量不要是在某个成员的家里。家里到处是分散注意力的事情：孩子，电话，小组成员没有了隐私，尤其是女主人。而且，应该避免由哪个成员担任女主人的角色。你们不是在社交场合相互招待，而是在作为同伴努力从共同的问题中康复起来。许多银行、其他业务机构和教堂，都在夜间向各种团体免费提供会议房间。

• 在聚会过程中，不要吃东西、吸烟或者喝任何饮品：这都会把人们的注意力从手头的事情上分散开。如果你们这个小组认为有必要，这些东西可以在会前或会后提供。永远不要供应酒精饮品。它会扭曲人们的感觉和反应，影响聚会的效果。

• 要避免谈论“他”。这非常重要。小组成员必须学会专注于她们自己，以及自己的想法、感觉和行为，而不是专注于她们痴迷的那个男人。有些人在刚开始时会无法避免地谈到他，但是，在场的其他人应该努力将此降到最低程度。

• 任何人都不应该批评某个成员做或没有做到的事情，不论她当时是否在场。虽然每个成员都可以自由地向彼此寻求反馈，但没有被问到的人不应该主动反馈。建议和批评都是要避免的。

• 不要偏离主题。实际上，主持人想要提出任何话题都可以，但不要涉及宗教、政治或其他无关的问题，例如时事、名人等。在支持团体中，要避免辩论或分歧。要记住，你们聚会并不是为了抱怨男人，你们感兴趣的是自身的成长和治愈，以及分享各自怎样养成了处理老问题的新方式。下面是一些推荐的话题：

为什么我需要这个小组
内疚和怨恨
我最害怕什么
我最喜欢自己的哪些方面，最不喜欢哪些方面
我如何照顾自己并满足自己的需要
孤独
我是怎样应对抑郁的
我的性态度：是什么，从何而来
愤怒：我怎样对待自己和他人的愤怒
我是怎样跟男人相处的
我觉得人们认为我是怎样的人
检查我的动机

我对自己的责任；我对他人的责任

我的精神世界（这不是讨论宗教信仰，而是讨论小组每个成员如何体验或不体验自己的精神世界）

放弃指责，包括自责

我生活中的模式

推荐小组成员阅读《爱得太多的女人》，但这不是要求，只是建议。

小组可能决定每月有一次聚会的时间延长15分钟，用于处理小组事务或活动议程的改变，讨论指导原则的作用发挥得如何，或任何其它的问题。

现在，回到对第一次聚会议程的建议：

7. 一起讨论上面提到的一系列指导原则。

8. 询问是否有人愿意主持下个星期的聚会。

9. 确定团体下个星期聚会的地点，并确定把茶点时间安排在会前还是会后。

10. 讨论是否应该邀请更多女人参加你们的小组，是否要再刊登一个星期的广告，或到场的女人是否可以邀请其他女人来参加。

11. 结束聚会，大家手拉手围成一圈，闭上眼睛静静地站一会儿。

最后说一点有关这些指导原则的问题：保密原则、轮流主持、不批评、不建议、不讨论争议性话题或无关问题、不辩论等等，对于小组的和谐和凝聚力都非常重要。不要为了让某一个小组成员高兴而违反这些原则。小组的整体利益要始终放在第一位。

记住这些，你就有了一套为爱得太多的女人创立一个小组的基本工具。不要低估这一小时的个人分享聚会将在你们每个人的生活中起到的治疗作用。你们共同给了彼此康复的机会。祝你们好运！

附录二

肯定语

我要从一个涉及对于有些爱得太多的女人来说最重要，也最难做到的事情的肯定语开始。每天两次，每次三分钟，看着镜子里自己的眼睛，大声说："×××（你的名字），我爱这样的你，我接受这样的你。"

当你独自驾车，或感觉你在批评自己的时候，这也是一句要反复大声说的非常好的肯定语。一个人不可能同时有两种想法，所以，要用这种肯定语替换你对自己的消极说法，例如，"我怎么这么笨?"，或"我从来没把这种事情做对过"。经常重复，积极正面的肯定语就会具有消除破坏性的想法和感觉的力量，甚至消除那些已经持续多年的消极想法和感觉。

下面这些肯定语比较简短，易于记忆，你可以在自己开车、锻炼身体、等待或静静地待着的时候练习：

我不痛苦、气愤、恐惧。

我享受着完美的平静和幸福。

在我生活的各个方面，我都被指引向我最大的幸福和满足。

所有的问题和挣扎现在都在慢慢消失：我心平静。

每个问题的完美解决方法现在都已呈现。

我自由自在，充满光明。

如果你信仰上帝或一种更高的力量，要把这种信仰作为你的肯定语中的重要部分：

上帝爱我。
上帝保佑我。
上帝在我的生活中起作用。

以下的平静祷词是最好的肯定语之一：

上帝赐予我平静，
接受我不能改变的，
勇于改变我能够改变的，
并且让我有智慧去区分这两者。

（记住，你不能改变他人；你能改变自己。）
如果你不信仰上帝，下面的肯定语可能会让你感觉更舒服：

爱让一切都有可能。
爱在我的身上起作用，爱治愈我，赐予我力量，
让我平静，并指引我走向安宁。

重要的是，你自己也要编一些肯定语。那些让你觉得或听起来特别适合你的语句，对你效果会最好，所以，要在你准备设计你自己的百分百积极的、无条件的、充分证明自我的肯定语之前，先练习上面列出的一些肯定语。不要编出那种“汤姆跟我之间的一切都会有完美结果，我们会结婚”之类的肯定语。“我们会结婚”，可能并不是解决你跟汤姆之间问题的完美方法。在“一切都会有完美结

果”处，也许可以加上“为了我的最大利益”。不要加上对于具体结果的要求。只肯定你自己、你的人生、你的价值和你的美妙未来就行。当你编肯定语的时候，你是在让自己在潜意识中愿意放弃旧模式，并培养健康、愉快和成功的新生活方式。事实上，下面这种肯定语也不错：

我放下了过去的所有痛苦，并迎接属于我的健康、快乐和成功。

明白怎么做了吧？好，下面还有一些空白，自己来创作一些肯定语吧。

附录三

爱得太多的女人的典型特征

1. 通常，你来自一个功能失调的家庭，在这个家庭里你的情感需要得不到满足。

2. 由于你得到的来自父母的真正关爱非常少，你试图通过主动付出关爱来代偿自己这种未得到满足的需要，特别是关爱那些看起来在某些方面很贫乏的男人。

3. 因为你一直都无法把自己的父亲或母亲变成你所渴望的关爱你的人，所以，你会对自己很熟悉的那种不付出感情的男人在内心深处做出响应，他能让你再一次尝试通过自己的爱来改变他。

4. 由于惧怕被抛弃，你愿意做任何事情维持你们的关系。

5. 只要能够“帮助”和你交往的男人，几乎怎样付出你都不嫌麻烦，不嫌费时间，不嫌代价昂贵。

6. 习惯了缺少爱的个人关系，你愿意等待，愿意期盼，并且会更努力地取悦他。

7. 在跟任何一个男人的关系中，你都愿意承担远远超过 50% 的责任、负疚感和责难。

8. 你的自尊心非常低，而且在内心深处不认为自己配得到幸福，而是相信自己必须挣来享受生活的权利。

9. 因为童年时体验到的安全感比较少，所以你不顾一切地需要控制你的男人以及你们之间的关系。你将自己对他人和各种情形的竭力控制伪装成“乐于助人”。

10. 在情感关系中，你考虑更多的是自己对将来应该怎样的梦想，而不是你的现实状况。

11. 你对男人上瘾，对痛苦的情感也上瘾。

12. 你易于对药物、酒精或某种食物，特别是甜食上瘾。这种上瘾可能是由于感情方面的原因，也可能是由于生物化学方面的原因。

13. 你被那些有问题需要解决的人吸引，或者让自己陷入混乱、不确定的情感痛苦状况中，以此来回避对自己责任的关注。

14. 你可能易于产生间歇性抑郁，试图通过不稳定的情爱关系所产生的兴奋感来防止这种抑郁。

15. 你不会被那些善良、稳重、可靠并对你有兴趣的男人吸引。你觉得这种“好”男人很乏味。

附录四

从爱得太多中康复起来的女人的特征

1. 她完全接受自己，即便是想要改变自己的某些方面时也是如此。她有基本的自爱和自尊，这是她小心培养、有目的地发展起来的。

2. 她接受别人本来的样子，不试图为了满足她的需要而改变他们。

3. 她了解自己对自己生活的各个方面的感受和态度，包括性方面的。

4. 她珍惜自己的各个方面：她的个性、她的外貌、她的信念和价值观、她的身体、她的利益和成就。她自己证明自己，而不是寻找跟一个男人的情感关系来赋予她自我价值感。

5. 她的自尊足够强，所以她能愉快地与他人相处，尤其是不做作的好男人。她不需要被人需要才能感到自己有价值。

6. 她允许自己开放心胸，并信赖合适的人。她不害怕别人深入了解自己，但是，她也不会让那些不关心她的幸福的人利用她。

7. 她会问："这种关系对我有益吗？能让我成为我有能力成为的那种人吗？"

8. 当跟一个男人的关系具有破坏性的时候，她能放弃，而不会产生活不下去的沮丧感。她有支持她的朋友圈和健康的兴趣，陪伴她度过危机。

9. 她把自己的平静心态看得比其他一切都重要。过去的所有挣扎、跌宕和混乱都失去了吸引力。她会保护自己，保护自己的健康和幸福。

10. 她知道，成功的情感关系必须是伴侣之间有相似的价值观、兴趣和目标，而且，两个人都要有能力亲密。她还知道自己值得拥有生活带给她的最好的一切。